KB145350

WAR&PEACE&IT

WAR&PEACE&IT

IT, 전쟁과 평화

나폴레옹이 알려 주는 디지털 시대의 리더십

마크 슈워츠 지음   김연수 옮김   박현철 감수

i!i
에이콘

나와 함께 일했던 재무, 마케팅, 영업, 운영 부문의 리더와
나에게 많은 것을 가르쳐준 모든 사람에게!
독자, 동료 그리고 고객에게!

이 책에 쏟아진 찬사

이 책은 기업의 디지털 역량 구축에 도움이 되는 인사이트로 가득한 로드맵을 제공한다. 전례 없이 빠르게 가속화되는 IT의 변화에 발맞추고자 하는 기업의 모든 리더십 팀이 반드시 읽어야 할 책이다.

– 프랑수아 로코-도노Francois Locoh-Donou

/ F5 Networks 대표 이사 및 CEOPresident & CEO, F5 Networks

AWS에서 수백 명의 대기업 경영진과 협업했던 나의 경험으로 미뤄볼 때 이 책은 모든 CEO와 CIO가 반드시 읽어야 한다. 오늘날의 리더들은 조직을 디지털 시대에 맞게 변화시키면서 문화의 변화, 조직의 변화 그리고 엄격한 과거의 관습적인 협업 방식과 힘겨운 싸움을 하고 있다. 이 책은 IT 부서를 비롯한 여러 비즈니스 부서에 장애물을 뛰어넘을 수 있는 방법을 제시하고 있을 뿐 아니라 마크가 경영자로 일하면서 그리고 다른 기업의 리더와 일하면서 얻은 귀중한 정보가 가득 담겨 있다.

– 스티븐 오르반Stephen Orban

/ 아마존 웹 서비스 제너럴 매니저General Manager at Amazon Web Services,

『Ahead in the Cloud』(Create space Independent Publishing Platform, 2018) 저자

이 책에서 마크는 사일로에 갇힌 기능 조직 중심 시대 그리고 톨스토이의 『전쟁과 평화War and Peace』에서처럼 IT에 요구사항을 전달하는 시대가 어떻게 끝났는지를 조망한다. 여러분과 여러분의 팀이 IT와 함께 새로운 협업의 방식을 개척하는 최전선에 서 있지 않다면, 다음 시대의 성공을 장담할 수 없다. 기술을 포용하는 방법, 모호함에 효과적으로 대응하는 방법, 비즈니스를 애자일한 조직으로 변화시키는 방법을 알고 싶다면 여러분의 기업에서 일하는 모든 CXO, CIO와 함께 이 책을 읽어야 한다.

– 크리스 리처드슨Chris Richardson

/ Tru Realty 최고운영책임자Chief Operating Officer, Tru Realty

마크가 쓴 세 권의 책은 기업의 각 기능이 하나로 작동하는 데 많은 영감을 준다. 어떤 문제에 접근하는 방법은 실로 다양하며, 이 모든 접근 방법은 조직이 변화하는 데 큰 도움을 준다. 나는 이 책을 여러 권 구입해 모든 비즈니스 조직에서 근무하는 동료들에게 나눠줬다.

– 조쉬 세켈Josh Seckel

/ Sevatec 애자일 프랙티스 총괄Head of Agile Practice at Sevatec

이 책은 변화와 관련된 사례를 다루고 있다. 실제 사례와 증거는 매우 구체적이며 확실하다.

– 로드리고 로보Rodrigo Lobo

/ PIPA Global Investment 파트너Partner at PIPA Global Investments

추천의 글

세상에서 가장 겸손한 독자에게

　프랑스 황제, 이탈리아 왕, 라인강 연방 수호자, 프랑스 초대 영사 그리고 MBA 학위를 받은[1] 나 나폴레옹 보나파르트Napoleon Bonaparte는 이 책을 읽어볼 것을 제안함과 동시에 요구한다.

　전장의 안개 속에서 과연 무엇을 기대할 수 있었겠는가? 하지만 통찰력을 가진 리더였던 나 나폴레옹이 프랑스에 어떤 변혁을 선사했는지를 묘사한 작가의 책을 읽어봤다면 여러분은 날 이해할 수 있을 것이다. 프랑스가 미터법을 사용하도록 설득한 사람은 누구인가? 나폴레옹 법전the Code Napoleonic을 만든 사람은 누구인가?[2] 위대한 로마 제국을 허물고 독일을 통일한 사람은 누구인가? 이혼을 합법화하고, 종교 재판을 끝냈으며(특히 비즈니스 종사자는 명심하라), 2018년 경매에서 무려 40만 달러에 판매된 펠트 비콘the Felt Bicorn 모자를 유행시킨 사람은 누구인가? 내용물이 가득찬 페이스트리에 내 이름을 붙인 사람은 누구인가? 바로 나 나폴레옹이다.

　이 모든 것이 쉽게 변한다고 생각하는가? 절대 그렇지 않다. 한걸음 내딛을 때마다 장애물이 여러분을 가로막을 것이다. 러시아의 날씨는 그야말로 혹독했다. 단언하건대, 여러분이 이 혹독한 날씨를 극복할 수 있다면

1　하버드 경영대학원에 명예 학위를 수여할 수 있는 특권을 부여했다.
2　나폴레옹 법전은 관료주의의 가장 훌륭한 표본이자 (이 책의 저자가 표현한 것처럼) 효율과 효과를 극대화한 전형이다.

변화를 성공적으로 이끌어낼 수 있을 것이다.

저자인 마크 슈워츠Mark Schwartz에게 경의를 표한다. 그는 건들거리는 도깨비 머리를 한 레오 톨스토이Leo Tolstoy 백작과 난센스로 점철돼 있던 그의 잡동사니 소설 『전쟁과 평화』에 쓰인 혼란스러운 중얼거림을 바로잡았다. 만약 내가 그의 책(그리고 많은 양의 스테이크, 감자튀김과 잘 만들어진 부츠)을 갖고 있었더라면, 아무리 혹독한 날씨 속에서도 러시아와의 전쟁에서 승리했을 것이다.

이 책은 내가 혁신을 이룬 성공적인 전략을 설명한다. 약간 동떨어진 얘기일 수도 있지만, 내가 발명한 움직이는 대포 덕분에 내 군대는 기술적인 기민함agilité을 가질 수 있었다. 그는 속도가 가장 중요하다고 말한다. 그렇다. 맥M. Mack 장군은 손에 들고 있던 카페오레를 모두 마시기 전에 내 군대의 속도가 얼마나 빠른지 실감했을 것이다. 내가 군대를 영국 대운하에서 라인강으로 이동시키면서 맥 장군의 손에서 울름Ulm을 빼앗는 그 순간에 말이다. 그가 관찰한 바와 같이, 나는 지폐 대신 동전을 지급하는 방법으로 군대에 동기를 부여했다.

그는 집중과 리스크 감수를 찬양하면서 내가 아우스테를리츠Austerlitz3에서 오스트리아를 쓰러뜨렸던 때를 회상한다. 나는 의도적으로 군대의 허리를 약하게 만들어 오스트리아군의 공격을 유도한 후, 군사를 오스트리아군의 중심부에 집중 배치했다. 이 교훈은 여러분에게 매우 유익할 것이다.

자, 그러면 이제 용감하게 디지털 프랜스포메이션의 깃발을 들고 니먼Nieman강을 건너 경쟁과 혼란의 전장으로 진군하자. 이미 한물간 아이디어와 전투를 벌이고, 오래된 성벽을 이동식 대포로 조준하고, 디지털 시대

---

3 체코슬로바키아 중부, 모라비아(Moravia) 지방의 남부 소도시로 1805년 나폴레옹 1세가 러시아와 오스트리아의 연합군을 격파했다. – 옮긴이

를 찾아 혁신을 거두고, 영국의 푸아그라^{foiegras}를 만들 것이다. 자서전에서도 언급했지만, 『Memoires Du Baron De Besenval』(Kessinger Publishing, 2010)은 꼭 읽어보길 바란다.

"여러분이 사는 시대의 아이디어를 이끌어라. 그러면 그 아이디어가 여러분을 도울 것이다. 아이디어에 뒤처지면 그 아이디어에 끌려다닐 것이고, 아이디어에 맞서면 그 아이디어에 압도당할 것이다."

나폴레옹 보나파르트
세인트-헬레나 2018

지은이 소개

마크 슈워츠^{Mark Schwartz}

인습을 타파하는 CIO이자 장난기 넘치는 아이디어 제조기이며, 깊은 통찰이 담긴 산문으로 사람들과 소통하는 달변가다. 다양한 규모의 공공 기업, 일반 기업 및 비영리 조직의 IT 리더로 일했다.

아마존 웹 서비스^{Amazon Web Services, AWS}의 기업 전략 전문가^{Enterprise Stategist}로서 자신이 CIO로 일했던 경험을 활용해 세계적인 대기업에게 "여러분, 이제 클라우드로 이동할 시간입니다."라는 조언을 한다. 미국 이민성^{US Citizenship and Immigration Services,} ^{USCIS}의 CIO로서 연방 정부 기관에 애자일과 데브옵스 프랙티스를 도입했다. 인트락스^{Intrax}에서 CIO로 근무할 당시, 최초로 비즈니스 인텔리전스와 서플라이 체인 분석 기법을 사용해 오페어^{au pair1}를 올바른 가정과 연결시켰다.

혁신, 리더십 변화, 데브옵스를 활용한 관료주의 내재화, 신뢰도가 낮은 환경에서의 애자일 프랙티스 활용을 주제로 얘기하길 즐긴다. 예일대학교

---

1 외국 가정에 입주해 아이 돌보기와 같은 집안일을 하면서 약간의 금전적인 보수를 받고 언어를 배우는 젊은 여성 – 옮긴이

Yale University에서 컴퓨터 공학 학사와 철학 석사를, 펜실베이니아 대학교 와튼 스쿨Wharton School of the University of Pennsylvania에서 MBA를 취득했으며, 비즈니스 가치와 IT 부문 전문가이기도 하다.

IT Revolution에서 출간한 『The Art of Business Value』(2016), 『A Seat at the Table』(2017)을 집필했으며 컴퓨터월드 프리미어 100 어워드Computerworld Premier 100 award, 아마존 엘리트 100 어워드Amazon Elite 100 award, 연방 컴퓨터 위크 연방 100 어워드Federal Computer Week Red 100 award, CIO 매거진 CIO 100 어워드CIO Magazine CIO 100를 수상했다. 현재 메사추세츠Massachusetts주 보스턴Boston에 살고 있다.

지은이의 말

"인간 생사를 결정하는 신유Sheniu 관료들이여, 내 이름에서 악취가 나게 하지 말기를…."[1]

— 이집트 사자의 서The Egyptian Book of the Dead

"그래서(So)와 그래서(so)로 그가 쓴 글을 강조하는 방법이 대체 뭐가 중요하 단 말인가? 이보다는 내가 잠을 좀 자야 한다는 것이 중요하다."

— 에픽테토스, 담화론Epictetus, Discourses

AWS에서 일하는 동안 수많은 대기업 경영자와 만났다. 그들은 자신의 조 직을 '변화transform'시키는 데 뛰어들었지만 번번이 문화적인 패턴, 조직적 인 이유, 엄격한 프로세스, 변하지 않는 관료주의에 걸려 넘어졌다. 경영진 은 그들의 조직이 선도적인 시장 위치, 수준 높은 고객 서비스를 유지하고 있다는 사실은 알고 있었지만, 시급히 해결해야 할 문제들 때문에 앞으로 나아가지 못하고 있었다.

이런 상황에서는 모든 사람이 디지털 트랜스포메이션digital transformation이 디지털 기술과 관련돼 있다는 것을 알면서도 디지털 트랜스포메이션과 디지털 기술자(정확히 말하면 기업 내의 디지털 기술자)의 역할 간에 어떤 관련 이 있는지는 알지 못한다. 기업이 줄곧 개발해온 IT 부문과의 협업 방식은

---

1 고대 이집트에서는 죽은 자의 심장의 무게 달기 의식을 최후의 재판이라고 생각했다(https://ko.wikipedia.org/ wiki/사자의_서). 아니(Ani)는 재판에 앞서 자신의 심장에 애원을 한다. – 옮긴이

오히려 디지털 시대로 진입하려는 기업과 비즈니스 전체의 전진을 가로막았다.

최고정보책임자Chief Information of Officer, CIO와 최고경영자Chief Executive Officer, CEO라는 두 가지 역할을 경험하고 난 후 기업의 비IT 리더가 디지털 세계에서 성공하려면 IT와 어떻게 협업해야 하는지를 주제로 책을 쓰고자 했다.

전작인 『A Seat at the Table』의 대상은 IT 전문가다. 이 책에서 최근의 IT 프랙티스를 소개하고, 그 변화가 CIO와 IT 리더들에게 갖는 의미를 논의했다. 전작을 집필하는 동안, 새로운 IT 관리 방식(특히, 데브옵스DevOps로 알려진)은 IT가 기업 내의 다른 부문과 협업해온 전통적인 방식과 완전히 다르다는 것을 깨달았다. 같은 시기에 수행된 여러 연구 또한 새로운 IT 프랙티스가 훨씬 나은 비즈니스 성과를 거뒀다는 것을 보여줬다. 그래서 CIO가 기존의 협업 관계를 완전히 바꿔야 하고, 비즈니스 성과의 책임을 받아들여야 하며, 비즈니스 전략 수립 프로세스에 깊이 관여해야 한다고 주장했다.

IT 커뮤니티에서는 내 전작에 매우 호의적인 피드백을 보냈다. 스트로차프레티strozzapreti2와 관련된 발언에는 약간의 논란이 있었지만, 이 책에 수록한 삽화나 모호한 종류의 파스타에 관한 내용은 좋아했다. 심지어 "누군가 비즈니스와 IT 사이에 존재하는 구분이 사라져야 한다는 주장을 비즈니스 커뮤니티에 전달해줬으면 한다"라는 제안을 하기도 했다. 나는 이 피드백을 보면서 내가 꽤 오랜 시간 동안 방안에 갇혀 커피, 워드프로세서 프로그램과 씨름하게 되리라 생각했다. 나는 IT 커뮤니티에 이들과 협업하는 비IT 담당자들에게 전달할 무엇인가를 쓰겠다고 약속했다. 똑같은 질문을 비즈니스 시각에서 바라본 책을 말이다.

---

2 길게 늘어뜨린 형태의 파스타로, 완벽하게 꼬여 있지는 않지만 형태가 약간 굽어 있는 형태의 파스타다. 에밀리아 로마냐주 투스카니, 움브리아 주에서는 구운 치즈와 야채를 넣어 먹는다. — 옮긴이

어떤 의미인지 알겠는가? 나는 동일한 문제를 두 가지 시각에서 바라보고 있었다. 기업 내 기술자들은 기술을 이용해 기업을 디지털 시대로 이끌고, 그 기술로 비즈니스 목표를 달성하려 한다. 하지만 그들은 두려움 때문에 선뜻 시도하지 못한다. 기업 내 (비기술적) 비즈니스 리더 역시 기술을 이용해 기업을 디지털 시대로 이끄는 동시에 이 기술로 비즈니스 목표를 달성하려 한다. 하지만 이들 또한 두려움 때문에 시도를 하지 못한다. 나는 전직 CIO이자 CEO로서, 폭력적인 합의 속에서 대치하고 있는 IT와 비IT 집단 사이에서 키보드를 무기삼아 서 있다.

디지털 트랜스포메이션은 기존 조직들로 하여금 수많은 갈등을 느끼게 한다. 하지만 비즈니스 성과를 달성함으로써 기쁨을 느끼는 사람과 기술을 다룸으로써 기쁨을 느끼는 사람들 사이에서 발생하는 갈등은 단 하나다. 갈등은 빠르게 움직이는 것과 통제를 유지하는 것, 개선하는 것과 계획을 준수하는 것, 새로운 경쟁에 뛰어드는 것 사이에도 존재한다. 정반대에 위치하고 있는 대상들 사이에서의 화해는 불가능해 보인다. 이는 마치 전쟁과도 같다. 임시로 세워둔 숙소에 있는 동안에만 아주 잠깐 실낱같은 평화가 찾아오는….

인트락스에서 CIO로 재직하던 당시의 얘기다. 어느날 IT 조직에 헬프데스크 티켓 한 장이 도착했다. 그 티켓에는 "제발 이스라엘-팔레스타인 문제[3]를 해결해주세요!"라고 쓰여 있었다.

---

3 저자가 CIO로 근무하던 인트락스는 전 세계 국가를 대산으로 직업과 여행, 인턴십, 고등학생 대상 교환 학생, 영어 교실, 오페어와 같은 국제 문화 교육 프로그램을 운영했다. 특정한 정치·외교적 원인 때문에 프로그램 지원자와 관련된 정보를 얻을 수 없었던 상황을 IT를 이용해 풀어내고자 하는 요청을 '이스라엘-팔레스타인 문제'에 빗대 설명했다. - 옮긴이

회사의 구성원이 이런 요청을 보낼 정도로 IT 조직을 높이 평가했다는 점에서는 자랑스러웠고 그를 진심으로 돕고 싶었다. 우리는 이 티켓을 작성한 사람이 무엇을 원하는지 즉시 알아챘다. 데이터베이스에 문제가 생겨서 지원자 위치 데이터를 기록하기 어려웠던 것이다. 하지만 지원자 위치 데이터 기록 여부는 정치적으로 민감한 사안이었기 때문에 어느 누구도 이 문제를 해결하려 하지 않았다. 이는 IT 업계에서 '참조 데이터reference data 문제'라 불린다. 그는 단순히 데이터베이스를 고쳐달라고 요청한 것일 뿐이었다.

우리가 '이스라엘-팔레스타인 문제'를 절대로 수정하지 않았다는 것을 인정해야겠다. 그러나 오늘날의 도구들을 활용하면 앞에서 예를 든 조직의 대립 문제를 훨씬 쉽게 해결할 수 있다. 과거의 멘탈 모델을 그대로 사용해 디지털 세계라는 새로운 현실을 관리하는 것만 중단하면 된다.

역사적으로 철학자, 과학자, 작가, 종교적 사상가는 중국 철학의 음과 양, 조로아스터교Zoroastrianism의 선과 악의 힘, 힌두교Hunduism의 탄생과 소멸, 헤겔 변증법Hegel's dialectic에서의 논증과 대조처럼 대립하는 힘 사이에 긴장이 존재한다는 것에 관해 논의해왔다. 위대한 사상가들은 이런 긴장이 세계를 전진시키는 원동력, 즉 전환과 변화의 핵심이라는 것을 인식하고 있었다.

기업의 구성원이 디지털 트랜스포메이션에 동의한다면, 이들과 함께 앞으로 나아가야 한다. 나폴레옹과 초기 전쟁, 판다바스Pandavas와 카우라바스Kauravas 사이에서 전차를 몰았던 크리시나Krishna, 고대 이집트의 죽은 자들을 이용하면 디지털 세계의 경이로움에 이르는 길을 알 수 있다. 날 믿어도 좋다.

감사의 글

나는 매일 AWS의 동료인 조나단 알렌^{Jonathan Allen}, 토마스 블러드^{Thomas Blood}, 애슐리 브라운^{Ashley Brown}, 조 청^{Joe Chung}, 미리암 맥클레모어^{Miriam McLemore}, 스티븐 오르반^{Stephen Orbabn}, 필 포트로프^{Phil Potloff}, 클라크 로저스^{Clarke Rodgers} 그리고 시아 장^{Xia Zhang}에게 많은 것을 배운다. 이 책에 등장하는 아이디어는 이들의 피드백을 참고해 발전시켰다. 내가 쓴 모든 책의 훌륭한 지지자인 AWS의 아드리안 콕크로프트^{Adrian Cockcroft}에게 감사를 표한다. 그와 나눈 5분간의 대화로 내 아이디어를 완전히 다른 시각에서 바라보게 됐다.

이 책에서 다룬 주요 쟁점 중 하나는 디지털 세계에서 겸손이 갖고 있는 중요성과 힘이다. 진 킴^{Gene Kim}은 겸손한 리더의 표본이었다. 진은 서로를 지지하고, 호기심이 넘치며, 개방적인 커뮤니티를 구축함으로써 많은 사람에게 최고의 가치를 선사했다. 나 또한 데브옵스 커뮤니티의 다른 구성원과 마찬가지로 그에게 큰 빚을 졌다.

대부분의 경우 항상 옳았고 이후로도 옳을, 편집자 안나 노악^{Anna Noak}에게 감사한다. 내가 말하고자 하는 바를 정확하게 알아채고, 그 의도대로 얘기하는지 항상 지켜봐준 레아 브라운^{Leah Brown}에게도 감사한다. 마르그리트^{Margueritte}와 IT Revolution 출판 팀의 다른 멤버에게도 감사한다.

USCIS에서 근무하던 시기의 일은 내게 많은 영향을 미쳤다. 케이스 존스^{Keith Jones}, 래리 데나이어^{Larry Denayer}, 루크 맥코맥^{Luke McCormack}, 마기 그레이브스^{Margie Graves}, 마이크 허머스^{Mike Hermus}, 조휘 시켈^{Josh Seckel}, 사라 파든^{Sarah}

17

Fahden, 타미 멕클리Tanny Meckley, 케이스 스탠리Kath Stanley, 트레이시 팔머Tracey Palmer, 라파 압달라Raffa Abdalla에게도 많은 것을 배웠다. 이제는 고인이 된 마크 칼드웰Mark Caldwell에게 감사한다. 그리고 누구에게도 인정받지 못하는, 불가능한 공무를 수행하는 모든 분에게도 감사한다.

마지막으로 요거트, 오트밀, 네스프레소Nespresso 캡슐, 엄청난 용기와 사랑 그리고 한없는 지지를 보내준 제니Jenne에게도 감사를 전한다.

옮긴이 소개

김연수(yeonsoo.kim.wt@gmail.com)

대학 졸업 후 일본의 모 자동차 기업 산하의 한국 내 연구소에 근무하게 되면서 소프트웨어 개발을 시작했다. 여러 기업의 다양한 포지션을 거쳐 지금은 글로벌 기업에서 업무 생산성 향상을 지원하기 위한 학습과 실험을 꾸준히 수행하고 있다. 최근의 관심사는 좋은 지식의 전달, 회사에 속하지 않고도 지속할 수 있는 삶 그리고 'Why Not Change the World'라는 가치관을 실현하는 것이다.

옮긴이의 말

2001년, 당시 소프트웨어 개발 혁신의 중심에 서 있던 17명의 소프트웨어 구루(켄트 벡Kent Beck, 제임스 그레닝James Grenning, 로버트 마틴Robert C. Martin, 켄 슈와버 Ken Schwaber, 제프 서덜랜드Jeff Sutherland 등)가 미국 유타주 스노우버드snowbird에 모였다. 이들의 목적은 당대의 소프트웨어 개발 현장에서 정답이라고 받아들이면서도 많은 사람이 그 실효성에 의문을 제기하던 '폭포수waterfall 방식의 개발', 즉 세부적인 요구사항과 실행 계획이 만들어지고, 고정되고, 개발 프로세스상의 다음 조직으로 전달되는 방식을 개선하는 것이었다.

스노우버드에 모인 구루는 마치 성경 속의 모세가 십계the Ten Commandments 가 새겨진 석판을 지니고 시나이 산에서 내려왔던 것처럼, 소프트웨어 개발에 관한 사고 방식과 행동 방식에 역사적인 획을 긋는 애자일, 애자일 소프트웨어 개발 선언을 발표한다.[1] 애자일 소프트웨어 개발 선언은 4개의 가치와 12개의 원칙으로 구성돼 있으며, 이 중 4개 원칙은 다음과 같다.

> 우리는 소프트웨어를 개발하고, 또 다른 사람의 개발을 도와주면서
> 소프트웨어 개발의 더 나은 방법을 찾고 있다.
> 이 작업으로 우리는 다음을 가치 있게 여기게 됐다.
> 공정과 도구보다 개인과의 상호 작용을

---

[1] http://agilemanifesto.org/iso/ko/manifesto.html – 옮긴이

포괄적인 문서보다 작동하는 소프트웨어를

계약 협상보다 고객과의 협력을

계획을 따르기보다 변화에 대응하기를

여기서 '가치 있게 여긴다'라는 말은 왼쪽에 있는 것들(예를 들면, '공정과 도구' 또는 '포괄적인 문서' 등)도 가치가 있지만, 오른쪽에 있는 것들(예를 들면, '개인과 상호 작용' 또는 '작동하는 소프트웨어' 등)에 더 높은 가치를 둔다는 것이다. 애자일 무브먼트는 해커 문화hacker culture에 바탕을 두고 있지만, 과거의 소프트웨어 개발 방법론을 전면적으로 부인하는 것이 아니라 오히려 빠르게 변하는 환경에 좀 더 기민하게agile 대응하기 위해 과거의 방법을 새로운 시각에서 보완한 것이라고 할 수 있다.

마크 슈워츠는 다양한 기업에서 CIO, CEO로 일했던 풍부한 경험을 이 책에 담았다. 이 책은 소프트웨어의 기민한 개발 방법론에 국한하지 않고, '디지털 트랜스포메이션'이라는 좀 더 큰 주제 아래 기업의 IT 조직(좁은 의미에서의 소프트웨어 개발 조직)과 비IT 조직(좁은 의미에서의 비즈니스 조직)이 어떻게 협업해야 하는지를 설명한다. 단순한 변화가 아닌 거대한 변혁, 즉 트랜스포메이션 과정에서 발행하는 긴장과 갈등을 해결해 나갈 수 있는 아이디어를 제공한다. 비즈니스와 IT의 오래된 관계, 현대 비즈니스 사회를 가득 채운 복잡성과 불확실성, 이를 극복하기 위한 기민함과 린lean함, 좀 더 기만한 소프트웨어 개발을 위한 다양한 관리 방법 그리고 이 모든 방법을 실행하기 위한 계획 실행과 변혁에 참여할 구성원을 독려하기 위한 리더십 팀의 구성에 이르기까지 성공적인 디지털 트랜스포메이션을 달성하기 위한 인사이트들이 담겨 있다.

애자일은 단순한 '프랙티스'나 '프레임워크'의 집합이 아니라 '사고 방식과 행동 방식에 있어서 어떤 것을 우선순위에 두느냐?' 하는 가치의 문제다. 모든 기업이나 조직 또는 기업 내 부서가 달성해야 하는 목표는 바로 '고객에게 전달해야 할 가치를 좀 더 효과적으로 전달하는 것'이다. 그리고 가치를 달성하기 위한 구성원의 사고 방식과 행동 양식에 나타나는 패턴이 모여 기민함의 문화로 이어진다. 문화는 한두 사람의 노력만으로는 만들어지지 않는다. 조직의 최고 리더부터 현장에서 고객과 만나는 직원에 이르기까지 한 방향을 바라보고 함께 나아가야만 좀 더 나은 문화를 만들 수 있다. 그의 경험이 애자일한 조직 문화를 만드는 데 많은 도움이 될 것이다.

번역을 하는 동안 한결같은 사랑으로 곁을 지켜준 아내와 딸들에게 감사의 마음을 전한다.

사랑합니다. 고맙습니다. 덕분에 삽니다.

박현철(architect.mentor@gmail.com)

서울대학교에서 계산통계학을 전공했고, 연세 대학교에서 MBA를 전공했다. 1993년 현대전 자(현 SK Hynix)에 입사해 애플Apple 출신 팀장, OOTObject-Oriented Technology 팀의 소프트웨어 개발 자로서 사회 생활을 시작했다. 그 후 신기술 기 반 선도 과제 및 다양한 대규모 프로젝트에 아 키텍트, PM/PMO, 컨설턴트, 자문 등으로 참여 하고 있다. 1999년부터 소프트웨어 공학 및 애자일 관련 저서 및 번역서를 13권 출간했으며, 2011년 제품 책임자Product Owner, 스크럼 마스터Scrum Master, 스크럼 개발자Scrum Developer 인증을 받았고, 2019년에는 Leading SAFe, SPCSAFe 4 Program Consultant 인증을 받았다.

2007년부터 현재까지 건국대학교 정보통신대학원 겸임 교수로 재직 중이며 애자일 제품 및 프로젝트 관리Agile Product & Project Management, 빅데이터 Big Data와 머신러닝Machine Learning, 서비스 아키텍처Service Architecture, HCIHuman Computer Interaction 등을 강의하고 있다.

감수의 글

이 책의 감수를 맡았을 즈음, 미래를 선도할 수 있는 핵심 역량을 증진시키기 위해 SAFe$^{Scaled\ Agile\ Framework}$ 컨설턴트 과정인 SPC$^{SAFe\ Program\ Consultant}$ 연수 목적으로 스위스를 방문했다. 그런데 놀랍게도 이 책은 스위스에서 배운 지식과 많은 부분에서 같은 컨텍스트를 지니고 있었고 내가 원하는 많은 얘기가 담겨 있었다.

세상은 매우 빠르게 변한다. 어떤 조직은 이런 상황을 심각한 위기로 인식하지만, 어떤 조직은 다시 없을 기회로 여길 뿐 아니라 비즈니스 성과로 연결시킨다. 그 차이가 무엇일까? 이것이 책을 감수하면서 가장 중점을 둔 부분이다.

이 책은 SAFe를 전혀 다루지 않는다. 그런데도 SAFe와 이 책은 무엇이, 어떻게, 왜 변하는지를 알고, 변화로 인한 복잡성과 불확실성 증가에 적극적으로 대응할 수 있는 역량을 갖추는 것이 중요하다고 지적하고 있다. SPICE, CMMi, ITIL 등 전통적 프로세스 및 성숙도 기반 체계에 관련된 컨설팅 경험이 있는 나로서는, SAFe야말로 급변하는 세상에 적극적으로 대응하는 조직을 만들기 위한 원칙과 프랙티스, 가이드, 사례를 담고 있는 보고와 같은 것이었다. SAFe는 기업 비즈니스 전략, 가치 흐름$^{Value\ Stream}$ 전략, 시장과 고객 요건(Epic, Capability, Feature, Story, Functionality, Non-functionality) 중심 역할과 활동을 구체적으로 명시한다. 또한 데브옵스^{DevOps} 기반의 지속적 전달$^{Continuous\ Delivery}$ 체계와 고객 요청에 따른 $^{On\ Demand}$

지속적 탐색Continuous Exploration, 지속적 통합Continuous Integration, 지속적 배포 Continuous Deployment 기반의 리드 타임Lead Time 최적화를 강조한다. 이와 함께 다양한 경영진과 조직 내 리더 및 실무자 간 일체성Alignment 있는 협업체계를 포용하기 위해 린 애자일Lean-Agile 관련 가치, 원칙, 핵심을 기반으로 다양한 역할, 활동, 결과, 가이드를 정의한다. 이들 모두가 이 책에서 강조하고 있는 영역들이다.

이 책을 선택한 출판사와 번역한 역자의 통찰도 놀랍지만, 저자가 CEO와 CIO를 포함한 다양한 경험을 바탕으로 보여주고 있는 통찰 또한 놀랍다. 개선과 혁신을 조직에 반영하기 위한 복잡성과 불확실성 대응 역량은 중요하지만, 그것을 조직에 내재화해 지속적 성장과 경쟁 우위를 만들어내는 것은 결코 쉽지 않다. 저자는 이 책에서 다양한 역사 속 얘기, 경영 및 통계적 지식을 바탕으로 미래 경쟁력을 갖추는 데 필요한 요소가 무엇인지 설명하고 있다.

다양한 산업 분야에서 앞으로 무엇을 할 것인지를 고민하는 많은 리더에게는 때로는 양식이, 때로는 쉼터가 필요하다. 이 책은 지식이 들어 있는 양식과 경험을 포함한 쉼터를 제공한다. 이 책을 이용해 복잡함과 불확실성으로 가득찬 이 세상을 조금씩 허물어 조직 역량과 고객 가치로 전환시키는 디지털 리더가 되길 바란다.

차례

에이콘출판의 기틀을 마련하신 故 정완재 선생님 (1935-2004)

들어가며

기술은 확정적 진리의 부정이고, 사물의 변화를 지배하려면 반드시 진리를 부
정해야 하므로 서구는 운명적으로 극도의 불안에 떨 수밖에 없다.

　　　　　　　– 엠마누엘 세베리노, 니힐리즘의 정수Emanuele Severino, The Essence of Nihilism

새로운 진실에 가장 해가 되는 존재는 과거의 오류다.

　　　　　　　　　　　　　　　　– 괴테, 맥심Goethe, Maxims

오늘날 대기업 경영자는 산업 분야, 지역에 관계없이 조직을 변혁하고자
고군분투하고 있다. 경영자들은 '디지털화become digital'하고자 하는 열망에
차 있지만, 변혁 과정에서 발생하는 다양한 어려움 또는 막다른 길에 이르
게 된다. 경영자들은 그들이 일궈낸 기업이 특별하다고 생각한다. 이 기업
들은 뛰어난 혁신의 역사, 시장에서의 선도적인 위치는 물론 가치 있는 사
명도 지니고 있다. 경영자들은 아마존Amazon, 애플Apple과 같이 빠른 혁신을
이루고, 제품을 신속하게 출시하며, 누구도 생각하지 못했던 새로운 형태
의 비즈니스 가치를 만들어내는 기업을 보면서 '왜 우리는 그들처럼 하지
못하는가?'라는 의문을 가진다.

　문화의 패턴, 조직 이슈, 경직된 프로세스, 리스크 회피, 기업 내부에 널
리 퍼진 관료주의 등에 책임을 돌리기는 쉽다. 그러나 진짜 장애물은 눈
에 잘 띄지 않는다. 진짜 문제는 IT(기업 내 기술 전문 조직 또는 그 구성원)와 비
IT(조직 또는 구성원) 간의 관계 속에 존재한다. 디지털 시대는 디지털 기술

책임자의 리더십을 요구한다. 그러나 '비즈니스' 부서와 'IT' 부서로 구분되는 전통적인 협업 시스템에서는 이를 달성할 수 없다.

기업은 IT의 비즈니스 성과와 기업의 경쟁적인 입지를 강화하길 원한다. IT를 활용해 기술적인 영감을 기반으로 하는 혁신을 이끌어내고, 고객과 밀접한 관계를 맺으며, 비즈니스를 개선하길 원한다. 또한 업무를 단순화함으로써 구성원이 시간과 노력을 좀 더 효율적으로 사용하게 되길 원한다. 리스크 관리(특히, 정보 보안 부문)도 빼놓을 수 없다. 비즈니스를 둘러싼 세계가 디지털화하면서 기술은 기업을 운영하는 기술적이고 물리적인 방법인 동시에, 기업의 경쟁력은 물론 생존 능력 자체에 있어서도 핵심적인 요소가 됐다.

그러나 기업이 실제로 IT에게 요구하고 장려하는 것은 무엇일까? 계획에 맞춰 정확한 시간에 프로젝트의 결과물을 전달하고, IT 비용을 줄이고, 기업 구성원에게 훌륭한 고객 서비스를 제공하고, 비즈니스 부서의 요구사항을 받아 정확하게 구현할 수 있도록 IT 부서로 전달하고, 납기를 지키지 못하게 하는 여러 요소를 미연에 제거함으로써 리스크를 통제하길 원한다. 우리가 진정으로 IT에 원하는 것과는 전혀 관계 없는 것을 요구하고 있는 것이다.

진부한 표현이지만, 변화의 속도는 점점 빨라지고 있다. 기술 또한 예외는 아니다. 지난 수십년간 놀라운 창의성을 가진 사람들이 기술 영역으로 들어오면서 기술은 상상할 수 없을 정도로 빠르게 변화했다. 소프트웨어, 하드웨어, IT 서비스 제공자들은 시장을 확대하기 위해 막대한 리소스를 쏟아부었으며, 기능, 스케일, 보안, 저항성에 관한 다양한 요구사항은 기술의

혁신을 이끌었다. 따라서 소프트웨어 개발자들은 새로운 프로그래밍 언어와 프랙티스를 포함한 IT 시스템 아키텍처 또는 설계에 관한 새로운 멘탈 모델을 끊임없이 학습하고 실험해야 한다.

변화 속도는 비즈니스는 물론 제품 전략에도 영향을 미쳤다. 기업에서 수행하는 업무의 중심에 기술이 자리잡았기 때문이다. 경영자들이 하루 24시간 이메일을 보는 이유가 무엇일까? 이메일을 하루 종일 이용할 수 있기 때문이 아니라 24시간 내내 결정을 내려야 한다고 생각하기 때문이다. 파스타를 먹는 중이든, 리얼리티 TV 프로그램을 보는 중이든, 심지어 렘REM 수면에서 깨어나는 도중에도 말이다. 우리는 늘 긴박감을 느낀다. 기술의 발달로 진입 장벽이 낮아졌고, 기업은 산업을 순식간에 바꾼다. 클라우드나 잘 만들어진 소프트웨어가 제공하는 유연함, 인터넷을 이용한 전 세계 불특정 다수 고객에 접근, 벤처 캐피털의 활용 가능성, 초기 마켓을 직관적으로 이해하는 노동력과 같은 요소는 매우 큰 리스크다. 이와 같은 리스크는 과거 한때 성공에 안주했던 기업을 생사의 기로에 놓거나 S&P 500 리스트에서 사라지게 만들 수 있다.

기업을 위협하는 존재가 스타트업에만 국한되지는 않는다. 전통적인 기업 또한 최신 기술을 이용해 요술램프에서 새로운 제품을 만들어내거나 비용을 사라지게 하거나 적자를 흑자로 바꾸는 등과 같은 방법을 찾아냈다. 보스턴 컨설팅 그룹Boston Consulting Group의 최근 연구 결과에 따르면, 각 산업군의 1~3위 기업은 과거 어느 때보다 빠르게 자리를 빼앗기고 있으며, 한 번 자리를 빼앗긴 후에는 5년 이내에 동종 업계에서 10위권 밖으로 밀려났다.[1]

이제는 그 어떤 기업도 현재 위치를 믿고 편안하게 뒷짐을 지고 있거나 장밋빛 미래만을 생각하면서 천천히 움직일 수 없다. 오늘날의 비즈니스에는 긴급함과 명확함이 필요하다. 47%의 CEO들은 실질적인 의미와 관계없이 이사회로부터 디지털 트랜스포메이션[2]의 압박을 받고 있다고 말하며, 62%의 CEO들은 디지털 트랜스포메이션 과정을 진행하고 있다고 말한다.[1][3] 천천히 움직이는 것 자체가 그들이 갖고 있던 기업의 비즈니스 가치를 파괴하고 있는 것이다.

니콜 포스그렌Nicole Forsgren, 제즈 험블Jez Humble, 진 킴Gene Kim은 그들의 저서 『Accelerate』(IT Revolution, 2018)에서 기업이 속도를 높여야 할 네 가지 영역을 정의했다.

- 고객 만족을 위한 상품과 서비스 전달
- 고객의 요구를 발견하고 이해하기 위한 시장 참여와 진입
- 시스템에 영향을 미치는 법률과 규제 변화 확인
- 보안 위협 또는 경제 변화와 같은 잠재적 리스크 대비[4]

이런 영역에서 발전 속도를 높이려면, 기술을 업무의 중심에 끌어들이는 방법을 찾아야 한다. 기술은 혼란을 야기하는 원인인 동시에 혼란으로 발생하는 문제를 해결하는 방법을 제공하기 때문이다. 인터넷을 이용하면 순식간에 전 세계의 고객에게 접근할 수 있고, 클라우드를 이용하면 필요한 인프라스트럭처를 원하는 만큼 확보할 수 있으며, 변화하는 소프트웨어를 이용하면 기하급수적으로 늘어나는 다양한 요구를 만족시키기 위한 혁신과 트랜스포메이션을 지속할 수 있다.

아이러니하게도 기업은 IT를 일종의 장애물처럼 여긴다. 마치 고객에게 가치를 전달하기 위해 몸을 앞으로 기울일 때 작용하는 마찰력처럼 말이다. 하지만 기업에 새로운 기술을 적용해야 한다는 끊임없는 압력에 맞서면서도 그 기술을 적용할 방법을 찾아낸 것은 아이러니하게도 기업 내에서 스스로의 존재에 관한 의문과 불확실성 속에서 살아왔던 IT 부서였다. IT 업무 종사자는 업무 프로세스를 간소화하면서, 빠른 속도로 달릴 수 있

---

1 42%의 CEO들은 '디지털 우선(digital first)' 또는 '디지털 중심(digital to the core)'과 같은 용어를 디지털 접근의 기조로 삼고 있다.

는 방법을 만들어왔다. 이젠 기업이 준비된 스케이트를 신고 디지털 세계라는 이름을 가진 미끄러운 얼음 위를 편안하게 달려 나갈 차례다.

––––––

디지털 트랜스포메이션을 이끄는 리더는 조직 안에서 수많은 사람이 머리를 끄덕이는 모습을 본다. 변화하지 않으면 디지털 세계에서 살아남을 수 없다는 데에 모두 동의하는 것 같다. 변화는 시급한 것이며, 빠르게 변화하지 못하면 도태될 위험이 있다는 사실을 모두 이해하고 있는 듯하다. 자본 시장은 기업에게 성장과 혁신을 동시에 요구하지만, 이사회는 경영진들이 미래를 준비하는 데 더 많이 투자하길 원한다. 경영진은 경쟁사가 디지털 구축 방법을 학습하고 있다는 것을 안다. 솔직히 말해 모든 사람의 동의를 얻는다는 것은 불가능하다.

그렇지만 아무런 일도 일어나지 않는다. '그래, 그래, 그렇지'라는 생각은 머릿속에서만 맴돌 뿐, 다양한 계획을 논의하고 우선순위를 정하는 선에서 멈춘다. 기업 문화는 변하지 않는다. '기술이 구식이다', '관료주의적 프로세스가 엄격하다', '비즈니스 사일로가 응집력을 떨어뜨린다', '법 규제가 너무 엄격하다', '회계 기준이 복잡하다', '감사audit가 빡빡하다'라는 핑계를 대기는 쉽다. 사실 이런 요소는 대기업에게 매우 중요하며, 대부분 기업 내부에서 통제할 수 있고(이 책에서 지속적으로 얘기하겠지만), 설사 통제할 수 없다 하더라도 디지털 트랜스포메이션을 위한 사전 조건이 아니라 디지털 트랜스포메이션을 성공적으로 달성했을 때 수반되는 결과에 지나지 않는다.

기업 내에서 디지털 트랜스포메이션의 자물쇠를 열고 싶다면, 기술 자체는 물론 기술자와의 관계 또한 개선해야 한다. 과거부터 지금까지 IT를 기업에 통합하는 데 사용한 방법은 그다지 큰 효과를 거두지 못했다. 또한 이제부터 만나게 될 디지털 시대에서도 아무런 효과를 얻지 못할 것이다.

IT와 비즈니스는 줄지어 늘어선 보블헤드^{bobbleheads} 인형, 친밀함이 배제된 형식적 선의와 상호 존중에 기반을 둔 미소와 같은 고정관념 또는 리스크와 마주해야 한다. IT와 비즈니스 사이의 상호 작용 방법을 전환하는 것이 디지털 트랜스포메이션의 핵심이다.

───────

IT가 기업 환경의 일부가 된 지난 수십 년 동안 기업은 IT 부서를 다른 비즈니스 부문의 구성원에게 서비스를 제공하는 별도 계약자와 같은 존재로 여겨왔다. 비즈니스 부서는 자신에게 필요한 IT 역량을 결정한 후 요구사항을 작성하고, IT 부서와 일정 및 비용을 협상한 후 협상이 완료되면 그 요구사항을 담장 너머로 던져버렸다. 그러면 IT 부서는 협의된 일정에 따라 구현과 배포를 책임졌다. 우리가 'IT와 비즈니스'라는 용어를 사용할 때는 두 존재를 완전히 다르게 인식하며, IT는 비즈니스를 고객처럼 생각해야 한다고 말한다. 마치 IT 부서가 같은 회사의 구성원으로 가득찬 외부 서비스 제공자인 듯이 말이다.

이와 반대로 디지털 트랜스포메이션은 기술을 '손쉽게 아웃소싱할 수 있는 유틸리티' 또는 '지원 기능'으로 바라보는 것이 아니라 기업이 스스로를 정의하기 위해 사용하는 방법의 중심에 둔다. 그러나 이를 위해서는 마케팅, 회계, 운영 담당자만큼이나 많은 기술자가 비즈니스에 관여해야 한다.

이런 관계의 변화는 IT는 물론 비즈니스에도 불편하다. 우선, 비즈니스 담당자는 자신을 IT 부서의 고객으로 여기는 데 익숙하다. 심지어 IT의 서비스가 유용하든 그렇지 않든 말이다. 앞서 언급한 계약 개념의 모델은 비즈니스 담당자들에게 자신이 기술을 전혀 이해하지 못하더라도 최소한 IT의 일부 성능 표준에 관한 역량을 갖추면 IT를 통제할 수 있다는 허상을 심어줬다. 비즈니스 부서와 담당자는 기술적인 불확실성, 복잡성, 변화를

IT 담당자에게 일임하면 미래를 쉽게 예측할 수 있다고 생각한다. IT 담당자가 특정한 프로젝트가 정해진 기일까지 완료된다고 말할 수 있다면, 불확실성이 사라지거나 전통적인 리스크 관리 프랙티스를 활용해 불확실성을 통제할 수 있으리라 생각했다.

반면, IT는 비즈니스 성과와 산출물을 책임지지 않을 수 있었다. 언제나 자신이 아닌 다른 누군가가 비즈니스 가치를 만들어내기 위해서 사용할 수 있는 기술을 결정했고, 또 다른 누군가가 IT에서 전달한 제품으로 비즈니스 가치를 만들어냈다. IT는 '여러분이 요구사항을 분명히 전달해주기 전까지는 아무것도 할 수 없다'는 말을 반복하면서도 정작 비즈니스 운영을 제한하는 정책과 표준은 강화해왔다. IT는 비즈니스에게 가치 결정에 관한 책임을 전가하면서 자신은 비즈니스의 불확실성과 복잡성에서 해방된 것처럼 느꼈다.

오늘날 디지털 세계가 가진 불확실성과 복잡성은 IT 부문인지 아닌지에 관계 없이 모두에게 일상이 됐다. 기술 리스크와 비즈니스 리스크를 더 이상 나눌 수 없으며, 기술 기회와 비즈니스 기회를 나눌 수도 없다. 비즈니스는 기술 사용에 따른 위험과 불확실성을 떠안아야 하며, IT 또한 비즈니스에 내재된 위험과 불확실성을 감내해야만 한다.

비단 IT만이 기업 내 핵심 전략 활동에서 벗어나 있는 것은 아니다. 더 심오하고 일반적인 이슈가 존재한다. 비즈니스와 기술 기능이 좀 더 복잡화, 전문화되면서 각 조직은 스스로 기능적인 사일로를 발생시키는 구조를 만들었다. 회계 조직은 회계에만, 마케팅 조직은 마케팅에만, IT 조직은 IT에만 집중하는 것과 마찬가지로 각 부문은 해당 부문의 기능 수행에 관련된 목표만을 수립한다. 그리고 조직이 세분화되는 만큼 목표 또한 세분화되며, 각 부서는 해당 부서의 구성원이 아니면 전혀 이해할 수 없는 목표에 책임을 진다. 그 결과, 각 조직은 디지털 세계로 접근하기 위한 전체적인 전략을 수립할 때 세분화에 따른 대가를 치렀다.

예를 들어, 최고재무책임자Chief Financial Officer, CFO는 프로젝트가 정확한 일정에 완료됐는지를 확인하는 업무처럼 비용 절감과 운영 공수에만 집중한다. 맥킨지의 연구에 따르면, CFO 중 3분의 2는 전통적인 재무 활동에 사용하는 시간을 줄이고, 전략적 리더십 활동에 더 많은 시간을 사용해야 한다.[5] 재무 부서 리소스의 약 30%는 데이터를 조합하거나 불일치를 해결하는 데 소비한다.[6]

하지만 디지털 세계에서의 CFO는 전략적 비즈니스 조언가로서 주주 가치와 기업의 사명을 전달하는 역할을 해야 한다.[7] 디지털 조직의 CFO는 자본을 투입하고, 데이터를 실행할 수 있는 비즈니스 인사이트로 바꾸며, 리스크를 전략적으로 관리함으로써 경쟁력을 주도한다. 또한 비용 절감 부문에서는 좀 더 린한 프로세스를 만들어 낭비를 제거하고, 기업의 속도를 높이는 데 집중한다.

최고마케팅책임자Chief Marketing Officer, CMO와 관련된 조사 결과 역시 크게 다르지 않다. 조사에 참여한 CMO의 74%는 자신의 역할이 비즈니스에 충분한 영향을 미치지 못하고 있다고 응답했다.[8] 오늘날 마케팅은 과거에 비해 훨씬 더 많은 국가, 고객 세그먼트, 미디어, 배급 채널을 다뤄야만 한다. 맥킨지의 연구에 따르면, 일반 소비자를 대상으로 제품을 만드는 한 기업당 약 2,000만 가지 종류의 가격 포인트를 관리한다.[9] 그러나 이와 같은 복잡한 상황에서도 CMO들이 진정으로 원하는 것은 고객과 밀접한 관계를 유지하고, 브랜드를 개발하며, 기업 내 다른 기능 부문과 협업해 비즈니스가 성장하도록 하는 것이다.

이제 이사회는 기업이 디지털 혼란 속에서도 살아남을 수 있다는 확신이 들 수 있도록 좀 더 능동적으로 접근하고, 기회와 위험이 균형을 유지해야 한다는 것을 알게 됐다. 즉, 기업이 영속할 수 있는 위치를 만들어가고 있는지를 확인해야 하는 것이다. 앞으로도 계속 얘기하겠지만, 기업이 영속할 수 있는 위치에 올라서기 위해서는 기업 자산과 프로세스에 기민함^{agility}과 민첩함^{nimbleness}을 녹여내야 한다.

이사회가 기업의 성과를 평가할 때는 과거 전통적인 재무 보고서에 사용했던 후행 지표^{trailing metrics}을 대체할 수 있는 선행 또는 현행 지표^{leading or current indicators}를 발굴해야 한다. 감사위원회는 속도 변화, 디지털 세계의 새로운 리스크, 규정을 준수하는 프레임워크의 엄격함이 증가하는 통제가 효과적으로 이뤄지도록 해야 한다.[10]

전문 경영인은 전문 영역을 넘어 기업 전체를 가로지르는 전략적 이슈를 중심으로 동료와 협업해야 한다. CFO는 재무, CMO는 마케팅만 책임지는 것이 아니라 기업의 모든 활동에 기능적 전문성을 적용하고, 비즈니스 성과를 달성하기 위해 부서 사이의 단절을 넘나들면서 일해야 한다. CIO 역시 기술 기능의 운영만 책임지는 것이 아니라 기업 전체의 전략에 기술적 전문성을 더해야 한다.

2장, '복잡성과 불확실성'에서 설명하겠지만, 전문 영역을 넘나드는 것은 다른 CEO보다 CIO에게 훨씬 더 어려울 것이다. IT가 기업 속으로 들어온 것은 불과 50~60년밖에 되지 않았고, 여전히 자리잡지 못하고 있기 때문이다. 맥킨지 보고서는 'IT가 비즈니스의 미래를 의미 있는 형태로 만들어 나갈 모습에 관한 인식이나 동의는 거의 없는 것으로 보인다'[11]면서 다음과 같이 말한다.

> "…(전략)… 높은 성과를 거두는 IT 조직의 특징 중 하나는 능동적인 CIO가 비즈니스에 관여한다는 점이다. 본인들이 소속돼 있는 기업의 CIO가 기업 전체의 전략을 수립하는 일에 매우 깊이 관여하고 있다고 응답한 기업이 그렇지 않은 기업보다 IT를 활용한 효과를 더 많이 거뒀다."[12]

IT는 디지털 시대가 진행됨에 따라 CFO나 CMO는 물론, 이사회가 자신의 목적, 다시 말해 전략적 역할을 할 수 있도록 지원하고, 디지털 기업이 실질적인 성공을 거둘 수 있도록 하는 역할을 해야 한다. IT가 다른

CEO를 위대한 영웅으로 만들 수 있다.

———

전직 CIO로서, 나는 IT가 좀 더 높은(그리고 다양한) 수준에 이르러야 한다고 생각한다. 엔지니어는 건축가이며 기술자로서의 즐거움은 새로움과 다름을 만들어내는 것이기 때문이다.

인트락스에서 CIO로 일하면서 배운 것이 한 가지 있다. 인트락스는 직업과 여행, 인턴십, 고등학생 대상 교환 학생, 영어 교실, 오페어와 같은 국제 문화 교육 프로그램을 운영했다. CIO로서 맨 처음 추진했던 인트락스의 오페어 비즈니스를 온라인으로 바꾼 프로젝트는 매우 성공적이었다. 두 번째 프로젝트는 고등학생을 대상으로 하는 교환 학생 프로그램과 비슷했지만, 이 프로젝트는 재앙 그 자체였다. IT 부서는 다른 비즈니스 부문으로부터 잘못되고 모순된 요구사항을 전달받았다. 우리는 이 요구사항이 비즈니스 관점과 다르다는 것을 확신했지만, 비즈니스 부문의 요구사항을 충족시켜야 할 책임을 지고 있었으므로 굳이 그들을 설득하지는 않았다.

결국, 우리가 옳았다. 모든 것이 엉망이었다. 새롭게 개발한 시스템을 이용한 업무가 이전보다 느려졌다는 사실을 알게 된 것이다. 다같이 소프트웨어를 수정해, IT 부서가 처음 시연했던 형태와 가깝게 만들었다. 당시 인트락스의 CEO는 '자네가 다 망쳤어'라는 식으로 얘기했다. 나는 IT 부서가 비즈니스의 요구사항을 정확하게 구현했고, 요구사항이 잘못된 것이며, IT 부서에게는 아무런 잘못이 없다고 저항했다. CEO는 이렇게 대답했다. "자넨 중요한 걸 놓치고 있어. 나는 자네가 우리 IT 예산을 사용해 이익을 내길 바라네. 그리고 나는 지금, 그 이득을 얻지 못했다네."

CEO가 옳았다. CIO는 기술에 투자함으로써 비즈니스 성과를 달성해야 한다. 완전한 내 실책이었다.

물론 그에게 CEO로서 비즈니스 부문에 동의하지 않고, 비즈니스의 요구를 거절할 수 있는 컨텍스트를 수립하지 않았다고 따질 수도 있었을 것이다. IT가 해야 할 일이란 훌륭한 '고객 서비스'를 제공하는 것이었다. 비즈니스 부문 리더는 IT가 그저 주문을 받아 실행하기만을 원했다. 그러나 시니어 경영진이 된 입장에서, CIO가 올바른 결과를 달성하는 데 영향을 미치려면 전투도 불사해야 한다고 생각한다.

기업은 성장하기 위한 길을 모색해야 한다는 압박을 받고 있다. 기존의 비즈니스 수단은 기업을 혼란에 빠뜨리거나 기업의 경쟁력을 떨어뜨릴 위험이 있기 때문에 기업은 시장을 보호하고 고객과 밀접한 관계를 형성함으로써 새로운 기회를 찾기 위해 노력해야 한다. CEO의 우선순위에 관련된 KPMG의 연구에 따르면, 대다수의 CEO는 비용 효율성보다 성장을 더 중요시하며, 이들 중 3분에 1은 자신의 기업이 성장 목표를 달성하기 위한 충분한 리스크를 감내하고 있지 않다고 한다.[13]

『Zone to Win』(Diversion Books, 2015)의 저자인 제프리 무어Jeoffrey Moore는 "기업이 새로운 고성장 영역에 진입하면, 투자자들은 해당 기업의 주식 가치를 기대 이익의 10배 또는 그 이상으로 높게 평가한다"고 말했다. 그러나 그 영역이 성숙기에 접어들면, 기업 가치는 현재 가치의 1~2배 정도로 안정된다. 주식 가치를 다시 높일 수 있는 유일한 방법은 매우 큰 규모로 새로운 성장 영역에 들어가는 것이다.[14] 즉, 비즈니스가 끊임없이 다음 파도에 올라타야 한다는 것이다.

나는 비즈니스 스쿨에서 기업이 지속 가능한 경쟁력의 이점(판카즈 게마와트Pankaj Ghemawat와 같은 비즈니스 이론가들의 주장에 유의하라)을 개발해야 한다고 배웠다. 하지만 요즘 같은 세상에는 지속 가능한 이점이 거의 존재하지 않는다. 클라우드, 인터넷, 글로벌 시장이 합쳐져 기업 진입 장벽이 낮아졌기 때문이다. 실제로 모든 기업이 동일한 기술에 접근할 수 있다. 새로운 경쟁자들은 기존 배포 채널을 사용하지 않으므로 배포 채널을 독점하는 것도 더 이상 안전하지 않다. C. K. 프라할라드C. K. Prahalad와 개리 하멜Gary Hamel의 말처럼, 기업은 핵심 경쟁력을 만들어낼 수도 있을 것이다.[15] 하지만 핵심 경쟁력이 얼마나 지속적인 가치를 가질지 그 누가 장담할 수 있겠는가?

디지털 세계에서는 지속적으로 경쟁 우위를 차지해야 한다. 성공을 거두는 기업은 지속적으로 혁신하고, 혁신을 바탕으로 우위를 만들어내며, 우위가 사라지기 전에 다음 단계로 넘어간다. 우리 경제는 1942년 조지프 슘페터Joseph Schumpeter가 소개한 '창의적 파괴creative destruction'와 크게 다르지 않다.[16] 성장은 혁신에서 비롯된다. 그 성장이 제품이든, 고객 관계의 구축이든, 비용을 절감하는 프로세스의 개선이든 관계없이 말이다.

지속적 혁신을 영속시키는 유일한 방법은 새로운 아이디어를 실현하는 비용과 리스크를 줄이는 것이다. 오늘날 IT 기술이 기업 비용과 리스크를 줄이는 데 도움을 주는 기민함과 민첩함, 속도를 선사한다는 것은 매우 기쁜 소식이다. 데브옵스DevOps로 알려진 일련의 프랙티스를 클라우드와 함께 사용하는 기업은 하루에도 수백 번씩(6개월에 한 번이 아니라) 고객과 구성원에게 IT 기술을 배포한다. 배포는 높은 신뢰성을 바탕으로 안전하게, 아무도 눈치채지 못한 상태에서 수행되기 때문에 높은 품질과 사용성을 제공한다.

오늘날의 IT 기술이 혁신과 비즈니스 기민성을 제공하지만 기업이 IT 기술을 사용하는 방법은 수십년 전의 멘탈 모델과 그리 다르지 않다는 것은 좋지 않은 소식이다. 기술 자체가 문제가 아니라 기술이 전달해야 할 비즈니스 가치를 실현하는 것이 문제다. 기업은 경쟁 우위를 획득하고 유지하며, 혁신을 자극하고, 고객을 만족시키고, 변화하는 시장에 빠르게 반응할 수 있도록 기술적 측면에서의 결정을 내리고, 기술적인 시도를 감독하고, 기술 관련 예산을 수립하는 방법을 바꿔야 한다. 무엇보다 기업 내의 기술 그룹과 상호 작용하는 방법을 바꿔야 한다.

스티븐 데닝Stephen Denning은 『The Age of Agile』(Amacom Books, 2018)에서 "오늘날 수많은 대기업에 여전히 존재하는 기술과 데이터를 착취하고자 하는 시도는 고속도로에서 말과 마차를 모는 행위와도 같다. 지금까지와는 전혀 다른 세상에서 번영하고자 한다면 기업은 이제까지와는 완전히 다른 관리 기법을 도입해야 할 것이다."라고 말했다.[17]

———

경영진이 여전히 IT를 비즈니스 기능으로 여기는 것을 달가워하지 않는다는 사실은 가혹하다. IT에게 어떻게 자신의 업무에 관한 책임을 맡긴다는 것인가? IT는 언제나 프로젝트 일정에 뒤처지지 않는가? IT에서 만든 시스템은 버그로 가득하지 않은가? 장비들은 갑작스럽게 작동을 멈추거나 너무 복잡해 구성원이 사용할 수 조차 할 수 없지 않은가? IT는 늘 "아니요"라는 말만 하지 않는가? IT 비용은 언제나 너무 높지 않은가? 벤치마크 대상 기업은 우리보다 더 저렴한 비용으로 IT를 잘하고 있지 않은가? IT 관계자는 모든 자원을 과도하게 사용하고 전문 기술 용어를 총동원해 다른 구성원이 자괴감을 느끼게 하지 않는가?

조지 웨스터먼Geroge Westerman과 공동 저자는 『Leading Digital』(Harvard Business School Press, 2014)에서 "많은 경영진은 우리에게 '자신들이 운영하는 기업 내 IT 부서에서 거둔 성과가 형편없기 때문에 디지털 트랜스포메이션을 위한 다른 방법을 찾고 있다'라는 대답을 했다"고 말했다.[18] 특히 나는 CIO Executive Council이 발표한 '2015 Power of Effective IT Communication Survey'에서 단지 3%의 비즈니스 이해관계자들만이 IT를 게임 체인저Game Changer라고 생각했고, 11%는 동료라고 생각했으며, 58%는 돈을 낭비하는 조직이나 서비스 제공자로 생각하고 있다는 것이 신경 쓰였다.2[19] 기업은 디지털 기술을 게임 체인저라고 생각하고 있지만, 대부분의 사람은 디지털 기술 종사자를 게임 체인저라고 생각하지 않는다.

800개 글로벌 비즈니스 및 IT 경영진을 대상으로 진행한 설문 결과에 따르면 응답자 중 비즈니스 관계자 34%, IT 관계자 31%는 서로의 관계가 전투적이고 신뢰할 수 없거나 사일로에 갇혀 있다고 응답했다.[20] 이는 마치 기능 장애를 가진 가정 안에서 일어나는 전쟁과도 같다. 그리고 전쟁 중인 두 군대 사이에서 전차를 몰고 다니는 사람은 바가바드 기타Bhagavad Gita가 시작될 때 아르주나Arjuna가 느꼈던 것과 똑같은 안쓰러움을 느낀다.3

이와 같이 분리된 상황에서 기업이 최고디지털책임자Chief Digital Officer, CDO를 영입하려 하는 것도 놀랍지만은 않다. 가트너Gartner는 비즈니스 기술을 두 종류의 속도—기존 시스템이나 백 오피스 및 리스크 내성이 약한 시스템인 경우에는 느린 속도, 고객과 직접적인 접점이 있는 혁신적인 시스템들은 빠른 속도—로 움직일 것을 제안했다.[21] 가트너가 제안한 바가 옳다면 CIO에게는 느리게 움직이는 IT를 대상으로 끊임없이 업무를 수행하도록 하고, CDO에게는 빠르고 유연한 시스템을 즐겁게 구축하는 책임을 지우는 것이 옳다고 느껴질 수도 있다.

나는 이 아이디어에 동의하지 않는다. 오늘날 가장 좋다고 일컬어지는 프랙티스들이 보여주는 결과는 한결같다. 기업의 모든 기술이 빠르게 움직여야 하고, 모든 활동은 기업이 시장과 고객을 대상으로 경쟁하는 방법과 일치해야 한다. IT를 CIO와 CDO로 구분하는 것은 내가 이 책에서 애

---

2   이 설문은 CIO를 대상으로 한 것임에 유의하자. 즉, CIO는 함께 일하는 비즈니스 리더가 이와 같은 생각을 갖고 있다고 믿는다는 것이다.

3   바가바드 기타의 오프닝에서, 판다바와 마우라바의 군대(그들 중 많은 사람이 서로 관계를 갖고 있었다)는 쿠룩쉐트라(Kurukshetra) 전투에서 서로를 마주보고 있다. 판다바의 왕자인 아르주나는 맞은 편에 서 있던 그의 친구, 친척, 스승을 보고 절망에 빠져 크리시나에게 조언을 구한다.

기하는 민첩함과 혁신에 방해가 되는 장애물을 만드는 것과 같다.[4]

하지만 기업마다 니즈가 다르고 두 역할을 구분하길 원하는 기업도 있다는 것을 알게 됐으므로 내가 이 책에서 CIO라고 언급하는 경우에는 CIO/CDO라는 직책에 관계 없이 기업 내 '디지털 기술의 최고 수장'이라는 의미로 받아들이길 바란다.

빠르게 진화하는 경쟁자를 보면서 회의실에 주저앉아 "우리는 디지털 트랜스포메이션을 해야 해!"라고 선언하는 어떤 기업의 리더십 팀을 떠올려 보자. 이들은 컨설팅 기업을 채용하거나 트랜스포메이션에 성공해 새로운 세상을 즐기고 있는 기업들과 얘기를 나눈다. 리더십 팀은 기술 기업을 빠른 속도로 이끌 아이디어를 수집한 후에 다시 회의실에 모인다.

"우린 해낼 수 없어! 우린 관료주의에 젖어 있고, 필요한 기술도 없어! 규제 법규도 너무 많고! 그렇게 빠르게 움직이면 안전도 보장되지 않는다고! 그런 IT를 통제할 방법도 없고! 아이디어는 좋지만 우리 상황에는 맞지 않아! 우리의 문화를 뒤집지 않는 한, 아무런 효과도 없을 거야. 하지만 우리는 변해야만 해!"

'맞아! 하지만…. 맞아! 하지만…. 맞아! 하지만….' 자신들의 주변에서 매우 빠르게 움직이는 기업의 뒤를 따르기 위해 우왕좌왕하는 보블헤드 인형들이 바로 오늘날 리더십 팀의 모습이다.

보블헤드 인형 모델은 효과적인 비즈니스 전략이 아니다.

이제 트랜스포메이션을 시작하자. 트랜스포메이션은 리스크가 높지 않을 뿐 아니라 매우 긴급하다. 리스크가 높지 않다는 표현에 놀랐을지 모

---

4 C 레벨 직책이나 직위와 관련된 것임을 명심하기 바란다. 디지털 제품 또한 다른 제품과 마찬가지로 제품 교육 관리 체계를 갖추고 있을 것이다. 또한 C 레벨의 리더는 조직에게 주어진 기술적인 기회를 일깨우는 컨설턴트의 역할을 해야 한다고 생각한다. 만약 C 레벨 리더가 한 명뿐이라면 두말할 필요도 없을 것이다.

르지만, 적어도 나는 이렇게 주장한다. 주의를 기울이고 모든 방향의 신호를 보면서 디지털에 이르는 길을 느리게 이동해야 한다고 생각할지도 모른다. 그러나 디지털 트랜스포메이션의 핵심은 리스크 감소다. 디지털 기업은 리스크를 완화할 수 있도록 가드레일을 세우고,[5] 새로운 리스크를 만나면 빠른 속도를 활용해 코스를 조정한다. 트랜스포메이션은 점진적으로 일어난다. 언제든 뒤집을 수 있는 결정을 계속 내린다. 비전은 원대하게 수립하되, 작은 규모로 실행하라. 더 이상 머리를 끄덕이면서 생각만 할 시간이 없다. 이 책에서 말하는 아이디어를 활용해 빠르게 전진하고 리스크를 제거하라.

"기업 내 기술자들이 더 좋은 결과를 거두려면 내가 무엇을 해야 할까?"라는 질문을 해볼 수도 있다.

도넛을 사라.

시도해볼 만한 가치가 있다(나에게만 해당하는 것일지도 모르지만…). 나는 IT 관련 배경을 가진 동시에 외부에서 기업의 분열을 지켜본 경험도 있다. 시니어 리더를 도와 그들이 운영하는 기업을 클라우드로 이전하고, 문화적 · 관료적 · 조직적 · 기술적 장벽을 극복하는데 도움을 준 경험도 있다. 나는 CEO이자 CIO이며, 전직 소프트웨어 개발자였다(사실 코볼COBOL 언어의 위대한 스타일리스트 중 한 명이었음을 시인해야겠다). 나는 민간 부문private sector, 비민간 부문nonprivate sector은 물론, 미국 이민성[6]과 같은 정부 기관에서도 일했다. 판단력만 놓고 보자면,[7] 인공지능을 대상으로도 '머신러닝'을 더 잘하도록 학습시킬 수도 있다. 나는 CIO라는 입장에서는 다른 부문의 구성

---

5 리스크를 완화하는 가드레일은 6장, '리스크와 기회'에서 자세히 설명한다.

6 https://www.uscis.gov/ – 옮긴이

7 셰익스피어는 소위 머신러닝이라는 것은 전혀 알지 못했다. 내가 졌다!

원들이, CEO이자 조언가라는 입장에서는 CIO들이 IT를 바로 알기를 원했다.

우리의 목표는 IT와 비즈니스의 이중성을 뛰어넘어 기업 전체(즉, 비즈니스와 IT)가 보블헤드 인형처럼 행복한 미소를 짓고 고개를 끄덕이며 디지털 세계로 들어가는 것이다. 왜 보블헤드 인형이냐고? 나는 개인적으로 보블헤드 인형을 매우 좋아한다. 보블헤드 인형은 쾌활하며, 그 어떤 것도 심각하게 받아들이지 않는다. 보블헤드는 여러 문화에서 나타난다. 일본에서 고개를 끄덕이는 황소인 아카베코Akabeko, 인디아India 탄자부Thanjavur의 춤추는 인형, 빅토리아 시대의 노들러noddlers에 이르기까지…. 미국 야구의 성스러운 의식에서 중요한 역할을 하는 보블헤드 인형은 굳이 언급할 필요가 없을 것이다.[22] 쾌활하게 고개를 끄덕이는 보블헤드 인형을 보고 있으면 누구도 그 끄덕임이 철저한 계산 끝에 만들어졌다고 말하지 못할 것이다. 디지털 트랜스포메이션이란 '동의의 의미로 고개를 끄덕이는 상태'에서 또 다른 '동의의 의미에서 고개를 끄덕이는 상태'—지혜와 효과적인 프랙티스로 가득한—로 이동하는 것과 같다. 이 길은 문화, 관료주의, 리스크 관리, 투자 관리까지 이어질 것이다.

여러분은 이 책에서 창조와 파괴의 순환, 즉 새로운 방향으로 계속 바뀌어야 하는 낡은 아이디어, 관료주의, 문화를 버려야만 얻을 수 있는 혁신을 찾아낼 것이다. 나폴레옹은 러시아를 물리쳤지만, 결과적으로 자신이 러시아에게 패했음을 깨달았다. 이 모든 과정에서 보블헤드 인형이 계속 통통댈 것이다. 그러나 여러분이 트랜스포메이션을 마쳤을 즈음, 보블헤드 인형이 짓고 있는 미소는 전혀 다른 의미로 다가올 것이다. 이 책 전체에 걸쳐 다음과 같은 주제를 다룬다.

- 오래전부터 비즈니스 부문이 IT 부문과 협업하는 과정에서 사용한 모델에 문제가 생겼다.

- 이 모델은 리스크와 기회에 관한 잘못된 사고 방식과 깊이 연관돼 있다.
- IT 실천가들은 오랫동안 이 모델을 인정하고 강화해왔지만, 최근에 이르러서야 문제가 있다는 것을 눈치챘다.
- 높은 리스크, 불확실성, 변화로 가득한 환경은 예측하기 쉬웠던 환경에서 요구했던 것과는 전혀 다른 멘탈 모델을 요구했다.
- 소프트웨어와 클라우드 인프라스트럭처는 유연하다. 몇 가지 선입견이 있지만, 소프트웨어와 클라우드 인프라스트럭처는 실질적으로 기업을 변화시키기 쉽기 때문에 불확실성을 다루는 데 가장 이상적인 동맹군이다.
- 기민함은 대차대조표$^{balance\ sheet}$에 나타나지 않는, 기업의 자산이다.

1부, '원칙'에서는 왜 IT와 비IT 부문과의 전통적인 관계가 디지털 전환에 걸림돌이 되는지 설명한다. 2부, '사실'에서는 기업 내 IT 조직과 협업하는 여러 기업이 가진 고정관념을 세부적으로 나누고, 이 고정관념이 어떻게 디지털 세계를 맞이하는 기업을 무장시키는 기반이 될 수 있는지 설명한다. 3부, '처방'에서는 디지털 세계로 나아가기 위한 액션 플랜을 설명한다.

이 책은 다음과 같은 독자를 위해 썼다.

여러분이 CEO로서 기업의 성장과 혁신에 집중하고 싶다면 IT를 기업 내 다른 조직과 어떻게 통합시킬 것인지, 스타트업, 경쟁자, 해커가 야기하는 혼란을 피하면서 불확실한 상황에 민첩하게 대응하는 방법이 무엇인지 고민해야 한다. 이 책은 IT를 기업의 전략 요소로써 활용하는 방법과 그 결과를 활용해 성과를 거두는 방법을 알려준다.

여러분이 CFO라면 오늘날 여러분이 서 있는 위치는 과거와 완전히 다르다는 사실을 인식해야 한다. 또한 기업을 성장시키는 동시에 기업의 핵심 비즈니스를 굳건하게 유지하면서 새로운 가치가 무엇인지를 알아내야 한다. 아마도 과거의 실적을 분석하기보다 미래를 예측하는 데 더 많은 노력을 기울여야 한다는 사실을 이미 깨달았을 것이다.

여러분은 조직을 통제하고, 리스크를 관리하고, 관료주의를 타파하고, 기업의 재정을 건전하게 유지하고, 자원을 어떻게 투자해야 하는지 고민해야 한다. 다른 한편으로는 금융 분야에서는 경쟁력이 가장 중요하다는 명제를 좀 더 명확히 인식해야 한다.[8]

IT의 특징은 통제를 거부한다는 데 있다. 나는 이 책에서 자원을 자본화하는 방법, IT 비용을 지출하는 방법, 통제 체제를 구축하는 방법, 투자처를 선택하는 방법, 리스크를 관리하는 방법 등을 다룬다.

여러분이 비IT 최고책임자라면 목표를 달성하는 데 도움이 되는 방법을 좀 더 명확히 알게 될 것이다. 어쩌면 IT와 나머지 조직 간의 관계가 나빠질 것을 염려할지도 모른다. 심지어 두 조직에 아무런 기대도 하고 있지 않을지도 모른다. IT는 기업의 목표 달성을 위해 존재한다. 지금까지 조직을 전문화하는 데 많은 시간을 할애하지 않았다면 IT 종사자의 전문 지식을 적극 활용해야 한다. 물론 이들을 더욱 효과적으로 도울 수 있는 방법도 연구해야 한다.

여러분이 CIO 또는 IT 리더라면 린과 데브옵스를 사용해 애자일 개발이 지닌 최대의 가치를 이끌어내는 과정에서 장애물을 만났을 수도 있다. 여러분이 내 전작인 『A Seat at the Table』(IT Revolution, 2017)을 읽었다면, 기업 내에서 좀 더 중요한 역할을 하는 데 필요한 아이디어를 얻었을 수도 있다. 이제 여러분은 조직의 리더십과 그 아이디어에 관련된 대화를 나눠

---

8 나폴레옹도 이와 똑같은 일을 했다. 11장, '리더십 팀'을 참조하라.

야 한다.

여러분이 다른 비즈니스 부문의 리더라면 이 책을 IT와 성공적으로 협업하는 방법에 관련된 매뉴얼로 삼을 수 있을 것이다. 여러분이 거둘 성과는 IT에서 얻어낸 것 또는 IT와 함께 얻어낸 것에 달려 있다.

여러분이 기타 비즈니스 부문 및 IT 커뮤니티에 속해 있다면, 이 책에서 설명한 기술에 기반을 둔 조직적인 기민함에서 얻을 수 있는 경제적 · 전략적 영향에 관해 논의해보길 바란다. 데브옵스는 운영자와 개발자가 동일한 팀에서 일하는 환경 속에서 좀 더 인간적인 업무 환경을 조성하는 데 도움이 된다. IT 담당자와 비IT 비즈니스 담당자가 이 책을 활용하면 팀의 목표를 확고히 수립할 수 있을 것이다.

1부

원칙

비즈니스와 IT

"머리카락을 자르던 날, 신들은 내 머리와 목을 처음처럼 단단하게 고정시켰다. 이제 어떤 것도 이를 흔들 수 없으리라!"

– 이집트 사자의 서The Egyptian Book of the Dead

"우리는 사진 한 장에 사로잡혔고, 그 사진을 떨쳐버릴 수 없었다. 사진은 우리의 언어 안에 놓여 있었고, 언어는 헤아릴 수 없이 반복됐기 때문이다."

– 루드윅 위트겐슈타인, 철학적 조사Ludwig Wittgenstein, Philosophical Investigations

먼 옛날에는 컴퓨터가 없어도 비즈니스가 잘 수행됐다. 비즈니스 담당자에게는 연필과 글을 쓸 수 있는 종이가 있었다. 비서가 타자기로 문서를 만들었고, 날짜 스탬프 기계로 문서에 날짜를 찍고, 전화 우편 시스템으로 통신했으며, 무엇보다 가장 영향력 있는 기술인 페이퍼 클립과 스테이플러가 있었다. 모든 것이 완벽했다. 잃어버릴 걱정 따위는 할 필요가 없었다. 그러던 중 갑자기 디지털 기술이 폭발했다.

컴퓨터는 단지 형태가 다른 스테이플러나 날짜 스탬프 기계가 아니었다. 차이점이 있다면(핵심적인 단 한 가지 차이였지만), 컴퓨터는 전문 기술자만이 다룰 수 있다는 것이었다. 기업은 컴퓨터 프로그래머, 컴퓨터 오퍼레이터와 같이 매우 높은 급여를 요구하는 인력을 고용해야만 했다. 컴퓨터 프로그래머와 오퍼레이터는 전문가였지만, 기업 비즈니스와는 아무런 관계도 없었다. 단지 특정한 과학 분야의 전문가였던 그들은 머지 않아 회사에서 일어나는 모든 일과 관련된 중요한 사람이 됐다. 기업은 순식간에 이방인들과 함께 일하게 됐고, 이방인에게서 비즈니스 가치를 실현해낼 방법을 찾아야만 했다.

IT 초창기, 예를 들면 1975년 무렵의 어느 시점이라고 가정해보자. 여러분은 회사 역사상 첫 컴퓨터인 디지털휘즈 1000 XPZ^{DigitalWhiz 1000 XPZ}[1]를 한 대 구입한다. 디지털휘즈를 놓아둘 방을 마련한 후, 남극의 이글루가 부러워할 만한 냉방 설비를 갖춘다. 디지털휘즈가 놓인 방문에는 유리창이 있고, 여러분은 방 앞을 오가며 디지털휘즈를 볼 수 있다. 냉장고 크기의 테이프 드라이브에서 테이프가 나와 한쪽 방향으로 움직이다가 빠르게 회전하는 것이 보인다. 방 한가운데에는 디지털휘즈인 듯한 기계덩이 하나가 한편에 달린 카드 리더를 이용해 구멍이 뚫린 카드[2] 한무더기를 게걸스럽게 먹어 치우고 있다. 컴퓨터 정보 관리 시스템 부서에서 자랑하는 고속라인 프린터에서 종이들이 뿜어져 나온다.

창 안으로 흰 연구실 코트를 입은 기술자가 몇 명 보인다. 아마도 코트는 테이프 드라이브에 넣을 테이프를 따뜻하게 보관하기 위해 입은 것이리라. 제럴드^{Gerald}는 컴퓨터 프로그래머 중에서도 가장 뛰어난 사람으로 알려져 있다.

지난번 마지막으로 제럴드와 나눴던 얘기가 떠오른다. 급여 시스템이 정지돼 회사의 직원 모두가 급여를 받지 못하는 일이 일어났다. 매우 긴급

---

1 실제 발매된 컴퓨터 모델이 아니다. – 옮긴이

2 초기 컴퓨터에서는 카드에 구멍을 뚫어 프로그램 명령을 입력했다. 이를 천공 카드 시스템(Punching Card System)이라 부른다. – 옮긴이

한 상황이었기 때문에 여러분은 책상 아래에서 자고 있는 그를 깨운다.

"제럴드, 급여 시스템이 멈췄네!"

두꺼운 안경 너머로 제럴드가 눈을 깜박인다. 그는 얼굴을 찡그린 후, 2~3분가량 뭔가를 바라보더니 이내 입을 연다.

"흠, 흥미롭군요."

그는 책상 위에 있던 스타트렉Star Trek 모델을 한쪽으로 치우고, 엠엔엠즈M&Ms 초콜릿을 입에 털어넣는다.

"제럴드, 이건 흥미로운 게 아니라네. 급여 시스템이 멈췄다고! 사람들이 급여를 받지 못하고 있어!"

"아…. 이건 지난달 제가 만든 엠퍼세틱 바이트 멍거Empathetic Byte Munger 때문인 것 같네요. 정말 흥미롭네요. 사실 저 말고는 그 누구도 변경된 B++ 패킷을 킴-파픈루퍼 사이클리컬 네이션시Kim-Poppenlooper cyclical nascency와 함께 사용한 적이 없거든요. 제가 드디어 재귀적 맥시 코드 초기화 알고리즘을 난수화된 비트-스와퍼 프록시Bit-Swapper Proxy에 적용해…."[3]

"제럴드, 이건 긴급 상황이야."

"네, 알겠어요. 제가 이걸 고치면 될까요?"

"그래! 제럴드! 어서 고쳐주게!"

여러분은 얼굴을 찡그리고 책상에 앉아 있는 제럴드에게서 등을 돌린다.

몇 시간이 지났지만 문제는 해결되지 않는다. 복도에서 뭔가를 주시하고 있는 제럴드가 보인다. 문제는 회계 시스템에서 일어났는데, 제럴드는 대체 왜 뭔지 모를 사이클리컬 네이션시 시스템에 시간을 쏟아붓고 있는가? 새로운 시스템은 왜 일정보다 한참 뒤처지는가? 컴퓨터 부서는 왜 항상 예산을 초과하는가?

---

3 '엠퍼세틱 바이트 멍거', '킴-파픈루퍼 사이클리컬 네이션시', '비트-스와퍼 프록시' 등은 실제 사용되는 시스템 또는 알고리즘의 명칭이 아니다. IT 종사자가 전문 용어를 남발하는 모습을 묘사하기 위해 원문 그대로 실었다. – 옮긴이

몇 가지 세부 사항(제럴드의 책상 위에 놓여 있던 스타트렉을 기억하는가?)은 제쳐두고서라도 이는 실제로 일어났던 일이다. 대학 시절, 여름 방학 인턴 십을 하면서 '제럴드'와 함께 일했다. 약간 과장을 하긴 했지만, 초기 IT를 접했던 사람들은 몇 가지 교훈을 얻었다. 제럴드를 포함한 다른 '컴퓨터 종사자', 즉 '과학자'는 비즈니스에 거의 신경 쓰지 않았다. 과학자는 오로지 B급 영화 촬영에서 사용하는 장비처럼 보이는 하드웨어 상자에 둘러싸여 킴-파픈루퍼 알고리즘을 쓰고, 쓰고, 또 쓰는 데 시간을 사용하고 싶어 한다. 과학자는 매우 이상한 사람이며, 우스꽝스러운(이해할 수 없는) 언어를 사용하고, 최신 장비를 구매하는 데 돈을 쓰지만, 정작 자신들이 제공하기로 한 약속을 지키는 것을 본 적이 없다.

과학자가 나쁜 사람은 아니지만(실제로 제럴드는 도움이 되려고 했다), 과학자로 하여금 비즈니스에서 필요한 일, 즉 여러분이 사이클리컬 네이션시인지 뭔지 때문에 그들에게 급여를 지불하는 이유에 집중하게 하려면 어떻게 해야 할까? 제럴드와 그의 동료가 여러분이 운영하는 회사 내에서 IT를 이해하고 있는 유일한 사람이라면, 어떻게 그들에게 책임을 맡길 것인가? 여러분이 제럴드에게 급여를 얘기할 때마다 그는 대화 주제를 기술적인 대상으로 돌린다.

그 결과, 기업은 IT 관리자(이후 CIO가 된다)를 고용하기 시작한다. IT 관리자는 기술 용어와 비즈니스 용어를 모두 사용하는 사람으로, 이들의 목표는 새롭게 등장한 IT를 통제하는 것이다. 비용 관리를 포함해 지금까지 기업에서 완벽하게 작동하던 것들 그리고 갑자기 필수가 돼버린 새로운 기술 사이에서 가교 역할을 하는 것이 IT 관리자의 주된 업무였다.

고정관념은 두 갈래로 나뉜다. 비즈니스 종사자는 IT 관계자가 보기에 기술 관련 지식이 전혀 없고, 조직의 정책에 집착하며, 무모한 요구를 하고, 지급된 소프트웨어나 컴퓨터를 사용할 때 어리석은 판단을 내린다. 비즈니스 종사자는 상식 밖의 요구를 하기 때문에 그들의 실수로부터 모든 코드를 지켜내야만 한다(IT 종사자는 '멍청이 방지idiot-proofed'라는 용어를 사용한다). 비즈니스 종사자는 사용하는 시스템이 멈췄을 때 Ctrl+Alt+Del⁴을 누르는 것과 같은 간단하고 명료한 방법조차 생각하지 못한다는 사실이 놀라울 뿐이다.

업무의 관계가 바뀌었다. 이해관계자stakeholder들은 기술자들에게 시키고 싶은 것을 '요구사항'이라는 이름하에 세세하게 기술하고, '거버넌스governance' 프로세스를 만들고, IT에 관련된 투자를 포함해 IT가 '비즈니스의 목적에 잘 맞춰져' 있는지를 통제한다. 이해관계자들은 IT 부서에게 간트 차트Gannt charts와 상태 보고서를 작성하게 해서 일정을 준수하려고 한다. IT는 일정의 압박을 받아 더 이상 엠퍼세틱 바이트 멍거나 동글 패불레이터dongle fabulator에는 시간을 사용하지 못한다. 오히려 IT는 비즈니스 부서에게 좀 더 확실하며 변경되지 않을 요구사항을 작성하게 해서 IT가 요청받은 업무를 정확하게 수행했다는 것을 증명하려고 했다. 그 업무가 상식에 어긋나는 것일지라도….

이는 '우리'와 '그들' 사이에 적당한 거리를 둔 일종의 사업적 거래 관계고, 비즈니스 담당자는 IT라 불리는 서비스 제공자의 고객이 된다. 비즈니스는 원하는 것은 무엇이든 요구하고, IT는 견적을 제시한다. 비즈니스 담당자는 견적에 따라 주문을 하지만, IT는 십중팔구 본인들이 제시한 견적에 맞춰 서비스를 제공하지 못한다.

'비즈니스와 IT'라는 용어를 사용함에 따라 자연히 두 주체를 각기 다른 존재로 생각하게 됐다. 주주를 만족시키기 위해 무엇이든 하려는 사람(비즈니스 부문)과 알고리즘으로 대표되는 길을 발견하는 데서 즐거움을 찾는 사람(IT 부문)이 나눠지기 시작했다. '비즈니스와 IT'라는 용어에서 사용

---

4   Ctrl+Alt+Del은 마이크로소프트 윈도우(Microsoft Windows) 운영체제에서 시스템 관리 기능을 호출하는 메뉴다. 사용 중인 프로그램 또는 애플리케이션이 멈췄을 때, 해당 프로그램이나 애플리케이션을 강제로 종료시킬 수 있다. – 옮긴이

된 '와'라는 접속어는 실제 두 주체 사이를 구분하는 경계가 됐다. IT 담당자는 비즈니스와 같은 회사의 구성원인데도 '비즈니스와는 관계 없는 존재'가 됐다.

IT와 비즈니스 담당자 모두 언젠가는 IT 또한 비즈니스처럼 운영해야 한다는 희망을 밝혔다. 물론 CIO가 IT 기업의 CEO가 될 것이다. 몇몇 조직은 이미 IT 부서가 IT 자원을 사용한 각 비즈니스 유닛에 비용을 청구하는 비용 청구Charge-Back 모델을 구축했다. IT는 회사 내부의 의뢰인, 즉 같은 회사의 구성원이 고객에게 좋은 서비스를 제공할 것이라 기대한다. 그리고 점점 더 많은 IT 부서가 외부 계약 회사처럼 바뀐다.

비용 청구 모델은 IT 자원을 사용하는 비용이 높을수록 비즈니스 부서가 자신이 IT 투자 통제권을 갖고 있는 것처럼 생각하게 만든다. IT의 비용 청구 모델은 때로는 쓸 데 없는 요구를 하는 비즈니스 부서의 '고객'을 효과적으로 걸러낼 수 있는 묘책처럼 여겨지기도 한다. 그리고 아마도 기업 내 누군가는 비용 청구 모델에서 서비스 제공자와 서비스를 제공받는 고객이 실제로는 같은 회사 구성원이라는 것이 이상하다고 느낄 것이다. 머지 않아 'IT는 아웃소싱해도 괜찮다'고 생각하게 될 것이고, 이미 그러한 일이 실제로 일어나고 있다.

고정관념은 점점 굳어졌고, 어떠한 의심도 받지 않았다. 또한 여러 가지 프로세스와 약간의 확증 편향Confirmation Bias에 따라 강화됐다. 눈앞에 놓인 문제와는 전혀 관계 없는 뭔가를 집요하게 추적하는 기술자나 콤팩트 디스크 드라이브Compact Disc Drive 트레이를 컵 홀더로 사용하는 비즈니스 담당자를 찾아보기는 어렵지 않았다. '함께' 일하는 방식은 사실상 표준이 돼 모든 회사가 가진, 소위 신성한 '프로세스 전서'에 기록됐다.

조금만 새로운 시각으로 주위를 둘러보면, 이제는 더 이상 그런 고정관념이 존재하지 않는다는 것을 알 수 있을 것이다. 내가 아는 대부분의 IT 기술자는 비록 비밀스러운 글귀가 적힌 티셔츠를 입고 있긴 하지만, 비즈니스 또는 목표에 집중한다. 이들은 비즈니스에서 발생하는 문제를 해결하고 싶어한다. 기술자들은 괴짜가 아니라 포스트 밀레니얼post-millennial처럼 얘기한다. 실제 본인들이 그렇기 때문이다. 현실은 멘로 엔지니어링Menlo Engineering에 기술된 것과 거의 같다. "우리가 멘로에서 하려는 것은 엔지니어의 마음을 해방시키는 것, 즉 다른 사람을 돕는 것이다. 엔지니어는 세상이 즐길 수 있는 것, 사람을 즐겁게 할 수 있는 것을 만들기 위해 존재한다."[1]

비즈니스인은 '막무가내'라 불리지만 실제로는 그렇지 않다. 비즈니스인은 IT는 물론, 자신이 매일 사용하는 기술에 매우 익숙하다. 비즈니스인이 사용해야만 하는 기술과 관련된 기대 역시 지속적으로 높아지고 있다. 비즈니스인은 엑셀을 활용해 화려하고 멋진 트릭을 선보이는 반면, 괴짜(즉, IT 기술자)는 셀의 텍스트 색상을 바꾸기 위해 아이콘을 찾아 헤맨다. 대부분의 비즈니스인은 클라우드가 무엇인지 알고 있고, 자신이 사용하는 카메라의 화소 수가 얼마인지 알고 있으며, Ctrl+Alt+Del을 눌러야 하는 상황이 일어나지 않게 하는 컴퓨터 사용법도 알고 있다. 비즈니스인은 어떤 가치도 없어 보이는 많은 양의 데이터를 이용해 빅데이터를 얘기하며 때로는 양복조차 입지 않는다.[5]

이런 고정관념은 더 이상 존재하지 않는다 하더라도 기업이 IT 부문과 협업하는 프로세스에는 이 고정관념이 녹아들어 있다. 하지만 그 모든 고정관념은 결코 옳았던 적이 없다.

나는 제럴드가 급여 시스템이 고장났다는 얘기를 들었을 때, 정말로 많은 걱정을 했다는 사실을 알고 있다. 제럴드는 깊은 생각에 잠겼으며, 어떤 것이 문제의 원인인지 찾아내고자 했다. 제럴드가 킴-파픈루퍼 알고리

---

5 JP 모건은 모든 고용자가 코딩을 학습하게 한다. "코딩은 더 이상 기술자의 전유물이 아닙니다. 21세기 경쟁력 있는 회사를 운영하기 위한 모든 사람의 것입니다." – 메리 캘러핸 에르도즈(Mary Callahan Erdoes)(자원 관리 디렉터)의 말 인용[2]

즘 구현에 열을 올리던 이유도 단순히 재미 때문만은 아니었다. 킴-파폰루퍼 알고리즘은 기업의 규모가 커지면서 급여 시스템에 발생한 병목 때문에 직원들이 제때 급여를 받을 수 없었던 시스템의 속도를 높여줄 것이다. 어떤 의미에선 제럴드가 비즈니스에 중요한 것이 무엇인지 잘 알고 있었던 것이다.

계약과 같은 형태로 IT와 협업하는 방법은 결코 효과적이었던 적이 없다. 우리가 모두 알고 있듯이 프로젝트는 지연되기 일쑤였고, IT는 일에 떠밀려 비즈니스의 핵심적인 우려사항이나 시스템 고장 등을 개선할 수 없었기 때문에 회사 구성원과 고객은 고통스러운 회피 방법을 찾아야만 했다.

실상은 그 이상이다. 우리는 디지털 시대에 살고 있으며, 디지털 세계의 원주민들인 기술자는 혁신을 주도할 뿐 아니라 기업에 잠재된 디지털 역량을 최대한 발휘할 수 있도록 구성원을 인도하고 영감을 부여해야 한다. 그렇지만 '을'의 입장에 서 있는 기술자가 어떻게 이런 일을 할 수 있을까? 비IT 부서들은 어떻게 리스크를 관리하고, 자본 시장을 만족시키고, 비즈니스 성과를 달성하고, 성장의 기회를 붙잡으면서도 본인들이 원하는 것을 얻을 수 있도록 IT 부서와의 관계를 바꿔나갈 것인가? 비IT 부서들은 IT가 예측성과 투명성에 관련된 책임을 지게 하면서도 비용을 통제할 수 있을 것인가? 이는 기업이 디지털에 관한 자세를 가다듬는 데 매우 중요한 질문이다.

———

내가 전작에서 IT와의 협업과 관련해 계약자-통제 모델Contractor-Control Model 또는 전통적 모델Traditional Model이라 불렀던 것은 다음과 같다.

'비즈니스The Business'라 불리는 어떤 것이 스스로에게 필요한, 새로운 IT 역량을 결정한다. 비즈니스는 이를 요구사항 문서로 정리하고, 확정된 명

세 문서Definitive Specification로 만들어 결재를 마친다. 비즈니스는 요구사항 문서를 IT에 전달하고 견적을 요청한다. 양측은 몇 번의 실랑이 끝에 일정과 예산을 합의한다. IT는 요구사항 분석, 시스템 설계, 협의한 컴포넌트 구현, 구현한 코드 테스트, 완료한 기능을 약속된 기일에 '비즈니스'에 전달하기 위한 프로젝트에 착수한다. '비즈니스'는 코드를 릴리스하기 전, 자신이 요청한 요구사항이 충족됐는지 확인하기 위해 사용자 인수 테스트User Acceptance Test, UAT를 수행한다. 테스트가 완료되면 그제서야 비즈니스 가치가 발생한다.

IT 전달 프로세스에서 발생하는 프랙티스는 소위 간트 차트에 나타나는 것과 같은 폭포수 모델로 알려져 있다. 각 태스크와 단계는 마일스톤에 따라 이전 태스크와 단계가 종료된 이후에 선형적으로 진행된다. 고정된 요구사항과 하나의 프로젝트 계획이 주도하는 이런 프로젝트에서 성공은 '합의된 정확한 시간'과 '합의된 정확한 예산' 내에서 산출물을 전달하는 것을 말한다. 여기서 '합의된 정확한 시간'이란, '노력이 투입되기 이전에 계획된 시간'을 의미한다.

폭포수 모델에서 얻을 수 있는 장점 중 한 가지는 기술 조직에 책임을 부여한다는 것이다. 특히 기술 팀은 요구된 기능을 합의된 일정에 따라, 합의된 비용 안에서 전달하는 책임을 진다. 애석하게도 IT는 이전 단계가 완전하게 완료된 후에 다음 단계를 시작할 수 있도록 창의적인 업무를 쪼개야만 한다.

그러나 IT 업무를 완료하려면 반복적iteratively이고 점증적incrementally인 형태로 다양한 단계를 조합해, 제품 피드백을 신속하게 받게 하는 것이 더욱 효과적이라는 사실이 밝혀졌다. 그리고 IT 프로세스를 통제하는 데 효과적이라 여겨졌던 방법은 그 프로세스를 실행하는 비즈니스에 비해 오히려 많은 비용이 소요되는 것으로 밝혀졌다.

오랜 시간 동안 관찰한 결과, 폭포수 모델은 제대로 작동하지 않았으며,

IT 세계에서는 폭포수 모델을 더 잘 수행하는 방법에 관한 책을 펴내기 시작했다. 많은 IT 컨퍼런스 세션에서는 정해진 일정에 맞춰 프로젝트의 모든 단계를 완료할 수 있도록 일정 추정, 요구사항 도출, 업무 관리를 더 잘하는 방법에 관한 논의가 이뤄졌다. 이상하게도 그 결과는 더 큰 실패로 이어졌다. 실패는 이후의 장에서 좀 더 자세하게 다룰, 애자일 접근법Agile approach이라 불리는 새로운 사고에 관한 컨센서스가 이뤄진 2001년까지 계속됐다.

불행하게도 IT와의 상호 작용에 관한 과거 모델은 여러분이 추구하는 비즈니스 결과와 이어지지 않는 듯하다. 비록 상호 작용을 위한 모델이 그 모델의 원래 의도, 즉 IT 퍼포먼스의 통제를 수행했다 하더라도 여전히 비즈니스 이익과는 반대 방향으로 작동할 것이다. 왜냐하면 계획 주도의 폭포수 접근 방식은 요구사항 문서를 이용해 사전에 프로젝트의 범위를 고정하는 것에 의존하기 때문이다. 대부분의 프로젝트는 오랜 기간 동안(6개월 또는 5년 사이라고 가정하자) 진행되는 경우가 많으며, 여러분은 프로젝트가 진행되는 동안 기업이 필요로 하는 모든 것을 '사전에' 계산해야 한다(개발된 시스템이 사용되는 기간은 그보다 길기 때문에 실제 프로젝트 수행 기간은 훨씬 길어진다).

비즈니스 환경의 불확실성이 늘어나고, 더 많은 변화가 요구될수록 사전에 수립한 계획은 프로젝트 기간 동안 기업에게 무엇이 중요한지 정확하게 알아내지 못한다. 오히려 기업은 자신들이 경쟁 우위를 가졌던 환경이 변화하고, 새로운 기술이 출현하고, 정부 규제가 사라지거나 변화하고, 기상천외한 아이디어를 가진 새로운 도전자들이 시장에 진입할 것을 예상해야 한다. 그렇지 않은 기업은 수많은 비용을 들였음에도 앞으로 자신들이 있어야 할 위치에서 몇 년은 뒤처질 것이다.

계획 기반 업무 접근 방식에서는 범위 변경Scope Creep, 즉 요구사항 문서가 완료된 후 새로운 요구사항이 더해지는 상황을 막아야만 한다. 한 번

결정된 요구사항이 변경되는 순간, 계획은 더 이상 유효하지 않게 되며 IT 부서에게 합의된 시간에 산출물을 정확히 전달하는 책임을 지울 수 없기 때문이다. IT 사상가 중 한 명인 제프 패튼Jeff Patton은 『사용자 스토리 맵 만들기User Story Mapping』(인사이트, 2018)에서 "범위가 변경되는 것이 아니라 이해의 정도가 깊어지는 것"[3]이라고 얘기했다. 기업 니즈가 변하거나 요구사항이 정확하지 않다고(또는 그렇게 될 것이라고) 판명됐을 경우, 요구사항 범위를 변경하는 것과 원래 (잘못된) 요구사항을 고수하는 것 중 어떤 것이 실제로 비즈니스에 도움이 되는가?

실질적인 적은 범위 변경이 아니라 기능 과다feature bloat, 즉 불필요한 요구사항이다. 기능 과다가 많은 비용 지출과 일정을 지연시키는 주된 원인이다. 불필요하게 추가된 기능이 복잡성을 높이고, 이 기능을 유지보수하는 비용 역시 부정적인 결과를 초래한다. 불필요한 기능은 잠재적인 보안 구멍(IT에서는 이를 공격 표면attack surface이라 부른다)을 만들어내기도 한다.

폭포수 프로세스는 기능이 변하는 것을 방지하기 위해 기능 과다 현상을 극대화한다. 이해관계자는 요구사항 문서에 기술돼 있는 모든 기능이 다음 번 프로젝트 개발 기간 동안 구현될 것이라고 믿는다. 계획을 수립하는 시점에는 이해관계자가 미래에 무엇이 필요한지 확실하지 않으므로 비즈니스 개선사항은 머릿속에 떠오르는 대로 모두 계획에 포함시킨다. 마이크로소프트의 연구에 따르면, 아이디어 중 3분의 1만이 실제 이해관계자가 의도한 목적을 달성하는 데 필요하고, 다른 3분의 1은 의도한 목적과 정반대의 결과를 나타내며, 나머지 3분의 1은 어떠한 효과도 거두지 못한다.[4] 그럼에도 요구사항 문서에는 이 모든 것이 기록돼 있다.

IT 시스템이 보유하고 있는 절반 이상의 기능이 거의 또는 전혀 사용되지 않는 기능 과다에 해당한다는 사실이 여러 연구 결과 확인됐다.[5] 소프트웨어를 사용하는 도중에 '이 소프트웨어로 이런 일을 할 수도 있다니….

전혀 몰랐어!'라는 생각을 한 경험이 있을 것이다. 주변 사람 중 누군가가 여러분이 늘 사용하는 애플리케이션의 멋진 기능[6]을 사용하는 것을 볼 때 말이다.

심지어 소프트웨어 애플리케이션 자체를 사용하지 않기도 한다. 한 연구에 따르면, 미국과 영국에서 데스크톱에 설치된 소프트웨어의 약 28%가 지난 90일 동안 사용되지 않았으며, 불필요한 소프트웨어 지불 비용이 70억 달러에 이른다.[6] 시간이 흐름에 따라 시스템에 기능을 더하기는 하지만 기존에 있던 기능은 제거하지 않는 경향이 있기 때문에 해가 갈수록 유지보수 예산은 급격히 증가한다.

기업은 종종 요구사항 작성가Requirements Writer들에게 불필요한 요구사항을 포함시키지 말라고 질책한다. 하지만 불확실한 환경에서 어떤 요구사항이 가치 있는 결과를 초래할지 판단하는 것은 매우 어렵다. 아니, 불가능하다. 요구사항 작성가는 적어도 요구사항을 기술하는 시점에서 이해관계자의 요구사항이 옳은 것이라 믿는다.

내가 기업이 IT 기능에 지출하고 있는 돈의 절반 이상을 낭비한다고 주장한다고 생각할지도 모르겠다. 정확히 꿰뚫어봤다. 더욱이 디지털 시대에서 이 모든 기능 과다 현상을 피할 수 있다면, 얼마나 신속하게 제품을 시장에 출시할 수 있을지 상상해보라.

기능 과다를 피하는 최고의 방법은 작은 제품을 만드는 데서 시작해, 프로젝트의 목적을 달성할 때까지 필요한 만큼의 기능만을 추가하는 것이다. 애자일 소프트웨어 개발 선언의 한 가지 원칙은 '완료되지 않은 업무를 최대화하는 것'이다.[7] 다시 말해, 처음 요구사항에는 있었더라도 도중에 필요하지 않다고 판단한 작업은 피해야 한다.

---

6 마이크로소프트 워드에서 손으로 수학 공식을 직접 쓸 수 있다든지, 플래시 리딩 이즈 스코어(Flesch Reading Ease score) 또는 플래시 킨케이드 그레이드 레벨 스코어(Flesch-Kincaid grade level score)에 기반을 두고 여러분이 작성한 글을 평가할 수 있다는 것을 알고 있는가? 아마도 알고 있을 것이다.

'하지 않음'으로써 가치를 더하는 것이 좋은 기술이라는 의미다. 속임수처럼 들리지 않는가? 일정상 뒤처져 있는 프로젝트가 있다고 가정해보자. 프로젝트 팀은 요구사항에 기술된 업무를 '하지 않음'으로써 계획을 준수할 방법을 찾아낸다. 이와 같은 행동은 보상을 받아야 할까, 아니면 제재를 받아야 할까?[7]

몇 가지 요구사항을 구현하지 않는 것을 속임수라고 생각한다면, 여러분은 IT 부문을 계약 상대로 바라보는 악의적인 생각에 사로잡혀 있는지도 모른다. 우리가 해야 할 질문은 "비즈니스 목표를 달성했는가?"이지, "모든 요구사항을 만족시켰는가?"가 아니다. 하지만 비즈니스와 IT의 관계를 계약의 일종이라 생각한다면, IT는 정해진 일정에 합의된 기능을 전달하는 데에만 집중하게 되고, 완료하지 않은 업무의 양을 최대화하는 행위는 계약 위반으로 간주할 것이다.

비즈니스 니즈를 요구사항 문서로 종합하는 행위는 기업에게 비용이 된다. 프로젝트라는 단위로 정의할 수 있을 만큼의 충분한 니즈를 시간을 들여 수집한 후, 요구사항을 만들어내고, 요구사항을 문서화하고, 토론을 거친 후 승인한다. 이런 절차가 진행되는 동안 적어도 스타트업이 3개는 만들어져 자금을 받고, 그중 2개 기업은 길을 제대로 찾아내 여러분이 가진 시장을 완전히 빼앗아버릴 수도 있다. 어쩌면 경쟁 기업의 스타 프로그래머가 몇 분 안에 같은 IT 기능을 만들어낸 후, 그 누구에게도 알리지 않고 새 기능을 제품에 도입할지도 모른다.

---

7   정부 기관의 IT 프로젝트에는 소위 제3자 확인 및 검증(Independent Verification and Validation, IV&V)이라 불리는 단계가 있는데, 이는 프로젝트 결과와 원래 범위의 요구사항을 일일이 대조하면서, 모든 요구사항이 구현됐는지 확인함으로써 프로젝트 팀이 업무를 완료했는지 판단하는 과정이다. 즉, IV&V는 정부가 절반 이상의 비용을 낭비했음을 확신하는 과정이라 할 수 있다.

기업은 프로젝트 준비 기간 동안 어떤 가시적인 이익도 만들어내지 못한다. 돈이 시간적인 가치를 지닌 것과 마찬가지로 사용자의 손에 기능을 전달하지 못했을 때 발생하는 지연 비용(도널드 라이너슨Donald Reinertsen이 『The Principles of Product Development Flow』(Celeritas Publishing, 2009)에서 제안한 지표)도 존재한다. 계획 수립에 많은 시간을 사용하는 이유는 IT 비용이 높다고 생각하기 때문이다. 반면, 계획 수립에 사용한 시간은 무료인 것처럼 느낀다. 하지만 지금은 구현 비용은 저렴하고, 지연 비용은 비싸다. 이는 계획 수립 자체가 나쁘다는 의미가 아니라 각 계획의 증분increment이 계획이 수반하는 비용(작업을 충분히 빠르게 완료되지 못해 발생하는 비용 포함)과 균형을 이뤄야 한다는 의미다.

폭포수 모델은 다른 모델에 비해 기업을 리스크에 급격히 노출시켰다. 상황이 변함에 따라 당초 요구사항과 계획이 기업의 필요를 만족시키지 못하는 리스크, 몇 가지 요구사항이 잘못됐더라도 계획이 유연하지 않기 때문에 결과적으로 IT가 잘못된 결과물을 만들어내는 리스크, 계획을 수립하기 위해 비용이 계속 투자됨에도 프로젝트가 완료되기까지 아무런 성과도 거둘 수 없는 리스크를 기업이 감당해야 했다.

———

기업은 폭포수 모델을 활용해 실제로 예측성을 확보하고 IT 투자를 통제하게 됐는가? 말도 안 되는 소리다.

폭포수 모델에서는 현황 미팅status meeting을 이용해 프로젝트가 일정대로 진행되는지 확인하고자 했다. IT부서는 간트 차트에 빨간색, 노란색, 초록색의 작은 원을 표시해 업무가 제대로 진척되는지 보고했다. 내가 이제까지 봤던 수많은 간트 차트는 한결같았다. 현재 업무는 일정보다 늘 다소 뒤처져 있었음에도 남은 일정은 언제나 정상이었다. 현재 지연은 일시적인 것이고, 아직 진행되지 않은 일은 계획보다 짧은 시간에 진행함으로써 지연을 보상했다.

그러다 어느 순간이 되면 간트 차트의 노란색 원이 갑자기 빨간색으로 바뀐다. 프로젝트 팀은 '업무 지연'의 이유를 찾는 데 혈안이 되고, 지연과 관련해 전혀 근거 없는 결론을 내린 후, 근본적인 문제 해결을 약속함과 동시에 프로젝트가 일정대로 진행될 것임을 보장한다.

IT는 틀림없이 이렇게 반응할 것이다. 자신이 원래 일정에 합의하지 않았는가? 논리적으로 애당초 업무량을 너무 적게 추정했다고 밖에 설명할 수 없다. 그럼에도 프로젝트 팀은 모든 증거에 반대하면서 그 다음의 추정 단계는 너무 높다고 확신한다.[8]

불확실성이 존재하는 곳에서는 항상 똑같은 패턴이 발생한다. 초기 계획에서는 불확실하다고 인식하고 있지만(실제 추정은 계획에 첨부된 신뢰 구간과 그보다 큰 신뢰 구간을 포함하고 있을 것이다), 실제로 불확실성이 모습을 드러내는 순간, 갖은 '이유'를 찾아내 비난한다. 사실 그 '이유'는 통계상의 노이즈에 지나지 않는다. 우리는 이미 분산이 있다는 것을 안다.

한 가지 게임을 해보자. 여러분에게 상자 10개를 보여줄 것이다. 각 상자에는 보블헤드 인형이 하나씩 들어 있다. 나는 여러분에게 7개의 상자에는 블레이즈 파스칼Blaise Pascal이 들어 있고, 나머지 3개의 상자에는 토마스 베이즈Thomas Bayes 목사가 고개를 끄덕이는 그림이 담겨 있다고 말한다. 내가 상자 하나를 가리키며 박스 안에 무엇이 들어 있는지 묻는다. 여러분은 당당하게 블레이즈 파스칼이 들어 있을 것이라고 대답하지만, 상자를 열어보니 그곳에는 베이즈 목사가 히죽이며 고개를 끄덕이고 있다. 여러분은 상자 안에 파스칼이 아닌 베이즈가 들어 있는 '이유'를 찾아낸 후, 같은 실수를 다시는 저지르지 않겠다고 약속할 수 있는가?

---

8 추정 구간은 일반적으로 선형적인 단계가 아닌 비선형적인 단계로 이뤄진다. 예를 들어, 피보나치 수열과 같이 한 추정 단계의 크기는 해당 단계의 이전 두 단계의 크기의 합으로 계산되기도 한다. – 옮긴이

많은 비즈니스가 IT 기능 전달에 있어 원래의 프로젝트 일정에 잘 맞춰 정의된 예측성이 필요하다고 한다. 여러분은 기능이 필요한지 아닌지, 필요하다면 언제 필요한지 깊이 생각하고 싶은지도 모르겠다. 예측성이 비즈니스 기민함이나 영향보다 얼마나 더 중요할까? 복잡하고 불확실한 환경 속에서 예측성을 어느 정도나 달성할 수 있을까?

나 또한 예측성이 매우 중요한 케이스를 몇 가지 생각해볼 수는 있다. 예를 들면, 기업이 특정한 기일까지 꼭 완료해야 하는 IT 시스템을 준비하고 있을 수 있다. 한 정치적 이니셔티브에 맞춰 진행됐던 헬스케어닷고브 Healthcare.gov의 대실패가 이런 예에 해당한다. 또는 다른 기업의 계획(아마도 마케팅 활동일 것이다)이 특정한 IT 시스템 출시에 깊이 연관돼 있는 경우도 있을 것이다.

안타깝게도 폭포수 모델은 실질적인 예측성을 제공하지 못한다. 복잡성이나 불확실성이 마일스톤에 맞춰 생겨나지 않기 때문이다. 프로젝트 팀은 일정을 준수하고 있다는 스스로의 허상을 더 이상 유지할 수 없을 때까지 일정 변화의 필요성을 부정하는 인센티브를 요구받는다.

만약 다른 액티비티가 해당 IT 시스템의 완료 기일에 맞춰 진행돼야 한다는 이유로 예측성이 중시된다면, 오히려 프로젝트의 진척에 따라 팀이 지속적으로 일정을 다시 추정하거나 베이스라인baseline을 다시 설정하는 것이 최선이다. 그렇다면 팀이 이런 작업을 얼마나 자주 해야 할까? 가능한 한 자주 해야 한다. 베이스라인을 다시 설정하는 만큼 더 많은 예측성이 확보될 것이다. 프로젝트를 시작하기도 전에 프로젝트가 얼마나 걸릴지 아는 예측성이 아니라 변화와 불확실성으로 가득한 현실을 알아가는 예측성을 의미한다.

그러나 예측성이 우리가 안고 있는 진짜 문제는 아니다. 우리가 예측성을 요구하는 이유는 프로젝트 통제를 강화하고 프로젝트 팀이 '약속 Commitments'을 지키도록 하기 위한 것이다. 우리는 대부분 너무도 깊게 뿌리 박혀 있어 그것이 있는지조차 깨닫지 못하는 멘탈 모델에 사로잡혀 있다. 내가 말하고 싶은 바가 바로 이것이다.

이상하게 들릴지도 모르지만, 여러분은 IT가 '정확한 일정에 맞춰' 전달하는 것을 원치 않는다. 오히려 '가능한 한 빠르게' 전달하길 원한다. 두 개념은 완전히 다르다. 여러분은 IT의 산출물이 제때 전달되지 못하는 것을 원치 않을 것이다. 그러나 약속한 일정보다 빨리 IT의 산출물이 전달되는 상황은 반길 것이다. 여러분은 서두르고 싶어한다. 가능한 한 빨리 전달하고 싶어한다. '가능한 한 빠르게'라는 것은 가장 짧은 리드 타임에 결과물을 전달한다는 의미이며, 이는 린 제조Lean manufacturing 목표와도 일치한다. 책장에 꽂아둔 린 플레이북Lean Playbook을 읽고 "전달 프로세스는 어떤 단계를 거치는가?", "그중 어떤 단계를 줄일 수 있는가?", "전달 프로세스에서 어떤 부분의 낭비를 줄일 수 있는가?"라는 질문을 던져보라.

바로 이것이 '정확히' 여러분이 IT로 하여금 책임지도록 하고 싶어 하는 지점이다. 필요한 기능을 가장 린하게, 가장 낭비가 적게, 가장 짧은 리드 타임에 전달하는 것이다. 전달 과정의 낭비 중 일부가 IT 외부에 있는 것으로 판명되거나 IT와 비즈니스와의 상호 작용 내부에 있는 것으로 판명된다면 여러분은 그 낭비 또한 제거하려 할 것이다. 미리 말해두지만, 실제 낭비의 일부는 IT의 외부에서 나타난다.

IT에 관한 전통적인 시각에서는 사전 계획과 마일스톤에 집착함으로써 IT를 통제하려고 할 뿐 아니라 계약-통제 모델은 IT 부서가 다른 비즈니스 구성원을 고객처럼 상대하도록 함으로써 IT 조직과 비IT 조직이 멀어지게 했다. 조지 웨스터먼과 공동 저자는 그들의 책 『디지털 트랜스포메이션 Leading Digital』(e비즈북스, 2017)에서 다음과 같이 기술했다.

> "아주 오래전 'IT 부서는 기술 관리인keeper of technology이고, IT 리더는 나머지 비즈니스 구성원에게 서비스를 제공하는 존재'라고 배웠다. IT는 비즈니스가 수립한 전략의 틀 안에서 비즈니스의 주문에 따라 새로운 시스템을 배달했다. IT가 시스템이 작동하도록 유지시키고 새로운 프로젝트들을 제때에 전달하기만 하면 아무런 문제가 없었다. 그렇지만 그런 시대는 이미 수년 전에 끝났다."[8]

이런 시대는 끝났다. 단지 시스템이 운영되도록 유지하는 것과 제때 프로젝트 결과물을 전달하는 것은 IT에 '너무 많은' 또는 '너무 적은' 요구를 하는 것이다. '너무 많은'이라 말한 이유는 IT 세계에는 불확실성이 너무나 많기 때문이고, '너무 적은'이라 말한 이유는 제때 프로젝트 결과물을 전달한다 하더라도 항상 비즈니스 가치를 전달한다고 보장할 수는 없기 때문이다. 잘못된 산출물을 제때 전달하거나 단지 시스템이 운영되도록 유지하는 데 너무 많은 예산을 소비하기도 한다. 디지털 세계에서는 IT에 서비스 제공자 역할을 기대할 것이 아니라 IT도 비즈니스 결과물을 전달하기를 기대해야 한다.

IT가 주문을 받아 움직이는 기능을 하게 되는 순간, IT 부서는 이내 감당할 수 없을 만큼 많은 주문에 둘러싸이게 될 것임을 쉽게 예측할 수 있다. 블로거인 파스칼 본 카우웬베르제Pascal von Cauwenberghe의 말에 따르면, 결국 IT는 '요구사항 토사물'을 정리하고 심지어 청소까지 해야 한다.[9] 요구사항이 너무 많아지면 정말 중요한 일을 완료하기 위해 오랜 시간을 기다려야 하며, IT는 산처럼 쌓인 일거리 속에서 허덕이느라 기업 전체의 시스템 구조에 관한 의미 있는 IT 전략이나 계획을 세우지 못한다.

계약-통제 모델은 여러분이 IT에서 찾아내고자 하는 몇 가지 행동을 억제한다. 또한 기업의 인프라스트럭처를 안전하게 유지하기 위해, IT가 때때로 고객의 행복을 제재하는 집행자가 되길 원한다. 여러분이 결정한 예산의 규모가 얼마나 되는지에 따라 IT 부서는 비IT 부서의 고객이 요구하는 태스크나 장비를 거부할 수 있다. 기업 구성원이 기술 사용 방법을 잘못 이해하고 있다면, IT가 그 방법을 올바르게 수립해야 한다. 고객의 요청이 실용적이지 않거나 비즈니스의 이익에 반한다면, IT는 고객의 요청을 분명하게 거부해야 한다. 조지 웨스터먼과 리차드 헌터는 다음과 같이 말했다.

> "비즈니스는 IT에게 고객이며, 고객은 언제나 옳다"라는 표현은 매우 좋은 아이디어처럼 보인다. 그러나 IT 부서는 장기적으로 이 가치 함정 때문에 실패한다. 왜냐하면 고객이 옳지 않은 경우가 자주 있으며(특히, 고객의 전문 분야가 아닌 경우), 동료를 '고객'이라고 부름에 따라 IT와 IT를 제외한 비즈니스 부문 사이에 벽이 생기기 때문이다.[10]

'고객'은 기업이 만든 제품에 돈을 지불하는 기업의 외부 사람이고, 기업 내 IT 담당자와 비IT 담당자는 서로 '동료'일 뿐이다.

성공을 판단할 수 있는 더 나은 모델이 없었기 때문에 IT 리더는 종종 'IT를 비즈니스처럼 운영'하는 입장을 취했다. IT 리더는 효율성을 추구했고, 기업 외부 조직을 상대하는 IT를 벤치마킹함으로써 비즈니스 부서에 사용한 자원만큼의 비용을 청구하는 모델을 도입했다. IT 분야의 주제를 중심으로 통찰력 넘치는 글을 쓰는 제프리 무어는 비용 청구 모델에 기대할 수

있는 장점을 다음과 같이 설명했다. "비용 청구 모델은 서비스 제공 기업으로 하여금 프로그램 업무를 기업 내에서 갖춰야 할 자격이 아니라 외부 공급자와의 잠재적인 경쟁에서 획득한 것으로 여기도록 만들었다."[11]

하지만 비용 청구 모델은 IT 조직(그들 역시 기업의 피고용자인데도)을 외부 제공자와 대체할 수 있는 상황에 올려놓았다. 솔직히 말해서, 같은 조직 구성원을 '서비스 제공자'라 표현하는 것이 적절하다고 생각하는가? 왜 우리는 이런 상황을 정상이라고 생각하게 됐을까?

또 다른 이유로 비용 청구 모델은 매우 부족한 아이디어다. 비용 청구로 수요가 줄어들기 때문에 IT 부서는 필연적으로 공급과 수요를 일치시키지 못하게 된다. 물론 수요와 공급이 균형을 이루게 하는 방법도 있다. IT 사용 비용이 마켓 클리어링 가격Market Clearing Price, MCP[9]까지 높아지도록 그대로 두는 것이다. 가격은 실제 비용과 관계 없이 치솟을 것이고, IT 부서는 다른 부서의 예산에서 이익을 거둘 것이다. 물론 IT 이외의 부서는 그다지 행복해 하지 않을 것이다.

IT 부서가 독자적으로 비즈니스를 운영한다면 수요를 만족시킬 수 있을 만큼 조직의 규모를 조절할 수 있을 것이다. 즉, 구성원을 자유롭게 고용하고, 급여 역시 최적화할 것이다. 스스로의 의지로 고객을 선택하고, 역량이 충분할 때에만 새로운 고객을 유치할 것이다. 하지만 IT는 비즈니스가 아니며, 우리는 IT가 비즈니스가 되는 것을 원치 않는다.

기업 내부의 IT 부서가 기업 외부 IT 조직과 비교해 경쟁력을 잃어버리는 상황에서는 어떤 일이 벌어질까? 당연히 외부 계약자가 이익을 얻게 될 것이다. 외부 계약은 계약 협상 비용, 법적 수수료, 관리 수수료는 물론, 세일즈, 마케팅 비용 등과 같은 계약 관련 제반 비용을 수반한다. 고객의 비즈니스와 조직의 역학 관계를 신속하게 파악하는 데는 비용이 필요하다.

---

9 https://en.wikipedia.org/wiki/Market_clearing - 옮긴이

요구사항을 변경해야 하는 경우에는 계약자가 비용을 추가하는 것뿐 아니라 기업은 변경에 관련된 커뮤니케이션을 해야 하며, 추가 비용을 승인하기 위한 관리 비용까지 부담해야 한다.

기업 외부 조직이 더 좋다거나 비용 대비 효율적이라는 주장에는 신빙성이 없다. IT는 대부분 비슷한 배달 프랙티스를 사용하며, 같은 인력 풀안에서 비슷한 사람을 고용하기 때문이다. 물론 규모 경제가 외부 서비스 제공자에게 이점을 줄 수도 있다. 하지만 규모 경제가 영향을 미치는 서비스에 한해서다. 예를 들어, 클라우드 인프라스트럭처는 규모의 경제가 주는 혜택으로 더 낮은 가격에 더 높은 품질의 서비스를 제공할 수 있다. 하지만 서비스 제공자로서의 IT의 일반적인 기능, 기본적으로 인력의 제공 기능은 단순한 경제 법칙만으로는 설명할 수 없다.

1:1로 정확하게 비교하면 외부 서비스 제공자가 동일한 품질의 서비스를 그만큼 낮은 비용으로 제공할 수 있는 방법은 없다. 람부탄rambutan[10]과 두리안durian[11]을 비교하는 것이 아니라면, 기업 내 IT 부서가 벤치마킹에서 외부 서비스 제공자에게 뒤처지는 경우는 없을 것이다. 기업 내 IT 부서는 기업의 실질적인 요구를 잘 파악한다. 반면, 외부 계약자는 기업이 후속 변경을 요구하면 계약 비용을 눈덩이처럼 불릴 것이다. 외부 계약자는 품질에 타협할 수도 있으며, 시스템을 유지보수하기 쉽고 안전하게 만드는 데 많은 신경을 쓰지 않을 수도 있다. 어쩌면 여러분의 개발 업무가 외부 개발자에게는 손실의 요인일 수 있으며, 이들은 이후의 시스템 유지보수 업무를 이용해 지속적인 이익을 얻을 계획을 세울지도 모른다.

IT 부서를 계약자로 취급하면 기업은 불필요하게 많은 비용을 지출하게 된다. CIO는 종종 IT 서비스를 기업 내에 판매해 그들이 가치를 더하고

---

10 https://en.wikipedia.org/wiki/Rambutan – 옮긴이

11 https://en.wikipedia.org/wiki/Durian – 옮긴이

있다는 것을 보여줘야 한다는 말을 듣는다. 그러나 이런 판매는 낭비일 뿐이다. IT는 실질적으로 비즈니스 가치를 더하는 데 기업의 모든 자원을 동원해야 한다. IT와 비즈니스 간 협상에서 벌이는 실랑이 역시 기업에서 지불하지 말아야 할 비용이다. 그리고 비즈니스 부서의 비용 청구(비용 처리의 가치가 있다고 하더라도)는 관리 비용은 물론, 두려움을 증가시킨다. 기업 내부에 IT 부문을 보유하고 유지하면 이 모든 낭비, 비용 지불 그리고 두려움을 회피할 수 있을 것이다.

앞에서 얘기한 것은 모두 디지털 세계의 초점에서 벗어난 것이다. IT 부서를 기업 외부의 서비스 제공자처럼 다루면, 그렇게 하지 않았을 때 얻을 수 있는 이점을 희생하게 된다. 즉, 언제라도 연락할 수 있고, 많은 부문을 공유하며, 무엇보다 비즈니스 자체를 운영하는 데 참여할 수 있는 동료를 잃어버린다는 것이다. 내부 IT 조직이야말로 기업의 목표를 소중히 생각하고, 기업 문화를 흡수하며, 기업 정체성을 수립하는 데 참여한다.

———

디지털 세상에서 경쟁하려면 비즈니스 목표 결정과 달성 과정에 IT 부서가 참여하도록 해야 한다. IT는 '요구받은' 제품을 만들어내는 것에만 책임을 지는 것이 아니라 비즈니스 산출물에 관련된 책임을 져야 한다. 여러분의 IT 기술자는 디지털 혼란의 시대를 함께 헤쳐나갈 동료이자 동맹이다.

02

복잡성과 불확실성

"수없이 많은 목 없는 얼굴이 이마에 돌아나고, 어깨에서 떨어져 나온 벌거벗은 팔이 돌아다니며, 눈은 홀로 방황하고 있다."

－ 에크라게스의 엠페도클레스, 온 네이처Empedocles of Acragas, On Nature

"인생은 지나가 봐야만 이해할 수 있지만, 언제나 앞을 보면서 살아야 한다."

－ 쇠렌 키르케고르, 저널Søren Kierkegaard, Journals

톨스토이는 『전쟁과 평화』에서 보로디노Borodino를 묘사했다. 나폴레옹은 러시아를 (어느 정도) 격파하고, 불타오르는 모스크바를 볼 수 있는 기회를 얻었지만, 그렇지 못했다. 전투 전날, 나폴레옹은 진영을 거닐면서 부하에게 군대의 배치를 명령했지만, 그가 내린 명령은 거의 실행되지 않았다. 나폴레옹은 전투가 벌어지는 동안, 전날 우연히 발견했던 셰바르디노Shevardino 근방에 서서 전투를 바라보며 지시를 내렸다. 아니, 지시를 내리고자 노력했다. 셰바르디노는 전장에서 1.6km나 떨어져 있었고, 연기와 안개 그리고 갈매기로 뒤덮인 전장에서는 아무것도 보이지 않았기 때문이다.

"부관이 말을 타고 1.6km가 넘는 거리를 달려 나폴레옹이 있는 곳으로 오는 동안 상황은 바뀌었다. 부관이 전하고자 했던 소식은 이미 낡은 것이었다. 부관은 보로디노가 함락됐고, 콜로차Kolocha 다리가 프랑스 손에 들어왔다는 소식을 전했다. 부관은 나폴레옹에게 군대가 다리를 건너게 할 것인지 물었다. 나폴레옹은 부관에게 다리를 건너 반대편에서 전열을 가다듬고 기다리라 명령했다. 그러나 나폴레옹이 명령을 내리기 전, 부관이 보르디오에서 떠난 그 순간에 러시아 군대는 이미 보로디노를 탈환했고, 콜로차 다리는 불타고 말았다."[1]

나폴레옹은 종종 자신이 내렸던 명령이 대부분 그대로 실행됐다는 가정하에 명령을 내렸는데, 이것은 그의 실수였다.

"전장의 베테랑인 제독과 장군은 나폴레옹의 의견을 묻지 않고 제각기 명령을 내렸다. 하지만 제독과 장군이 내린 명령 또한 나폴레옹의 그것과 마찬가지로 거의 실행되지 않았다. 명령이 실행됐다 하더라도 그 결과는 제독과 장군이 원하던 바와는 정반대인 경우가 대부분이었다."[2]

군대를 잘 통솔했던 것으로 유명한 나폴레옹의 얘기다! 매우 복잡하고, 불확실하고, 빠르게 변화하는 환경에서는 현재 계획을 따르는 것은 물론, 멀리서 내려지는 명령을 따르는 것 역시 거의 효과가 없다. 나폴레옹은 다음과 같은 세 가지 속성을 모두 가진 환경에 처해 있었다.

- **복잡함**Complex 수많은 사람이 모두 자신의 이익을 위해 명령을 내렸으며, 그 명령은 복잡한 방식으로 상호 작용했다.
- **불확실함**Uncertain 명령을 수행한 모든 결과는 적의 대응과 명령의 의도에 따라 달랐으며, 명령을 수행하는 자의 역량에 따라 부분적으로만 이해됐다.
- **빠른 변화**Rapid changing 나폴레옹이 전령을 통해 보고받은 시기부터 실질적으로 문자를 이용한 메시징이 시작됐다.

칼 본 클라우즈비츠^{Carl von Clausewitz}는 『On War』(Princeton University Press, 1989)에서 "전쟁이란 불확실성의 영역이다. 어떤 행동을 유발하는 기반 요소 중 4분의 3은 옅거나 짙은 불확실성의 안개로 덮여 있다."[3]라고 말했다. 톨스토이가 기록한 바에 따르면, 나폴레옹은 본인의 마음 그리고 과거를 찬양하거나 비판하는 역사가의 마음을 제외하고는 그 무엇도 통제하지 못했다. 전황이 시시각각으로 바뀌고 있는데도 나폴레옹은 전장에서 결정을 내리는 것에 너무 많은 시간을 할애했다. 빠른 변화와 불확실함으로 가득한 환경에서는 결정을 내리는데 사용하는 리드 타임과 실행 시간이 변화 타이밍과 잘 맞아떨어져야 한다. 가혹한 환경에서, 충분한 속도로 빠르게 결정하고 행동할 수 있는 것은 전장에서 싸우고 있는 군대뿐이다.

복잡성과 관련된 다른 예로, 아툴 가완디^{Atul Gawande}는 『체크! 체크리스트^{The Checklist Manifesto}』(21세기북스, 2010)에서 병원 중환자실의 역동^{Dynamic}을 설명했다. 환자의 증상은 끊임없이 변화한다. 신체 일부분의 이상이 갑자기 다른 체계 또는 조직으로 전이된다. 의료진은 이 전이를 뒤집음으로써 증상의 이동을 방해한다.[4] 중환자실의 환자 한 명당 '약물을 주사하거나 폐에 고인 물을 빼내는 것까지' 하루에 약 178가지의 처치가 필요하며, 조치에 따라 어느 정도 예상 가능한 수준의 다양한 결과가 야기된다.[5] 중환자실에 가만히 누워 있는 것만으로도 근육 아트로피, 혈전, 압력에 따른 궤양 등과 같은 추가 문제를 유발할 수 있다.[6]

우리는 이를 '복잡한 환경'이라 부른다. 복잡함은 난해함^{complicated}과는 다르다. 여기서 복잡함이란, 상호 관계, 피드백 루프, 불확실성, 지식 부족이 너무나 크기 때문에 완전한 상태가 무엇인지, 어떤 일이 일어날 것인지 알 수 없음을 의미한다. 리더는 복잡한 환경에서 자신이 자유롭게 명령을 내릴 수 있다고 생각하는 바로 그 순간, 실수를 범한다. 명령을 내린다고 한들 프랑스를 다시 한번 공화국으로 만들 뿐이다.

비즈니스 환경을 전투에 직접 비교하려는 것처럼 보일지도 모르겠다.[1] 하지만 전쟁과 중환자실 그리고 디지털 시대 비즈니스와 IT 사이에는 일련의 특성이 존재한다. 기업 환경을 포함해 위에서 언급한 모든 것은 복잡 적응 시스템Complex Adaptive System, CAS, 즉 자기 조직화 시스템(진화 생태학 evolutionary biology에서 비롯된 개념)으로, 시스템 내의 각 객체는 독자적인 목적을 지니며, 복잡하고 지속적으로 변하는 방법으로 상호 작용한다.

존 헨리 클리핑거John Henry Clippinger Jr.는 『The Biology of Business』 (Jossey-Bass, 1999)에서 복잡 적응 시스템의 일곱 가지 특성을 설명한다.

- 통합aggregation, 즉 전체는 개체의 합보다 큼
- 비선형성non-linearity, 즉 작은 변화가 큰 임팩트를 미침
- 흐름flows 또는 상호 작용의 네트워크
- 다양성diversity
- 태깅tagging 또는 행동에 중요성을 부여하는 네이밍naming
- 내부 모델internal models, 즉 기대하는 미래 이벤트의 단순한 표현
- 빌딩 블록building block 또는 재조합할 수 있는 컴포넌트components[7]

클리핑거는 "복잡한 조직의 행동은 예측 가능deterministic하거나 선형적이지 않다. 오히려 살아 있는 시스템은 예상치 못한 방법으로 계속 스스로를 재조직화한다"라고 말했다.[8]

---

1 사실, 나는 군에 복무한 경험이 없기 때문에 이 책에서 군과 관련된 아이디어를 직접 인용할 만큼의 경험이 없음을 시인해야겠다. 비즈니스 상황과 군 상황을 직접 비교하는 것은 위험하다. 나는 나라를 위해 봉사하는 이들이 마주하는 진짜 리스크와 도전을 가볍게 보이게 하고 싶지 않다.

비즈니스는 각자의 목적을 추구하는 사람, 그런 사람으로 구성된 팀 그리고 고유한 목적을 추구하는 더 큰 조직의 집합으로 이뤄져 있다. 그 누구도 완전한 지식을 갖고 있지 않으며, 정보는 구성원 사이를 이동하면서 지연된다. 기업 내 한 부서에서 실행한 새로운 시도는 다른 부서에 영향을 미친다. 상위 경영진은 하위 조직에서 어떤 일이 발생하는지 정확히 알지 못하며, 최하위 구성원은 이사회실 저편에서 어떤 얘기가 오가는지 알지 못한다. 기업이 각 팀에 권한을 분배할수록(디지털 시대의 특징이다) 경영진은 각 팀의 행동을 덜 통제하게 된다.

나는 USCIS의 CIO이자 시니어 이그제큐티브 서비스^{Senior Executive Services}의 구성원으로서,[2] 연방 계층 조직도상에서 높은 위치에 있었다. 나는 변화 에이전트^{change agent}를 자처하며, 내가 속한 조직에 평범하지 않은 것들을 끊임없이 요구했다. 어떤 대규모 IT 이니셔티브의 평가 자리에서, 나는 외부 자문가 피드백에서 내가 스스로 요구했다고 생각했던 것과 기술자가 내가 원하고 있다고 생각한 것 사이의 괴리가 있음을 깨달았다. 내 요구가 조직 계층을 따라 아래로 이동하는 동안, 중간 관리자가 자신의 이해나 이익의 정도에 따라 요구를 미묘하게 바꾼 것이 분명했다. 내 요구가 기술자에게 전달된 시점에는 이미 내 의도와 완전히 달라졌으며, 때로는 '전혀'라고 할 수 있을 정도로 바뀌었다. 다행스럽게도 기술자는 왜곡된 내 요구사항을 완전히 무시했으며 그 덕분에 프로젝트는 무사히 진행됐다. 나는 셰바르디노 전투를 이끌던 나폴레옹과 다를 바 없었다.

<hr />

2 기술적인 관점에서 볼 때, 나는 SES에서 별 1개 또는 2개 계급 장군 또는 제독에 준하는 위치에 있었다. 나폴레옹과 함께 있었다면 그는 별 4개 계급의 장군이었을 것이고, 나는 그에게 보고했을 것이며, 나폴레옹 옆에 있던 다른 장군과 마찬가지로 나 또한 그의 명령을 무시했을 것이다.

비즈니스 자체가 복잡계complex system라면, 시장 논리에 따라 생각할수록 그 복잡성은 더 심해진다. 알버트 아인슈타인 보블헤드 시리즈를 새롭게 생산하기로 결정하고 기대 매출과 이익을 계산한 보블헤드 인형 메이커가 있다고 가정해보자. 경쟁 기업에서 더 멋진 아인슈타인 보블헤드 인형을 출시한다면 어떻게 되겠는가? 매출과 이익에 어떤 영향을 미칠 것인가? 경쟁 기업이 언제 신제품을 시장에 출시할 것인가? 출시 후 1주일이 지난 시점에 어떤 연구가가 아인슈타인이 게필테 어류gefilte fish3를 연구했다는 것을 밝혀내고 그 결과 게필테 어류가 곧 멸종될 위기에 처하면서 환경 운동가가 아인슈타인 보블헤드 인형을 파는 가게 앞에서 피켓 시위를 한다면 어떻게 되겠는가?

노벨상위원회Nobel Prize Committee의 누군가가 우리가 생산한 멋진 아인슈타인 보블헤드 인형을 보고 추억에 잠겼다가, 아인슈타인이 그 유명한 상대성 이론Theory of Relativity으로 아무런 상도 받지 못한 것에 착안해 새로운 상을 만들어 아인슈타인에게 수여한다면 어떻게 되겠는가? 그 결과 아인슈타인 추모와 관련된 새로운 시장이 생겨난다면 어떻게 되겠는가? 우리가 만든 이익 비용 모델에 이런 이벤트들이 누락돼 있었다면 어떻게 되겠는가?

우리는 불확실성을 계산할 수 없다. 불확실성은 아인슈타인이 노벨상을 타는 것(노벨상을 죽은 사람에게 수여한 적이 없다)과는 다르지만, 우리가 가진 계획을 방해함으로써 결과적으로 예측 불가능한 결과를 야기하는 이벤트와 비슷하다. 수십년 정도 과거로 돌아가 당시 관리자의 관점에서 결과적으로 자신의 비즈니스에 영향을 미칠 수 있을 법한 힘에 얼마나 무지했는지 생각해봐야 한다. 인터넷? 소셜 미디어? 말레이시아 과일들과 힌두교

---

3 게필테 어류가 진짜 어류가 아니라는 사실은 나도 알고 있다.

의 신들이 잔뜩 등장하는 책인 『전쟁과 평화』?[4]

우리가 알고 있는 수많은 멘탈 관리 모델(비즈니스 스쿨에서 배운 도구들)은 어느 정도의 예측성(방해를 받으면, 다시 평행을 향해 질서정연하게 돌아오는 행군과 같은)과 세심한 계획 수립, 체계적인 계획을 시행한다면 보상을 얻을 수 있는 비즈니스 환경을 가정한다. 우리는 비즈니스 가치, 다시 말해 일반적으로 기대 이익이라 표현되는 대상을 기반으로 우선순위를 결정한다. 우리가 속한 환경이 합리적으로 예측 가능한 상태라면, 이런 방식의 우선순위 결정은 효과적일 수 있다. 하지만 좀 더 불확실하고, 복잡하며, 빠르게 변하는 요소가 더해진다면 예측에 필요한 정보는 점점 줄어든다. 주위의 세계가 변하고 있는데도 (얼마나 잘 만들어졌는지와는 관계 없이) 계획에 집착한다면, 그 계획은 점점 신뢰할 수 없게 될 것이다.

솔직히 비즈니스 케이스에서 다음과 같이 언급할 때 불확실성이 얼마나 되는가? "비용은 100만 달러(60% 신뢰 범위에서 ±300만 달러)이며, 이후 6년 동안 매년 200만 달러의 매출(60% 신뢰 구간에서 ±400만 달러)을 가져올 것입니다." 이는 결정을 내리는 데 어떠한 영향도 미치지 못하지만, 투자 결정 과정에서 일반적으로 갖는 정보로서는 꽤 정확하다.

미래를 알 수 있다 하더라도 현재는 여전히 도전적이다. 오늘날 우리는 고객이 원하는 것을 정말 알고 있는가? 내일 해커가 우리가 출시한 소프트웨어의 취약점 중 어떤 것을 해킹할지 알고 있는가? 오늘 해커가 우리의 시스템에 침입해 들어올지 아닐지 알고 있는가? 기업 구성원 중 누가 퇴사를 생각하는지 알고 있는가?

공상 과학처럼 들릴지 모르지만, 나는 한 IT 리더십 작가가 쓴 문구를 좋아한다. IT 투자에 관한 전통적인 사고를 매우 잘 표현했다고 생각한다.

---

4 스포일러다. 주의하라.

"제안된 이니셔티브를 평가할 때는 "이 투자가 정확히 어떻게, 얼마나 비즈니스 성과를 개선하는가?"라는 질문에 관련된 답을 들어야 한다.

여러분의 기업이 얼마나 IT에 정통한지(IT-savvy) 평가하는 방법 중 한 가지는 주요 IT 프로젝트를 대상으로 각각 '비즈니스 케이스 ROI - 구현 후 검토 ROI'를 계산해보는 것이다. 지난해의 모든 주요 프로젝트에 위 식을 계산한 결과를 합하라. 총합이 0에 수렴할수록 IT에 정통한 기업이다."[9]

보블헤드 인형이 대통령이 될 가능성이 없는 것과 마찬가지로 이 총합은 0에 수렴하지 않는다. 무엇보다 지난해에 추진한 프로젝트는 아직 ROI를 만들어내지 못했을 것이다. 확신하건대 이 공식을 적용하면, 그 어떤 기업도 IT에 정통하지 않다고 판명될 것이다. 프로젝트를 평가할 때, 그 투자가 정확히 얼마만큼 비즈니스 성과를 개선할지 알 수 없다. 책임감을 갖고 기업을 운영하길 원한다면, 확실성이 존재하는 것처럼 생각하지 말고 불확실성 가운데서 결정을 내리는 방법을 찾아야 한다.

누군가는 우리가 전환을 주도하는 리더가 되기를, 다시 말해 셰바르디노에 서서 일관성 없는 명령을 내리는 행동 이상의 뭔가를 하기 원하면서 우리에게 돈을 지불한다. 디지털 세상의 복잡성, 불확실성, 빠른 변화 속에서 기업이 올바른 성과를 얻도록 하려면 어떻게 이끌어야 할 것인가? 클리핑거는 복잡 적응 시스템을 어떻게 다뤄야 하는지에 관련된 단서를 제공한다.

"CAS Complex Adaptive System의 복잡성은 혼돈과 다르다. 가장 적합하게 생존할 수 있는 조건을 수립함으로써, 다시 말해 비즈니스적인 문맥에서 인센티브를 설정하고 비전을 나눔으로써, 진화하는 시스템인 CAS와 일련의 성과를 연결할 수 있다. 경영진은 완벽한 정보를 가질 수 없으며, 가질 필요도 없다. 경영진은 적절한 산출물의 범위를 선택할 수 있는 일련의 조건과 컨텍스트를 만들어내야 할 도전에 직면해 있는데, 이는 마치 자연 도태natural selection와 같다."[10]

복잡 적응 시스템에서 리더가 해야 할 일은 명령을 내리는 것이 아니라 독립적인 구성원이 한정된 범위 안에서 올바른 성과로 이어질 수 있는 행동을 스스로 선택할 수 있는 적절한 조건을 만드는 것이다.[11] 기업의 리더십 팀은 실질적으로 비즈니스 가치를 전달한다는 의미가 무엇인지에 관련된 비전을 수립해야 한다.[5]

나폴레옹의 무능함을 견디다 못한 군대는 그들 스스로가 복잡성을 상대하고 있음을 깨달았다. A. M. 그레이[A. M. Gray]는 「Warfighting」(해병대 교리 매뉴얼)에서 그 도전을 다음과 같이 묘사했다. "그러므로 우리는 혼돈, 불확실성, 끊임없는 변화와 마찰로 가득한 환경에 대처할 수 있는, 대처함을 뛰어넘어 살아남아서 번성할 준비가 돼 있어야 한다."[12]

해병대는 수많은 복잡함에 대응하기 위해 '기민함'을 교리의 중심에 둔다. 조직은 작은 팀으로 운영되며, 각 팀은 저마다 처한 환경에 기반을 두고 독립적으로 행동하고 결정한다. 이와 동시에 모든 팀은 동일한 원칙과 가치를 공유하며, 그 원칙과 가치는 훈련과 문화의 일부분으로 구성돼 있고, 모든 구성원은 명령자의 의도, 즉 그들이 현장에 투입되는 목적을 결정할 때 중심이 되는 규칙을 이해한다. 나폴레옹은 안전한 보루에서 군대가 해야 할 일을 효과적으로 지시하지 못했다. 군대는 스스로 좋은 결정을 내릴 수 있도록 훈련과 권한을 부여받아야 했다. 마치 나폴레옹이 자신의 옆에 있듯이 말이다.

막대한 데이터를 수집한다 해도 미래는 여전히 알 수 없다. 어제의 결과를 기반으로 내일의 성과를 예측할 수 없다. 미래, 즉 전략적 결정의 영역에

---

5 내 전작 『The Art of Business Value』에서 설명한 비즈니스의 진화 방법을 이용하면 비즈니스 가치 정의가 어떻게 경영진들이 파라미터를 정의하는 방법에 의존하는지 좀 더 자세히 알 수 있다.

관한 모든 외삽extrapolation6에는 가정이 필요하다.

그럼에도 우리는 위대한 비즈니스 리더를 마치 미래를 볼 수 있는 선지자처럼 여기는 듯하다. 이는 전적으로 미디어가 만들어낸 잘못된 신화다. 좋은 리더는 트렌드를 파악하고, 그 트렌드를 이용해 외삽을 할 수 있지만, 대부분의 미래는 불확실하다. 좋은 리더가 된다는 것은 주사위를 던졌을 때 어떤 숫자가 나올지 아는 것과는 별개다. 그러나 달리 생각해보면, 예측이 잘 맞아떨어지는 리더는 천재라고 여겨진다. 『전쟁과 평화』에서 쿠투조프Kutuzov가 읊은 대사처럼….

> "하지만 그들은 그가 뛰어난 사령관이라고 했습니다" 피에르가 말했다. "나는 '뛰어난 사령관'이 무슨 의미인지 이해하지 못합니다." 안드레이(Andrei) 왕자가 조롱하듯 대답했다. 피에르가 말을 이었다. "뛰어난 사령관이란…. 음, 그는 모든 가능성을 예측합니다. 그는 상대방이 무슨 생각을 하는지 추측합니다." "그건 불가능합니다." 마치 오래전부터 결정돼 있는 일을 말하듯이 안드레이 왕자는 확고하게 대답했다.〈13〉

돈을 만드는 방법을 알려주겠다(미리 말해두지만 불법이다. 절대로 시도하지 말길 바란다). 슈어-샷 인베스트먼트 스캠Sure-Shot Investment Scam이라고 알려진 방법이다. 주식 시장을 예측할 수 있다는 메일을 10만 명에게 보낸다. 그중 절반에게는 주식이 오른다는 메일, 나머지 절반에게는 주식이 떨어진다는 메일을 보낸다. 다음날 실제로 어떤 예측이 맞았는지 확인한 후, 올바른 예측의 메일을 보낸 5만 명에게 다시 메일을 보낸다. 전날과 같이, 절반인 2만 5,000명에게는 주식이 오를 것이라는 메일, 나머지 절반인 2만 5,000명에게는 주식이 내릴 것이라는 메일을 보낸다. 이와 같은 과정을 7일 동안

---

6 과거 추세가 장래에도 지속되리라는 전제하에 과거의 추세선(趨勢線)을 연장해 미래 일정 시점에서의 상황을 예측하고자 하는 미래 예측 기법을 말한다. 원래 보간(補間, interpolation) 다항식에서 구간 밖 영역에 있는 x 값을 구하는 방법으로, 이 방법은 구간점에서 멀어질수록 그 오차의 발산이 크게 나타나므로 함수의 형태에 세심한 주의를 기울여야 한다. 투사법(projection)이라고도 한다(출처: 네이버 지식백과, 행정학 사전). – 옮긴이

계속한다. 7일이 지나면, '여러분이 7일 동안 연속해서 주식 시장을 예측했다는 것'을 알고 있는 1,500명의 사람이 메일링 리스트에 남아 있을 것이다. 이제 그 1,500명에게 미래를 예측하는 비밀을 판매하겠다고 하라.

역사를 돌이켜보면, 누군가는 항상 천재였다. 그러나 진정한 리더는 불확실한 결과를 올바르게 예측하는 사람이 아니라 어떤 일이 일어나든 민첩하게 적응하는 사람이다.

존 루이스 저디스John Lewis Gaddis는 『On Grand Strategy』(Penguin Books, 2018)에서 톨스토이와 프로이센 카를 폰 클라우제비츠 장군을 함께 묶어, 리더가 성과에 관련된 통제권을 갖고 있는 것처럼 보이지만 실질적으로는 그렇지 않다는 것을 설명한다.

> "나는 톨스토이가 다음을 의미했다고 생각한다. (a) 모든 것은 다른 것과 연결돼 있기 때문에 시간, 공간, 규모 사이에는 피할 수 없는 상호 의존성이 존재한다. 종속 변수dependent variables들로부터 독립 변수independent variable를 분리하려고 하지 말라. (b) 결과적으로 언제나 알 수 없는 무엇인가가 존재한다. (c) 알 수 없는 대상에 의존하기 때문에 극소수라 하더라도 우리는 언제나 대리인agency이라는 환상을 유지할 것이다."[14]

불확실성, 복잡성 및 변화하는 조건에서의 전략은 그렇지 않은 상황에서와는 매우 다르다. 전략은 기업의 진화 방향(즉, 복잡 적응 시스템)을 결정하는 비전과 인센티브를 제시해야 한다. 또 다른 한편으로 전략은 모델과 계획의 지속적인 학습과 갱신을 허용해야 한다. 즉, 전략은 가정을 실험하고 테스트하는 것이며, 실행 가능한 정보를 의도적으로 수집하는 것이다. 1년에 한차례가 아니라 지속적으로 수행해야 한다. 전략은 검증되지 않은 가정 또는 자만에 따라 수립한 계획을 맹목적으로 추진하는 것이 아니라 한걸음 뒤로 물러나 배우는 겸손함을 유지하는 것이다.

기민함은 우리가 결정을 내리는 순간에 갖고 있는 모든 정보의 가치를 증가시킨다. 폴 드르네비치Paul Drnevich와 데이비드 크로슨David Croson은 "유연성은 미래의 완벽한 정보를 대체할 수 있는 반면(완벽한 정보를 가질 수 있다면 유연성은 필요하지 않을 것이다), 현재의 불완전한 정보를 보완하는 동시에 한계 가치를 증가시킨다."[15]라고 설명했다.

학습은 우리가 학습한 것을 충분히 활용할 수 있을 만큼의 적응력을 갖고 있는 경우에만 도움이 된다. 불행하게도 우리가 사용하는 수많은 비즈니스 프로세스는 좀 더 예측 가능한 세상에 맞춰 설계돼 있다. 우리는 우리가 믿는 것, 즉 관료주의적 규칙, 기업 문화, 거버넌스 프로세스와 통제를 프로세스 전서The Book of Processes에 성문화했고, 환경이 변하고 있는데도 아무런 변경 없이 적용해왔다. 우리가 최적화한 것은 과거이고 시간은 이미 미래로 흘러왔다.

3장, '기민함과 린함'에서 설명할 애자일 접근 방법은 이 문제를 해결하기 위해 만들어졌다. 애자일 접근 방법은 목표에 초점을 맞추면서도 항로를 계속 전환하는 방법을 제공한다. 유연함과 민첩함을 프로세스 안에 구축함과 동시에 비전을 준수한다. 애자일 패러다임에서는 의사결정권이 반자율적인semi-autonomous 팀에 부여된다. 팀은 학습하고 적응한다. 불확실성을 무시하고 계획을 세우기보다는 빠른 피드백 사이클을 활용해 불확실성을 줄이고자 노력한다. 그리고 기업은 정말 중요한 것을 위해 노력함으로써 이익을 얻는다.

몇몇 IT 복잡성은 해당 IT가 속한 비즈니스 복잡성에서 비롯된다. 그 이유는 결국 기업의 IT 시스템이 해당 기업의 운영 형태를 반영하기 때문이다. 하지만 IT는 여기에 기술적인 시스템과 프랙티스의 복잡성을 추가한다. IT라는 블랙박스 속을 잠깐 소개하겠다.

여러분은 이제 IT가 복잡하다는 것을 깨달았을 것이다. 이 전문 직업 속으로 들어가는 길은 누구나 인정하는 프로펠러 헤드propeller-heads[7]만 할 수 있는 일이다. 그러나 내가 얘기하고자 하는 바는 이런 복잡성이 아니라 조직 복잡성, 관리 행정 복잡성, 억만 가지 요소를 고려해야 하는 의사결정 복잡성이다. IT 역사는 대부분 이와 같은 복잡성을 다루는 방법을 발견하는 과정이었다. IT 실천가들은 복잡성을 줄이는 진화가 일어날 때마다 또 다른 새로운 층layer을 추가했다.

여러분의 소프트웨어 애플리케이션이 수백만 라인의 코드로 만들어져 있다고 상상해보자. 코드는 일반적으로 여러 컴퓨터 파일에 저장되므로 코드를 수백만 줄의 마이크로소프트 워드 텍스트 파일이라고 생각해도 좋을 것이다.[8] 이제 수많은 개발자(수십 명, 수백 명 또는 수천 명일 수 있다)가 그 코드 베이스에서 동시에 업무를 수행한다고 가정해보자. 매 순간 수많은 작업 아이템이 존재한다. 새로운 기능을 만들고, 기존 기능을 변경하고, 버그를 고친다. 수백만 라인 중 어느 한 부분의 변경은 다른 수백만 라인 코드에 예측할 수 없는 영향을 미친다. 아니, 오히려 놀랍다고 해야겠다. 개발자들은 할당받은 태스크에 따라 코드를 변경하기 위해 코드 베이스의 이 부분에서 저 부분으로 종횡무진한다. 이들은 시간 압박을 받고 있다.

여기에 기술적 복잡성을 뒤섞어보자. 한 개발자가 새로운 기능을 추가했다. 그런데 이 때문에 기존에 빠르게 작동하던 한 가지 기능이 갑자기 느려진다. 이제 개발자는 누가 작성했는지도 모르는 코드를 확인하면서 자신이 개발한 코드와 코드 베이스 내의 다른 수백만 코드들 사이에 존재하는 상호 관계를 확인해야 한다. 속도 저하 문제를 수정할 수 있는 새로

---

7 특정한 학문 또는 기술 분야에 깊이 매료돼 사회적 활동을 전혀 하지 않는 사람을 의미한다(https://en.wiktionary. org/wiki/propeller_head). – 옮긴이

8 사실 프로그래머는 통합 개발 환경(Integrated Development Environment, IDE)이라는 다른 종류의 문서 편집 도구를 사용한다.

운 설계를 해야 하기 때문이다. 코드를 다시 수정한다. 이런! 이번에는 다른 기능이 작동을 멈춰버렸다. 첫 번째 개발자가 속도 저하 문제를 해결한 변경 내용을 다른 개발자가 새롭게 덮어써버린다. 누군가 개발자 전체 회의를 소집하고, 모든 개발자는 진행하던 작업을 중단한다. 회의를 마치고 돌아온 개발자들은 작업하던 코드 베이스의 위치를 잊어버린다. 이 시점의 코드 상태는 아툴 가완디가 얘기한 중환자실 중 한 가지 상태와 같다.

기술자는 해결책을 계층화함으로써 복잡성을 다뤘다. 문제가 해결되면, 이 해결책은 미래에 일어날 문제를 해결하기 위한 수단을 제공하는 최상위 계층이 된다. 여러분이 특정한 계층에서 작업한다면, 해당 계층의 하위 계층에 존재하는 복잡성을 걱정할 필요가 없다. 누군가가 이미 문제를 해결했기 때문이다. 평준화 효과Leveling Effect는 개발자들이 현재 작업 중인 계층의 하위 또는 상위 계층의 복잡성을 무시함으로써, 자신이 처리할 수 있는 복잡성의 한계를 어느 정도 일정하게 유지하는 것을 말한다.

과학자들이 전선으로 전자를 흘려보내 가전제품에 전원을 공급하는 방법을 알아냈기 때문에 비로소 전기는 각 가정의 콘센트로 전달됐다. 과학자는 움직이는 자기장과 전기 사이의 관계를 발견해야만 했고, 자기장 주위를 움직이면서 전기를 생성하는 실용적인 장치를 고안했다. 그들은 전압의 높낮이를 단계적으로 바꿀 수 있는 변압기를 발명해야 했으며, 이로써 전기를 먼 거리까지 보낼 수 있었다.

하지만 여러분은 이런 배경에 전혀 신경 쓸 필요가 없다. 단지 토스터 플러그를 콘센트에 꽂기만 하면 된다. 컴퓨팅에서의 계층 원리도 이와 같다. 누군가 이미 데이터를 암호화하는 방법을 만들어냈고, 그들 또한 누군가가 먼저 개발해 놓은 수학 원칙들을 이용했다. 우리는 모든 컴퓨터가 다른 컴퓨터와 통신하게 만드는 데 신경 쓸 필요가 없다. 인터넷과 통신 프로토콜이 이미 존재한다. 이미 존재하는 것을 바탕으로 무엇인가를 만드는 데에만 에너지를 사용하면 된다.

하지만 계층 중 어디라도 잘못될 수 있다. 그리고 계층이 낮을수록 문제를 식별하고 수정하기 어렵다. IT 기술자는 계층화와 그들이 개발한 도구를 이용해 복잡성을 적절하게 다룰 수 있었다. 그러나 여전히 복잡성은 남아 있다.

오늘날, 기술 부서는 소프트웨어 시스템을 작은 컴포넌트로 나눴으며, 각 컴포넌트는 기능의 작은 세그먼트를 관장한다. 각 컴포넌트는 다른 컴포넌트와 통신하면서, 작은 작업 또는 업무 단위를 위임하고 조정한다. 예를 들어 온라인 쇼핑을 하는 사용자가 구매 버튼을 클릭하면, 한 컴포넌트는 구매자의 계정 정보를 확인하고, 다른 컴포넌트는 사용자의 신용 카드 데이터를 획득하고, 또 다른 컴포넌트는 신용 카드 프로세서에 거래 transaction를 전달하고, 다른 컴포넌트는 권한에 관련된 응답을 받고, 또 다른 컴포넌트는 재고에서 해당 아이템을 감소시키고, 마지막 컴포넌트가 창고에서 제품을 꺼내 배송하라는 명령을 내린다. 실제로 위 단계는 더욱 작은 하위 컴포넌트로 나눌 수 있다. 각 컴포넌트는 서로 다른 하드웨어에서 실행될 수 있으며, 여러 데이터 베이스에 접근할 수도 있다.

우리는 이 복잡성 때문에 어떤 종류의 일이 잘못될지 상상조차 하지 못한다. 그 결과 넷플릭스Netflix 엔지니어는 혼돈 엔지니어링Chaos Engineering이라 불리는 새로운 원칙을 만들어냈다. 이 원칙의 주요 아이디어는 특정한 형태의 오류가 우아하고 적절하게 처리되는 것을 보장하기 위해 실제 운영 중인 시스템에 주요한 에러를 시뮬레이션하는 것이다. 넷플릭스 엔지니어는 마치 누군가의 발이 전원 케이블에 걸려 갑자기 플러그가 빠진 상황처럼 서버의 전원을 무작위로 내리기 시작했다. 이후 더욱 정교한 고장을 발생시켰다. 엔지니어들은 무슨 일이 일어날지 배우고 싶어했다. 한 가지 장애가 다른 장애로 이어질까?

한 컴퓨터 시스템을 인터넷에서 사용할 수 있게 만드는 순간, 수많은 불확실성이 추가된다. 웹 애플리케이션에는 누구나 언제 어디서든 접근할 수 있으며, 사용 규모에 있어서 즉각적이고 큰 변화를 겪는다. 해커는 접근 가능한 모든 시스템에 침입할 방도를 찾기 시작할 것이다. 까다로운 사용자는 '유지보수 중입니다' 또는 '정비 중입니다'와 같은 사과 문구가 표시된 웹 사이트에 다시는 방문하지 않을 것이다.

불확실성에 대처하는 것은 그야말로 예술이다. 인터넷 규모의 애플리케이션을 만들 때 가장 어려운 것은 동시성Concurrency 관리다. IT 시스템은 수많은 사용자의 액티비티를 동시다발적으로 처리하므로 이 과정에서 예상치 못한 조정 문제가 발생하며, 이 문제는 재현하거나 분석하기가 매우 어렵다. 만약 2명의 구매자가 동일한 아티스트가 보블헤드 인형 하나를 동시에 구매한다면 어떻게 되겠는가? 시스템 사용자의 수가 늘어나면서 타이밍과 관련된 문제가 발생할 가능성이 높아질 것이다. 만약, 여러분이 제럴드의 침울한 모습을 보고 있다면, 아마도 제럴드가 동시성 문제를 분석하고 있기 때문일 것이다.

기업이 대리인들을 변경함에 따라 우리는 복잡계, 즉 한 위치에서의 변화가 다른 위치에 예상하지 못한 영향을 일으킬 수도 있는 시스템을 다루고 있다는 것을 이해해야만 한다. 크리스토퍼 에이버리Christopher Avery는 'Responsible Change'라는 글에서 복잡 적응 시스템 내 변화 유발 인자를 '자극하기provoking와 관찰하기observing'라고 언급했다.

> "우리는 살아 있는 시스템을 결코 조정할 수 없습니다. 단지 시스템을 방해하고 시스템이 어떤 응답을 하는지 기다릴 뿐입니다. 또한 우리가 바꾸고자 하는 조직을 만드는 데 기여하는 모든 힘을 알 수도 없습니다. 그렇기 때문에 우리는 단지 어떤 영향을 미칠 것이라고 생각하는 힘을 실험할 수 있는 형태로 시스템을 자극하고, 어떤 일이 벌어지는지 지켜볼 수밖에 없습니다."[16]

디지털 세계에서 효과적으로 일하려면, 가장 먼저 복잡성과 불확실성을 받아들여야 한다. 복잡성과 불확실성은 이니셔티브를 수행할 때 매우 다른 접근 방법을 요구하기 때문이다. 예측 가능한 세계에서는 고도의 계획과 철저한 계획 수행을 보상한다. 그러나 복잡하고 불확실한 세상은 시도 관찰, 교정의 경험 주기를 보상한다. 이것이 3장, '기민함과 린함'에서 내가 얘기할 애자일과 린 IT를 지탱하는 통찰이다.

기민함과 린함

"피토클레스를 부유하게 만들고 싶다면, 돈을 주는 대신 그의 욕망을 빼앗아라."

— 에피쿠로스, 단상Epicurus, Fragments

"테르시테스Thersites와 아가멤논Agamemnon을 동시에 연기할 수는 없다. 테르시테스가 되고 싶다면 꼽추등에 대머리가 돼야 한다. 아가멤논이 되고 싶다면 키가 크고 잘 생겨야 하며, 당신이 해야 할 일을 사랑해야 한다."

— 에픽테토스, 담화론

디지털 시대는 우리에게 경쟁자들의 방해를 뛰어넘어 새로운 아이디어를 빠르게 시장에 출시하길 요구한다. 우리는 발빠르게 관찰하고 반응하는 방법을 학습하면서 제품, 프로세스, 비즈니스 모델을 변화시키는 비용과 리스크를 줄임으로써 불확실성과 복잡성을 다뤄야 한다. 디지털 시대는 우리가 혁신하고 성장하며, 고객과의 관계를 돈독히 하고, 발견한 기회를 붙잡을 수 있도록 독려한다.

다만 기민한 것과 계획에 집착하는 것이 정반대라는 것이 문제다. 기업은 계획을 고수함으로써 통제를 달성하고 리스크를 관리하고자 하며, 특히 IT 투자에 관한 통제를 확보하려 한다. 3장에서는 기민함을 위협하지 않으면서도 이러한 투자를 통제할 수 있는 더 나은 방법을 소개한다.

IT 실무자가 지난 수십년 동안 고안해내고, 특히 지난 수년간 고도화한 기술 덕분에 이런 투자가 가능해졌다. 기업이 IT를 수행하는 새로운 방법—즉 애자일 전달Agile Delivery, 린 IT Lean IT 그리고 데브옵스DevOps—가 제공하는 이점을 활용해, 책임감 있는 재정 관리의 필요를 만족시키면서도 시장에 빠르게 제품을 출시하고, 혁신을 추진하며, 변화에 신속하게 대응하면서도 리스크를 줄일 수 있는 방법을 설명할 것이다.

2001년, 한 소프트웨어 그룹이 유타Utah 주 스노우버드 마운틴Snowbird Mountain의 스키 리조트에 모여 새로운 소프트웨어 배달 방법에 관련된 몇 가지 원칙을 만들었다. 니체의 차라투스트라Nietzche's Zarathustra 또는 그 이전의 모세Moses나 모하마드Mohamad가 산에서 내려왔듯이, 이들은 일관적이고 완전하며 놀라운 비전을 제시하는 계시를 IT 사회에 들고 내려왔다. 애자일 소프트웨어 개발 선언Manifesto for Agile Software Development에 담긴 네 가지 가치와 12가지 원칙은 세상에 알려진 이후 줄곧 IT 배달을 이끌었다. 간단하면서도 분명한 이 원칙은 이제까지 기업 IT에 깊이 심어져 있던 계약자—통제, 계획—최우선 모델을 약화시켰다.

애자일 모델의 핵심은 지속적인 학습과 적응을 바탕으로 복잡성과 불확실성을 관리하는 것이다. 우리가 알고 있듯이 IT가 아닌 도메인에서도 이와 비슷한 원칙이 동시에 나타났다. 특히 이런 경향은 군대에서 뚜렷이 나타났다. 월드 트레이드 센터World Trade Center가 붕괴된 이후, 군대는 끊임없이 다시 생겨나고, 어디에든 숨어들 수 있는 적들과 싸워야 하는 어려움에 직면해 있었기 때문이었다. A. M. 그레이는 『Warfighting』(Crown Business, 1715)에서 "환경은 지속적으로 변화하므로 최초 계획과 동일한 부분이 거의 없을 때까지 행동을 계속 바꿔야만 했다"라고 말했다.[1]

애자일 IT는 짧은 사이클 단위로 일하면서 작은 단위의 업무를 완료하고 피드백을 수집함으로써 학습을 최대화한다. 피드백은 사용자와 관리자에게서 직접 얻거나 사용자가 출시한 제품을 사용하는 동안 관찰이나 데이터를 이용해 얻는다. 피드백이 수집되면 제품은 점점 더 완벽에 가까운 형태에 근접한다.

작업은 소규모 팀 안에서 이뤄진다. 소규모 팀은 내부에서 쉽게 커뮤니케이션하면서, 학습하고 관찰한 내용들을 공유하며, 업무를 자유롭게 전달하고 서로 돕는다. 팀 구성원은 함께 결과를 전달하는 책임을 진다. 팀 구성원은 매일 만나 서로 활동을 공유하고, 정기적으로 모여 팀의 프로세스를 평가하고 개선한다. 이 아이디어 역시 그레이가 언급한 군대 이론과 같은 컨텍스트다. "우리가 원하는 방향으로 작전의 흐름을 만들어내고, 전투의 불확실성, 무질서, 유동성을 가장 좋은 상태로 다루기 위해서는 지휘 체계 분산을 우선시해야 한다."[2] 나폴레옹이 명령을 내리려 헛된 시도를 했는데도 전장에서 좋은 결정을 내릴 수 있도록 빠르게 반응했던 것은 다름 아닌 군대 자신이었다.

바로 이것이 애자일 IT 아이디어다. 결정은 분산화한다. 다만 결정은— 이 점이 매우 중요하다.—잘 공유되고 충분히 이해된 '지휘자 의도'에 따라 통제되며 리더십 참여와 감독을 바탕으로 지속적으로 조정된다.

———

애자일 사고 방식은 전통적인 계획 주도의 폭포수 접근 방법과 비교해볼 수 있다. 애자일 IT는 프로젝트 시작 시점에 요구사항을 고정하고 엄격한 계획을 수립하는 대신, 명확한 목적을 수립한 후 그 목적을 달성하는 데 필요한 피처 목록(스토리story)을 만든다. 이후, 구현된 기능을 차례대로 전달하면서 개발자와 소프트웨어 사용자가 기능을 함께 개선해 나간다. 개발자들은 사용자와 함께 작업함으로써 자신이 만든 코드가 사용자의 실질적인 필요를 만족시키고, 조직의 목표를 달성하는지 확인한다. 기업은 언제든 개발되지 않은 기능의 우선순위를 조정하고 변경할 수 있으며, 심지어 제거할 수도 있다.

폭포수의 세상으로 돌아가보자. 일련의 완전한 요구사항을 수집한 후, 시스템 전체를 설계한다. 시스템을 기술적인 컴포넌트 단위로 나누고, 각 컴포넌트를 독립적으로 개발한다. 마지막 단계에서 사람이 사용하는 피처를 완성하기 위해 컴포넌트들을 통합하고 나서야 전체 시스템을 테스트할 수 있다.

애자일 접근 방식에서는 각 피처를 처음부터 마지막까지 독립적인 개체로 개발한다(애초에 애자일을 고안했던 사람은 이를 한 조각의 완벽하고 온전한 생선회라고 표현했다). 개발자는 거의 즉시 구현을 시작하고, 기능 단위로 구현할 결과를 전달할 수 있으며, 다음 단계로 넘어가기 전에 각 기능을 테스트할 수 있다. 남은 기능이 완료될 때까지 기다리지 않아도 된다는 트릭이 모든 것을 바꿨다. 기업은 작업 내용을 수정하거나 우선순위를 조정할 수 있기 때문에 언제든지 방향을 바꿀 수 있다. 이와 같은 비즈니스의 기민함이 프랙티스 자체의 이름이 됐다. 애자일 기술의 목적은 기술적 유연함이 아니라 비즈니스의 기민함이다. 디지털 세계에서 기업이 필요한 것은 애자일 접근법이 제공하는 민첩함과 속도다.

전통적인 업무 방식에 익숙한 기존 조직은 애자일 기술을 적용하기 시작할 때, 잠정적인 기능 리스트를 만드는 데 너무 많은 시간을 사용하는 경향을 보인다. 기존의 조직은 사용자에게 기술 팀이 피처 리스트를 개선하도록 하는 것이 아니라 지나치게 상세화하도록 한다. 뒤로 물러서서 스스로에게 무엇이 필요한지 지속적으로 평가하면서 요구사항을 변경하지 않는다. 다시 말해, 유연성을 최대화하기 위해 고안한 프로세스에 비유연성을 다시 주입하는 것이다. 변화하고자 한다면 유연성이라는 선물을 받아들이고 스노우버드에 모였던 구루에게 감사를 표하라.

애자일 IT는 빠르고 빈번하게 작업 아이템들을 완료하는 것, 즉 전달하는 데 필요한 리드 타임의 감소를 중시한다. 따라서 토요타 제조 시스템Toyota Production System이 주창하는 린 제조 원칙Lean manufacturing principles을 IT 전달 프로세스에 적용하는 것이 합리적이다. 작업 아이템, 즉 각 요구사항은 정해진 프로세스 단계를 따라 독립적으로 움직이는 업무 단위로 간주할 수 있다. 각 단계에서는 시간이 소요되며, 어떤 단계는 낭비waste일 수 있다.

린 관점에서 낭비는 최종 제품에 아무런 가치도 더하지 못하는 활동 또는 몇몇 전문가가 말하듯이 고객이 돈을 지불할 의향이 없는 활동을 말한다. 나는 이 정의를 조금 수정하고자 한다. 나는 제품의 가격이나 추가 리드 타임을 정당화할 수 있는 어떤 가치도 더하지 못하는 모든 활동을 낭비라고 정의한다.

린 원칙에 따르면, 제조에서 낭비를 발생시키는 주요 원인은 재고, 추가 처리, 과도한 생산, 운송, 대기, 이동 및 결함이다. 메리Mary와 톰 포펜딕Tom Poppendieck은 『린 소프트웨어 개발의 적용』(위키북스, 2007)에서 IT 프로세스의 다양한 요소가 전통적인 제조에서의 낭비 요인과 얼마나 많은 공통점을 갖고 있는지를 보였다.[3] 결함defect은 물론, 동일한 오류를 발생시키는 조건의 중복 테스팅처럼 제거 가능한 추가 처리 또한 IT에서는 낭비다. 전통적인 제조에서 낭비에 해당하는 대기waiting는 개발자가 기능에 관련된 프로그래밍을 완료한 후 테스터가 결과물을 테스팅할 때까지 소요되는 시간, 결재나 승인을 위해 서류가 누군가의 책상 위에서 머무르는 시간이 이에 해당한다.

과도한 생산은 기능 과다에 해당한다. 운송 낭비는 태스크 교체, 즉 IT 담당자의 주의를 업무 이외의 것에서 다시 업무로 돌리는 데 필요한 시간에 해당한다. 이동은 문서가 한 조직의 사일로에서 다른 조직의 사일로로 움직이거나 개발자가 필연적으로 발생할 수밖에 없는 질문의 답을 찾는 데 필요한 노력 등에 해당한다.

큰 배치 크기batch size는 린 사고 방식에서 낭비의 주된 원인이다. 큰 배치 크기는 IT에서 한 차례의 전달 단위에 처리돼야 하는 많은 요구사항에 해당한다. 따라서 린 IT 팀은 진행 중 업무work in progress, WIP의 양을 제한해야 한다. 배치 크기를 줄이면 사이클 타임, 작업 흐름의 변동성, 리스크, 오버헤드, 비용, 일정 지연을 줄일 수 있다. 작은 배치 크기는 빠른 피드백을 제공하고 효율성을 향상시키며 동기를 부여한다.

리드 타임을 줄이면 개발자와 요구사항 기술자가 신속한 피드백을 받을 수 있고, 피드백을 이용해 조직의 목표를 달성했는지, 자신이 만든 코드가 유용한지 판단할 수 있다. 그리고 시장에 제품을 더욱 빠르게 출시할 수 있다.

IT 전달은 새로운 비즈니스 이니셔티브를 수행하거나 시장 이벤트에 대응할 때의 제약 사항constraint 중 하나이기 때문에 디지털 트랜스포메이션을 수행할 때는 IT의 리드 타임을 고려해야 한다. 하지만 IT 전달 과정에서 가치 흐름을 면밀히 살펴보면, 리드 타임 대부분은 IT와 다른 비즈니스 간 상호 작용 과정에서 발생한다는 것을 알 수 있다. IT를 기업 내부에 적합하도록 만드는 방식을 바꾸는 것이 조직의 기민함을 증대시키기 위한 가장 큰 요인이라 말하는 이유다.

예를 들어, IT와 비즈니스가 계약으로 연결된 관계에서는 비즈니스 이해관계자의 승인을 받은(결재를 마친) 완벽한 요구사항 문서가 필요하다. 그러나 얼굴을 맞대고 대화하는 것이 훨씬 효율적이다. 질문과 답변을 주고받으면서 접근 가능한 방법을 논의하고, 변동 요소를 고민하면 더 나은 결과를 얻을 수 있다.

IT 프로세스 중 IT와 비즈니스 부문 사이에 얼마나 많은 간접 관리 비용이 침입하는지 설명하기 위해 내가 정부 기관에서 일하던 시절의 일화를 소개하고자 한다. 정부 기관은 언제나 모든 상황에 관한 극단적인 사례를 제공하지만, 여러분의 기업도 크게 다르지 않다는 것을 알게 될 것이다.

핵심적인 목표가 설정된 상태이고, 그 목표를 달성하기 위해서는 반드시 하나의 IT 기능이 배포돼야 한다. 정부 기관의 IT 부문에서 가장 먼저 하는 일은 '기다리는 것'이다. 요구가 충분히 쌓여 하나의 프로젝트가 될 때까지 기다린다. 결국 목표를 달성하기 위한 요소가 하나 또는 둘인 경우에는 그 규모가 너무 작기 때문에 투자 관리 및 거버넌스 프로세스가 진행되지 않는다. 제안된 태스크의 수가 충분히 많아야 프로젝트가 시작되고, 문서화되며, 비즈니스 케이스가 준비된다.

국토안보부Department of Homeland Security, DHS의 IT 거버넌스 프로세스에서는 100여 가지의 문서를 요구하는데, 이 문서는 모두 상위 공직자의 결재가 완료된 것이어야 한다. 프로세스는 13개의 게이트 리뷰로 구성돼 있으며 목표의 필요성, 프로젝트 계획, 요구사항 등에 관련된 리뷰를 진행한다. 각 리뷰는 공식적인 미팅을 포함하고 있으며, 이 미팅에는 그 누구보다 바쁜 일정에 쫓기는 12명의 승인자가 참석해야 한다(리드 타임은 실제 소요된 시간 effort time이 아니라 일정상의 전체 시간이라는 것에 주목하라. 실제 회의 시간이 한 시간 뿐이라도 일정상 여러 달이 걸릴 수도 있다).

비즈니스 케이스가 승인되고, 자본 시장(즉, 의회)에서 자금이 확보되면 계약자가 공식적인 구매 프로세스를 이용해 참여한다(실제 정부 기관은 모든 것을 아웃소싱outsourcing한다). 이 과정은 일반적으로 6개월에서 3년가량이 소요된다.

그 후 컴퓨터 하드웨어를 주문하고, 수령하고, 데이터 센터에 설치하고 설정한다. 소프트웨어 설계와 개발을 시작한 후에 개발한 IT 기능을 테스트하면서 문제점을 수정한다. 개발한 제품의 취약점을 보안 팀이 분석하면, 이 취약점을 수정한다. 변경 관리 프로세스change management process에서는 개발된 시스템에 영향을 받을 가능성이 있는 시스템이 준비됐는지, 사용자가 적절한 훈련을 받았는지, 개발된 시스템의 배포 프로세스가 안전한지 확인한다. 그런 다음에야 비즈니스 가치가 발생한다.

정부 기관에서 IT 기능을 개발하는 데 수년, 심지어 수십 년이 걸리는 것은 어제오늘 일이 아니다. 구체적인 단계는 차이가 있을지 모르지만, 대부분 조직의 프로세스 역시 이와 비슷한 패턴을 따른다. 기술적인 제품 개발에만 소요되는 시간은 상대적으로 0에 가깝다. IT와 비즈니스 사이에서 벌어지는 업무 전환handoffs 또는 이와 같은 업무 전환을 위한 문서를 준비하는 과정에서 훨씬 더 많은 시간이 소요된다. 비즈니스 또는 목표의 필요성(필요성이라는 단어에 주의한다)은 수시간 또는 수일 내에 달성돼야 한다. 그러나 IT가 비즈니스의 필요성에 적합한지 확인하기 위해 고안된 리스크 완화 활동이 IT 프로세스를 몇 년이 걸리게 만들 수도 있다.

실제로 중요한 목표는 리스크 완화와 비즈니스 필요에 관련된 정합성이다. 이 두 가지 목표는 낭비를 줄이면서도 목표를 좀 더 효과적으로 달성하는 데 도움을 준다. 디지털 시대에서의 요구 속도를 높이고, 목표를 달성하기 위해 리스크를 줄이기 위한 통제를 희생하지 않고도 앞에서 언급한 프로세스에 소요되는 시간을 줄일 방법을 찾아내야 한다.

애자일과 린 IT는 데브옵스라 불리는 프랙티스의 집합으로 통합된다. 나는 여러분이 디지털 트랜스포메이션을 위해 데브옵스라는 기술적 접근법을 따르길 권한다. 데브옵스는 실제로 오늘날 모든 산업군의 기업—캐피털 원Capital One, 나이키Nike, 타깃Target, 존 디어John Deere, 디즈니Disney 등 수없

이 많다.—에서 성공적으로 사용되고 있다. 데브옵스는 교차 기능 팀cross-functional teams(IT 전문가 사이에서의 업무 전환을 피함)과 적극적인 자동화 활용(프로세스를 단순화하고 반복할 수 있게 함)에 기반을 두고 있다. 데브옵스는 속도와 통제에 관련된 특유의 접근 방식으로 비즈니스에 매우 강력한 효과를 발휘하며 과거 속도와 통제 사이에 존재하던 트레이드 오프를 효과적으로 제거한다.

데브옵스 연구 및 평가DevOps Research and Assessment, DORA에서는 데브옵스가 비즈니스에 미치는 영향을 연구했으며, 니콜 포스그렌 박사Dr. Nicole Forsgren, 제즈 험블Jez Humble, 진 킴Gene Kim은 『Accelerate』에서 그 결과를 밝혔다. 이 연구 결과에 따르면, 데브옵스 프랙티스를 가장 많이 사용한 기업은 (그렇지 않은 기업에 비해) 수익성profitability, 시장 점유market share, 생산성productivity, 판매량units sold 및 운영 효율성operating efficiency을 포함해 조직의 목표를 1.53배 초과 달성했다.[4]

또한 데브옵스 프랙티스를 가장 많이 사용한 기업의 구성원은 자신의 조직이 일하기 좋은 기업이라고 추천할 가능성이 (그렇지 않은 기업의 구성원에 비해) 2.2배 높았으며, 다른 연구는 더 나은 사업 성과와도 관련성을 보였다.[5] 공개 기업인 경우, 이와 같은 IT 프랙티스 활용에서 상위 성과를 거둔 그룹의 시가 총액은 낮은 성과를 거둔 그룹보다 약 50% 높은 성장을 보였다.[6]

━━━━━

데브옵스는 소규모 팀(5~9명 정도로 구성)에서 실행된다. 소규모 팀은 직접 얼굴을 보면서 커뮤니케이션할 수 있기 때문에 책임을 전가하거나 과도한 문서를 작성하는 간접 관리 비용을 줄일 수 있다. 각 팀은 교차 기능 팀으로서 소프트웨어 개발, 테스팅, 인프라스트럭처 엔지니어링, 운영 및 보안 관련 기술을 모두 보유하고 있다.

이 모든 기능을 각기 다른 사람이 수행할 필요는 없다. 실제로 데브옵스 조직은 T자형T-shaped 인재, 즉 다양한 분야의 스킬 셋을 보유하고 있으면서도 특정 분야의 전문성을 지닌 구성원을 선호한다.[7] 즉, 전문성을 가진 제너럴리스트Generalist를 원한다. 예를 들어, 팀 내의 한 구성원은 소프트웨어를 개발하고 인프라스트럭처를 다루지만, 성능 최적화를 누구보다 잘할 수 있다. T자형 인재로 구성된 팀은 언제든 업무를 전방위로 수행할 수 있기 때문에 매우 기민하며, 필요한 경우에는 전문 지식을 습득할 수도 있다. 1장, '비즈니스와 IT'에서 기능 셋을 세분화함으로써 사일로를 일으키는 문제를 언급했던 것을 기억할 것이다. T자형 인재는 전문화된 지식과 경험을 요구하면서도 다양한 스킬 셋을 가진 사람을 원하는 문제를 해결할 수 있는 방법이다.

데브옵스 팀은 자동화(그들은 심지어 '모든 것을 자동화하라!Automate all the things!'라고 말한다)에 매우 크게 의존한다. 테스팅은 물론, 클라우드의 인프라스트럭처 설정을 자동화한다. 보안과 법규 준수 여부를 모니터링하는 통제 시스템도 자동화한다. 또한 개발자의 코드를 병합하고, 병합 시 발생하는 충돌의 해결 역시 자동화한다.

데브옵스의 가장 큰 특징은 사용자에게 코드를 빈번하게 배포하는 것을 강조한다는 것이다. 2009년, 사진 공유 사이트인 플리커Flickr가 매일 10번씩 코드를 정기적으로 배포한다고 발표하면서, IT 커뮤니티를 중심으로 코드를 빈번하게 배포하는 운동이 일어나기 시작했다. 최근 기준으로 보면 하루 10번의 배포는 큰 이슈 거리가 아니다. 아마도 현재 가장 선두에 있다고 할 수 있는 아마존Amazon.com은 코드를 1년에 5,000만 번 이상 배포한다. 실제로 가치 있는 변경 사항 또는 새로운 기능을 얼마나 자주 배포할 수 있는지가 데브옵스 실천가practitioner가 자부심을 갖는 포인트가 됐다.

린의 관점에서 보면, 데브옵스는 매우 린하다. 교차 기능 팀은 작업을 수행하는 데 필요한 모든 스킬을 보유하고 있으므로 업무를 외부 그룹에 전달하지 않는다. 기능은 완성되는 즉시 배포되므로 진행 중인 업무도 거의 없다. 자동화는 각 기능을 만들어내기 위해 팀이 해야 할 일을 줄인다. 자동화한 테스트가 문제를 빠르게 찾아내면, 결함과 재작업이 감소한다.

배포로 돌아가보자. 변경사항을 사용자에게 너무 자주 배포하는 것은 리스크가 높고 혼란스럽게 들릴지도 모르지만 실상은 정반대다. 과거의 IT는 대규모 변경 사항을 간헐적으로 배포했는데, 배포 결과는 언제나 다른 비즈니스는 물론 IT 팀 스스로에게조차 혼란을 안겨줬다. 그러나 데브옵스에서는 모든 배포를 작은 단위로 나눠 수행하므로 실패가 거의 일어나지 않는다. 설사 배포 과정에서 실패가 발생하더라도 문제를 신속하게 발견할 수 있다. 또한 배포 프로세스를 자주 사용하게 되므로 프로세스 자체에 관련된 테스트도 잘 수행할 수 있다.

이쯤에서 눈치챘겠지만, 데브옵스는 디지털 시대가 요구하는 속도—빠른 시간, 빠른 프로세스—와 잘 맞는다. 포스그렌과 공동 저자는 다음과 같이 말했다.

> "고성과 그룹, 중성과 그룹, 저성과 그룹으로 분석한 결과는, 성과를 개선하는 것과 높은 레벨의 속도 및 안정성을 달성하는 것 사이에 어떠한 트레이드 오프도 존재하지 않음을 증명한다. 둘은 함께 움직인다. 애자일과 린 무브먼트는 이를 정확하게 예측했지만, 우리가 속해 있는 많은 업계는 여전히 빠르게 움직이는 것이 다른 성과 목표들을 활성화하고 보강하는 것이 아니라 맞바꾼다는 잘못된 가정에 머물러 있다."[8]

DORA 스터디[1]는 클러스터 분석을 사용해 IT 성과를 기준으로 기업을 코호트cohorts에 넣었다. DORA는 소프트웨어 배달 및 운영 성과Software Delivery and Operational Performance, SDO라는 구조를 사용해 처리량throughput, 안정성stability 및 시스템 가용성system availability을 함께 측정했다. 처리량은 IT 기능 배포의 빈번한 정도와 개발자가 기능에 관련된 코딩을 완료한 이후 배포될 때까지의 리드 타임을 사용해 계산했다. 안정성은 변경 실패율change failure rate과 해당 문제의 평균 수정 시간mean time to repair, MTTR을 사용해 계산했다. DORA는 SDO를 기반으로 대상 기업을 저성과 그룹low performer, 중성과 그룹middle performer, 고성과 그룹high performer, 엘리트 그룹elite performer의 4개 그룹으로 구분할 수 있었다.

DORA는 엘리트 그룹(데브옵스의 최고 프랙티스를 가장 강력하게 수행하는 그룹)을 저성과 그룹과 비교했다. 그 결과 엘리트 그룹은 저성과 그룹보다 46배 더 자주 배포하고, 코드를 완성한 시점부터 배포할 때까지의 리드 타임이 2,555배 빠르며, 다운타임에서 복구하는 시간이 2,604배 빠르고, 변경 실패율이 7분의 1밖에 되지 않는다는 것을 찾아냈다.[9]

데브옵스 프랙티스가 좋은 비즈니스 성과와 연관돼 있다는 사실은 그다지 놀랍지 않다. 우선 데브옵스 프랙티스는 많은 종류의 리스크를 줄인다. 빈번한 테스트와 그 테스트를 이용해 발견한 취약점에 빠른 조치를 취함으로써 보안 리스크를 줄인다. 폭포수 프로젝트가 가진 실질적인 리스크가 프로젝트 완료 시점까지 어떠한 결과도 전달하지 못하면서 소모되는 총 예산인 반면, 전형적인 애자일 프로젝트에서의 리스크는 개발 중인 증분

---

1 DORA는 2018년에 IT 프랙티스 및 비즈니스 성과와 관련된 1,900명의 전문가를 대상으로 설문 조사를 실시했다. 38%의 응답자가 1만 명 이상의 규모를 가진 조직에서 일했기 때문에 대기업의 현실을 잘 드러냈다고 볼 수 있다.

에 필요한 비용뿐이다. 이때 빠르고 빈번한 전달에 따른 리스크는 배포 사이의 작은 증분에 존재할 뿐이다.

데브옵스 프랙티스는 비용도 절감시킨다. 최소 제품을 빠르게 배포한 후, 기능을 점진적으로 추가하면 기업은 불필요한 기능이나 고객이 실제로 원치 않는 기능을 추가하는 데 필요한 노력을 낭비하지 않을 수 있다. 배달 프로세스를 좀 더 린하게 구성하면 비용은 더 절감된다. 데브옵스 프랙티스를 이용한 결함이 감소함에 따라 계획하지 않았던 작업도 감소한다.[10] 마지막으로 기업은 이익을 줄이지 않으면서도 배달 조직의 규모를 자유롭게 조정할 수 있다.[11]

여러분은 단순히 프로젝트 초기에 계획을 승인하는 것이 아니라 지속적인 개입과 피드백을 이용해 데브옵스 이니셔티브를 통제할 수 있다. 정기적으로 상태를 리뷰함으로써 프로젝트의 진행을 확인하는 대신, 완료된 작업을 확인하는 것이 프로젝트의 진척을 측정하는 훨씬 좋은 방법이다. 우선순위를 끊임없이 조정하고 자원을 다시 할당할 수 있다. 또한 프로젝트 마지막 단계의 몇 주 동안에만 수행하는 사용자 인수 테스팅 대신 비즈니스 결과를 보면서 작업의 품질을 평가할 수 있다. 즉, 실질적인 통제가 상상 속의 통제를 대신하는 것이다. 이를 위해서는 기술에 관련된 기대가 훨씬 높아져야 한다(그리고 기술자는 이런 방식으로 평가받는 것을 좋아하기 때문에 여러분의 기대는 충족될 것이다). 여러분은 기술자가 빠르고 빈번하게 작업을 마무리해 결과를 전달할 것이고 결과물의 품질 또한 좋을 것이라고 기대해야 한다. 또한 기술자가 리드 타임을 줄일 것이고, 비즈니스 필요와 프로세스 낭비를 줄이는 데에 더욱 민감해질 것이며, 프로세스 낭비를 줄이는 데도 좀 더 잘 반응할 것이라고 기대해야 한다. 또한 요구사항이 전달될 때까지 기다리는 것이 아니라 그들 스스로 창의력과 열정을 갖고 비즈니스 문제를 해결할 것이라고 기대해야 한다.

에릭 리스Eric Rise는『린 스타트업The Lean Startup』(인사이트, 2012)에서 성공적인 스타트업이 반복적인 접근 방식을 사용해 어떻게 스스로를 정의했는지 보여줌으로써 간결하고 린한 방식으로 제품을 전달하는 역량과 비즈니스에 미치는 영향을 설명한다. 스타트업은 고객이 매력을 느낄 것이라 생각하는 한 가지 아이디어와 제품의 비전에서 시작된다. 리스가 말했듯이, 기업은 제품의 어떤 속성이 고객에게 가치를 전해줄 것인지에 관한 하나의 가치 가설value hypothesis과 고객 가치가 어떻게 기업의 이익을 증가시키는 요인으로 바뀔 것인지에 관한 하나의 성장 가설growth hypothesis을 지닌다.[12] 기업은 시장에서 실험을 수행해 이 두 가지 가설을 테스트한다. 기업은 테스트 결과를 바탕으로 두 가지 가설을 이어나가거나 '피벗pivot'(기존의 가설을 버리고 새로운 가설을 만듦)을 선택할 수 있다. 리스는 린 스타트업 프로세스Lean Startup process를 다음과 같이 요약했다.

> "스타트업이 성공하기 위해서는 반드시 참이 돼야 하는 요소를 식별해야 한다. 이를 '비약적 가정leap-of-faith assumption'이라 한다. 비약적인 가정을 가능한 한 신속하게, 저렴한 비용을 사용해 테스트할 수 있는 실험을 설계하라. 이를 '최소 기능 제품minimum viable product, MVP'이라 한다. 과학자처럼 생각하라. 각 실험을 어떤 것이 작동하고, 작동하지 않는지 학습하기 위한 기회로 삼아라. 이를 스타트업의 검증된 학습에 관한 '진척 단위unit of progress'라고 한다. 실험을 이용해 학습하고, 이를 바탕으로 새로운 학습 루프를 시작하라. 이 반복 사이클을 구축-측정-학습 피드백 루프build-measure-learn feedback loop라고 한다. 주기적으로 전략을 변경할지, 아니면 고수할지 결정하라."[13]

스타트업의 목표는 실험으로 검증된 학습을 달성하고, 투자를 최소화하면서 학습을 최대화하는 것이다. 최소 기능 제품 또는 MVP, 즉 기업이 학습하고 전략을 조정하는 데 도움을 주는 가장 작고 저렴한 버전의 제품을 지속적으로 생산하면 목표를 쉽게 달성할 수 있다. MVP는 놀라울 정도로 단순하다. 첫 MVP는 단지 사용자에게 보여주고 피드백을 받기 위한 스크린상의 목업mockup일 수도 있다. 그 후 컨시어지 제품concierge product을 만들어낼 수도 있다. 여기서 컨시어지 제품은 오즈의 마법사에 나오는 '커튼 뒤의 남자'처럼, 실제로는 자동화될 기능이지만, 특정한 목적을 위해 수동으로 기능을 작동시키는 일시적인 서비스 제품을 말한다.

린 스타트업 접근 방식은 고객에게 제공하는 새로운 디지털 제품이나 기업 내에서 사용하는 IT 시스템을 개발하는 기존 기업에서도 활용한다. 애자일 팀은 단순히 요구사항을 구현하는 것이 아니라 'A라는 특정한 기능을 제공하면, B라는 특정한 비즈니스 결과를 얻을 것이다'와 같은 가설에 기반을 두고 업무를 수행해야 한다. 다음으로 MVP를 만들어 가설을 테스트할 수 있다. 사용자에게 무엇을 원하는지 물어보는 것보다 테스트를 이용해 얻은 아이디어가 더 좋은 결과를 거둔다. 리스는 다음과 같이 말했다.

> "고객이 무엇을 좋아하는지 알고자 한다면 고객의 행동을 이용해 실험하라. 고객에게 무엇을 원하는지 묻지 말라. 실험을 설계해 그 대답을 관찰하라. 최소 기능 제품은 기능이 얼마나 제한돼 있는지에 관계없이, 고객의 행동을 이용해 놀라운 아이디어를 얻을 수 있는 기회를 최대화하는 실제 제품이다."[14]

이제 데브옵스, 애자일, 린 스타트업이라는 퍼즐 조각을 맞춰보자. 우리는 기업이 IT를 사용하는 방법에 과거와는 전혀 다른 모델이 나타난 것을 확인했다. 좋은 투자라 여기는 대상에 기반을 두고 요구사항 문서를 작성하는 대신, 비즈니스 목표를 기준으로 그 목표를 어떻게 달성할 것인지 아이디어를 만들고, 작은 테스트를 해서 아이디어가 목표 달성을 앞당기는지,

그렇지 않다면 아이디어를 어떻게 개선할지 확인한다. IT 팀이 데브옵스 프랙티스를 사용하면 사용자에게 기능을 빠르게 전달하고, 기능의 효과를 측정할 수 있는 방법을 제공할 수 있기 때문에 작은 규모의 테스트를 수행할 수 있다.

***

과거에는 IT를 비즈니스에 맞춰야 한다고 말해왔다. 그러나 이제는 기업을 IT에 맞춰야 할지도 모른다. 기업이 데스옵스와 애자일 프랙티스를 활용해 비즈니스 이익을 얻으려면 IT 작업을 포함한 조직의 모든 프로세스를 단순화해야 한다. 투자 예측, 구매 정책, 요구사항 구체화 그리고 리스크 관리 등은 기업이 실질적으로 낭비와 리드 타임을 크게 줄이는 동시에 통제를 실질적으로 개선할 수 있는 영역이다. 이렇게 하지 않으면 데브옵스 프랙티스가 가져다주는 속도와 빠른 피드백을 희생해야 한다.

디지털 세계에서의 성공은 계획을 수립하고 준수하는 것이 아니라 속도, 유연함, 통제 그리고 린함과 같은 것이다. 새로운 IT 프랙티스가 여러분에게 이익을 가져다줄 것이다. 이 프랙티스는 새롭게 시장에 진출했거나 때로는 기존 산업을 파괴한 다른 많은 기업에게 이미 수많은 이익을 안겨줬다.

쉬어 가기

그래프

"한때 절대 법칙—신의 법칙, 자연 법칙, 도덕 법칙—이라 여겨졌던 인간 행동의 한계는 기술이 가진 생산적이고 파괴적인 능력의 맹공격으로 나가떨어졌다."

— 엠마뉴엘 세베리노, 니힐리즘의 정수Emanuele Severino, The Essence of Nihilism

"진실은 너무나 복잡하고 두려운 것이기 때문에 진리로부터 대부분의 사람이 느낄 수 없는 후천척인 맛을 느낄 수 있다."

— 마르틴 부버, 나와 너Martin Buber, I and Thou

기술은 복잡할지 모르지만 IT 법칙, 즉 특정한 기술을 활용하기 위해 사용하는 비즈니스와 프로세스에 관한 원칙들은 놀랍도록 직선적이다. 여러분이 과거에 IT 이니셔티브를 감독해보지 않았다면, 이 법칙이 너무나 직선적이라는 사실에 놀랄 것이다. 우리가 가진 직관은 자주 틀린다. 계약자-통제 모델은 IT에 관한 증거가 얘기하는 몇몇 기본 원칙을 받아들이기 어렵게 한다. 과거의 멘탈 모델은 우리로 하여금 비즈니스와 기술 모두에 내재돼 있는 불확실성과 필연성inevitability에 관한 비난(일반적으로 이를 '책임

accountability'이라 한다)을 IT에 전가하도록 한다. 다음 몇 가지 그래프가 여러분에게 도움을 줄 것이다.

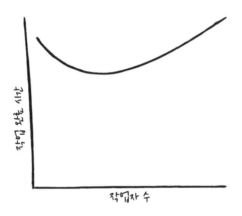

그림 1 작업자 수와 작업 완료 시간[1]

그림 1은 IT 이론에서 고전적인 그래프다. 1975년 프레드 브룩스[Fred] [Brooks]는 『The Mythical Man-Month』(Addison-Wesley, 1995)에서 프로젝트에 엔지니어를 추가한다고 해도 뒤처진 프로젝트 일정을 앞당길 수 없다고 주장했다. 프로젝트 초기에는 엔지니어를 추가함으로써 일정을 어느 정도 줄일 수 있지만, 엔지니어가 추가될수록 일정은 늘어난다. 위 그래프는 엔지니어의 수가 늘어남에 따라 엔지니어 간 상호 작용과 커뮤니케이션이 더욱 복잡해지는 사실을 시사한다. 이것이 바로 오늘날 IT를 소규모 팀에서 수행하는 이유다.

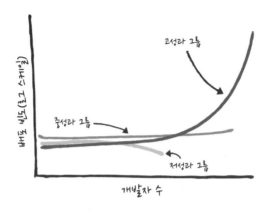

그림 2 개발자당 일일 배포 수[2]

그림 2는 『Accelerate』에 등장한 최근 그래프이며, 데브옵스를 활용했을 때 소프트웨어 개발자당 일일 배포 수—우리가 알고 있는 가장 최적화된 생산성 측정 지표—가 개발자를 추가함에 따라 증가한다는 것을 설명한다. 즉, 데브옵스—엔지니어 간 상호 작용을 단순화하는—개발자가 추가될수록 실질적으로 생산성이 향상된다는 것을 의미한다(아마도 브룩스의 법칙Brooks's Law이 더 이상 유효하지 않다는 것을 보여주는 것이리라).

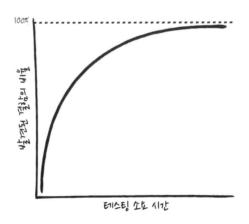

그림 3 테스팅에 따른 이익 감소

그림 3은 수작업에 따른 테스팅 공수 투입이 증가함에 따라 단위 이익이 감소한다는 것을 설명한다. 폭포수 프로젝트에서 수작업에 따른 테스팅 투입 시간이 늘어날수록 단위 시간당 찾아내는 추가 결함의 수는 점점 줄어든다. 결함은 여전히 존재할 수 있지만, 그 결함을 찾기 위해 시간을 무한히 사용할 수 없음을 인식하고, 제품을 릴리스하기 위한 최적의 시점을 결정해야 한다. 데브옵스는 이 공식을 완전히 바꿨다. 자동화된 테스트가 수분 이내에 완료되기 때문이다. 각 릴리스는 규모가 작고, 기능은 조금씩 증가하며, 변경이 하나라도 발생하면 그때마다 과거의 테스트를 포함한 모든 테스트를 실행한다.

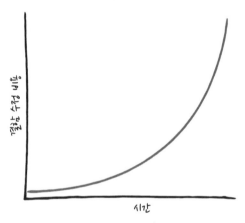

그림 4 결함 수정 비용과 결함 발견 소요 시간[3]

그림 4는 결함 발견에 소요되는 시간과 결함을 수정하는 비용 사이의 관계를 설명한다. 가로축은 결함이 유입된 이후에 흐른 시간, 세로축은 해당 결함을 고치는 데 소요되는 비용을 의미한다. 발견된 결함을 즉시 수정하지 않았을 때 발생하는 페널티는 매우 크다. 만약 사용자가 어떤 결함을 발견하기 전에 그 결함을 찾아내지 못하면, 해당 결함을 수정하는 비용은 막대하다. 데브옵스는 매우 빠른 피드백을 제공한다. 새로운 코드는 자동

화한 스크립트를 이용해 즉시 테스트되고, 다른 개발자의 코드와 병합돼 충돌을 신속하게 찾아내며, 릴리스 이후 사용하는 모니터링을 이용해 빠른 피드백을 받는다.

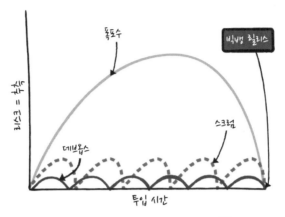

그림 5 릴리스 지연에 따른 리스크 증가[4]

그림 5는 폭포수 프로젝트, 기존 유형 애자일(스크럼) 프로젝트, 데브옵스 프로젝트에서 시간에 따른 가치 전달과 리스크 수준을 설명한다. 코드가 사용자에게 전달돼 비즈니스가 의도한 가치가 더해졌는지를 확인할 때까지 프로젝트에 투입되는 모든 비용은 리스크다. 폭포수 프로젝트에서 얻을 수 있는 결과는 '추측 쌓기speculation buildup'다. 즉, 가치가 더해질 것이라는 추측만으로 프로젝트에 비용을 계속 쏟아붓는다. 애자일과 데브옵스 이니셔티브는 가치를 확인할 수 있는 소프트웨어를 지속적으로 릴리스해 낮은 리스크 수준을 유지한다. 시간이 가진 화폐 가치를 고려할 때, 폭포수 프로젝트보다 훨씬 큰 가치를 제공한다.

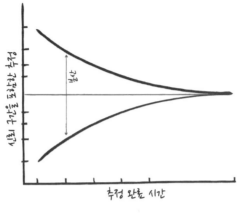

그림 6 불확실성의 뿔

그림 6은 또 다른 고전적인 그래프로, 불확실성의 뿔The Cone of Uncertainty이라 불린다. 프로젝트가 시작되기 전에 추정하게 되면, 그 추정은 필연적으로 매우 넓은 신뢰 구간을 포함해야 한다. 프로젝트가 진행됨에 따라 더 많은 정보를 확보할수록 신뢰 구간은 줄어든다. 결코 초기 추정에 의존해서는 안된다. (논리적으로) 초기 추정은 언제나 틀린다.

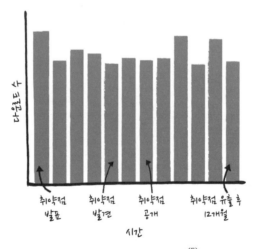

그림 7 월간 취약점 다운로드 수[5]

그림 7은 보안 관점에서 매우 중요한 점을 시사한다. 사용자는 소프트웨어의 특정 부분에 보안 취약성vulnerability이 존재한다는 것을 인지한 후에도 여전히 그 소프트웨어를 사용한다. 그래프는 오픈소스의 취약점이 명백히 알려졌는데도 비즈니스에서 지속적으로 해당 소프트웨어를 다운로드해 사용한다는 것을 보여준다. 이미 개발한 소프트웨어에 패치를 적용했다가 다른 고장이 나지 않을까 두렵기 때문이다. 데브옵스는 자동화된 테스트를 사용해 패치를 적용했을 때 발생하는 리스크가 실질적인 리스크인지를 신속하게 알려줌으로써 문제를 해결하는 데 도움을 준다. 그림 7이 말하고자 하는 바는 '간단한 조치를 통해 보안 태세를 개선할 수 있다'는 것이다.

그림 8 배달 빈도와 리스크

그림 8은 배달 빈도와 리스크 사이의 관계를 설명한다. 배포를 빈번하게 수행할수록 배포 프로세스에 익숙해진다. 배포를 작은 규모로 수행할수록 각 배포에 수반되는 리스크는 작아진다.

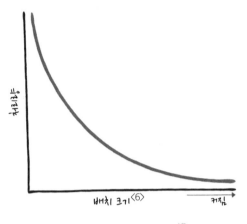

그림 9 배치 크기와 처리량[6]

그림 9는 전형적인 린 그래프로, 배치 크기가 커질수록 처리량이 급격히 줄어든다는 것을 설명한다. 요구사항을 배치 단위(창고에 보관된 후 처리 및 완료됨)로 하는 IT 이니셔티브를 생각해보자. 이 그래프는 대규모 프로젝트가 실패하는 이유 중 하나를 설명한다. 또한 진행 중 업무를 제한해야 하는 충분한 이유가 된다. 적은 수의 요구사항을 완료한 후, 다음 요구사항을 다뤄라.

작은 규모의 팀으로 일하고, 빠른 피드백 사이클을 만들고, 처리 중인 요구사항의 수를 줄이고, 보안과 관련된 조치를 개선하고, 작은 업무 단위로 자주 배포하라.

04

IT의 비즈니스 가치

"우리는 이루고자 했던 것에서 상당히 멀어진 스스로를 발견할 때마다 이미 열망할 가치가 있는 다른 대상을 찾아냈다는 것을 알게 된다."

－ 괴테, 맥심Goethe, Maxims

"어떤 것이든 바랄 수 있었다면 부와 권력이 아니라 잠재력에 관한 민감함 그리고 가능성을 보는 젊고 맑은 눈을 소망해야 했다. 기쁨은 잠시 머물다 사라지지만 가능성은 그렇지 않다."

－ 쇠렌 키르케고르, 이더/오어Søren Kierkegaard, Either/Or

1995년 스탠디시 그룹Standish Group은 혼돈 보고서Chaos report라는 이름의 보고서 하나를 발행했다. 이 보고서에 따르면, 놀랍게도 소프트웨어 개발 프로젝트 중에서 16.2%만이 제시간에 정해진 예산 내에서 프로젝트를 완료했다. 프로젝트 중 31.1%는 완료 전에 취소됐고, 나머지 52.7%는 최초 추정한 비용의 185%를 사용했다.[1] 이후, 스탠디시는 2003년부터 2012년까지 수행된 프로젝트를 대상으로 이와 동일한 연구를 수행했는데, 이 연구에서는 완전히 성공한 프로젝트의 비율이 6.4%에 그쳤다.[2] IBM의 연구는 스탠디시의 연구와 달리 다소 고무적이다. 약 41%의 소프트웨어 개발 프로젝트들이 일정, 예산 그리고 품질 목표를 달성했다.[3]

스탠디시가 발표한 결과는 IT 프랙티스 운영을 불안에 빠뜨렸다. 가장 먼저 기업은 전통적인 프로젝트 관리 원칙을 강화했다. 기업은 기존의 업무를 더 잘 수행해야만 했다. 요구사항을 문서화하고, 철저한 계획을 수립하고, 일정을 좀 더 세밀하게 추정하고, 각 프로젝트의 상황을 더욱 자주 보고하며, 프로젝트가 통제할 수 없는 상황에 이르면 가차 없이 해당 프로젝트를 취소할 준비를 해야만 했다.

반면, 이 결과를 다른 방식으로 해석한 사람이 있었다. 스탠디시가 발표한 결과는 불확실성이 존재한다는 명확한 증거이고, 프로젝트 초기에 이뤄진 추정은 신뢰할 수 없으며, 충분한 정보를 활용하기 이전에 만들어진 추정에 의존해 성공을 측정할 수 없다는 것을 주장한 것이다. 이런 관점에서 볼 때, 혼돈 보고서는 3장, '기민함과 린함'에서 소개한 그림 6을 다시 확인한 것에 지나지 않았다. 스탠디시가 수행한 연구는 중립적인 데이터에 가치를 부여하는 과정에 오류가 있었다.

그러나 '일정 준수'가 아닌 '가치 전달'이라는 관점에 중점을 두고 수행한 다른 몇 가지 연구 결과는 스탠디시의 연구 결과보다 심각한 걱정거리를 안겨줬다. KPMG의 연구에서, 응답자 중 50%는 "실제 그들의 목표를 달성하는 데 실패했다"라고 대답했다.[4] 맥킨지는 '대규모의 IT 프로젝트 중 17%가 기업의 존속을 위협할 정도로 잘못 진행됐다'라고 발표했다.[5] 또한 '대규모 IT 프로젝트가 전달하는 가치는 원래 계획됐던 가치의 56% 정도에 그친다'라고 발표하기도 했다.[6]

물론 이 결과를 해석하는 방법과 관련된 논란은 있겠지만, 또 다른 연구에서도 단서를 얻을 수 있다. 프로젝트 참여자 중 75%는 자신이 참여한 프로젝트가 성공할 것이라고 믿지 않으며,[7] 프로젝트 참여자 중 70%는 자신이 참여한 프로젝트가 처음부터 실패할 것임을 알고 있었다.[8] 즉,

참여한 프로젝트가 잘 진행되지 않으리라는 것을 알고 있었는데도 경로를 변경하지 못했다. 프로젝트 참여자는 당연히 프로젝트의 진행을 변경할 수 없다. 계획은 이미 고정돼 있기 때문이다. 따라서 프로젝트 팀은 프로젝트의 경로를 매일 조정해야 한다.

초기 IT 사상 리더 중 한 사람인 톰 드마르코^{Tom DeMarco}는 『Why Does Software Cost So Much?』(Dorset House, 1995)를 출간했다. 나와 여러분은 그가 던진 질문을 이해할 수 있다. 소프트웨어는 손에 잡히지 않는다. 어떤 의미에서 소프트웨어는 단지 컴퓨터가 해주길 원하는 행동을 기계가 이해할 수 있는 언어로 바꾼 것에 지나지 않는다. 하지만 소프트웨어를 만들기 위해서는 일반적으로 매우 많은 급여를 받는 개발자, 테스터, 데이터베이스 관리자로 구성된 팀이 필요하다. 수개월 또는 수년이 걸리기도 한다. 하지만 소프트웨어 개발은 완료되지 않으며, 항상 예상했던 것보다 많은 비용을 소모한다.

드마르코의 주장과 같이 실제로 소프트웨어를 개발하는 데 너무 많은 개발 비용이 든다고 말하고 싶을 수도 있다. 또한 스탠디시가 발표한 연구 결과를 글자 그대로 받아들여, 대부분의 IT 프로젝트가 실패할 것이며, 설령 실패하지 않는 프로젝트라 하더라도 많은 어려움을 겪을 것이라는 결론을 내려야 할 수도 있다. 하지만 우리는 수많은 비즈니스(그야말로 합리적인)가 계속 IT에 투자하고 있다는 사실을 잘 알고 있다. 여러분이 이 책을 읽고 있는 이유 역시 IT가 갖고 있는 힘이 비즈니스 성과를 주도하리라고 생각하기 때문이다. 불 보듯 뻔한 실패에 투자할 필요가 있겠는가?

IT 프로젝트가 실패한 것처럼 보이더라도 기술은 비즈니스 가치를 전달한다. 프로젝트는 고정된 범위와 일정을 가진 계획에 따라 진행되지만, IT의 가치는 고객에게 전달한 기능을 사용하면서 발생한다. 드마르코의 말처럼, 그의 질문에 반하는 대답(대답이 너무 간단하기 때문에 그가 반대할지도 모르겠다)은 '무엇과 비교해서?'[9]다. 오늘날의 소프트웨어는 비즈니스를 운영하며, 우리가 시장에서 경쟁할 수 있는 힘을 준다. 소프트웨어가 비즈니스에 주는 가치는 매우 높다.

디지털 트랜스포메이션을 이끄는 사람은 '어떻게 하면 프로젝트를 정확한 일정에 완료할 것인가?'가 아니라 'IT로 얻을 수 있는 비즈니스 가치를 어떻게 최대화할 것인가?'라고 질문해야 한다. 이 단계에서 우리는 수많은 오해와 함정에 빠진다. 4장에서는 비즈니스 가치의 정확한 의미, IT가 비즈니스 가치를 전달한다는 것의 정확한 의미 그리고 비즈니스 가치가 디지털 세계에서 어떻게 변할 수 있는지 살펴본다.

드마르코는 '정말 실패하지 않는 한, IT 비용은 실질적으로 비싸지 않다'고 냉소적으로 대답했다. 그의 말에 따르면, 이 질문은 기술 기업에게 비용을 줄이도록 최대한 압박하기 위한 것이라고 한다.[10] 나는 드마르코가 던진 질문이 기업 스스로 감당할 수 없다고 느낄 정도로 높은 비용을 통제하고자 노력했던 한 가지 방법으로 인식한다.

어떤 나라의 공예 시장에 왔다고 가정해보자. 이 시장에서는 가격 흥정을 당연하게 여기지만, 여러분은 가격 흥정에 불편함을 느낀다. 물가에 관련된 사전 지식도 없다. 시장에서 정말 구입하고 싶은 예술가의 보블헤드 인형을 발견한다. 판매자는 인형이 매우 잘 만들어졌으며, 귀한 가치를 가진 물건이니 100 나폴레옹 리브르 금화[1]를 지불하라고 한다. 여러분은 가격이 터무니없다고 생각한다. 어차피 여러분은 관광객이고, 판매자가 그 사실을 모를 리가 없지 않겠는가?

---

1 나폴레옹이 러시아 전쟁을 치르기 전 프랑스에서 프랑(franc)이 발행됐지만, 1830년대까지도 리브르를 사용했다.

그렇지만 대체 정상 가격이 얼마란 말인가? 보블헤드 인형을 이리저리 돌려보고, 얼굴을 찌푸리면서 바보가 아닌 척한다. 그리고 절반 가격인 50 리브르를 부른다. 몇 번의 실랑이 끝에 78리브르에 흥정을 마친다. 여러분은 확실하게 당했다. 하지만 여러분이 달리 할 수 있는 것이 있는가?

앞서 제럴드 그리고 그와 함께하는 기술자 그룹이 맞닥뜨린 비즈니스를 떠올려보자. 제럴드, 당신이 말한 에피메럴 래미파이어^{ephemeral ramifier}의 수정 비용이 대체 얼마나 되는가? 실제로 이런 효과가 나타났던 대화의 예를 소개한다.

CEO: 버블링 베어^{Bubbling Bear} 비즈니스 부서에서 요구사항을 받았나?

CIO: 네, 팀원에게 요구사항을 리뷰하도록 했습니다.

CEO: 얼마나 걸릴 것 같나?

CIO: 단지, 추정일 뿐입니다.

CEO: 알겠네. 그래서 얼마나 걸릴 것 같나?

CIO: 몇몇 요구사항을 간소화할 수 있다면 16개월 정도 걸릴 것으로 예상합니다.

CEO: 16개월? 그건 너무 길어. 이블 엠파이어^{Evil Empire}의 새 제품에 맞서려면 버블링 베어가 꼭 있어야 하네. 버블링 베어 없이 16개월이나 버틸 수는 없다고!

CIO: 버블링 베어가 얼마나 빨리 필요합니까?

CEO: 아무리 늦더라도 8개월 후에는 필요하네.

CIO: 그건 불가능합니다. 보로디노 다리^{The Bridge of Borodino} 기능을 구현하는 데만 6개월은 걸립니다.

CEO: 알겠네. 그러면 10개월로 하지. 하지만 더 늦어서는 안 되네! 팀원만으로 개발할 수 없다면 아웃소싱을 하게.

CIO: 만약 보로디노의 다리 기능을 좀 더 간략하게 하고, 버블링 베어 비즈니스 부서에서 3명 정도 별도로 지원을 받을 수 있다면 가능할 것 같기도 합니다.

CEO: 아주 좋네. 아주 좋아, 창의적이야! 그러면 내년 6월까지는 완료되겠군, 그렇지?

<hr>

위 대화에서 내가 CEO였는지, CIO였는지는 말하지 않겠다. 나는 이 두 가지 역할 모두를 경험해봤다. 이런 대화는 대화에 참여한 어느 누구도 비용 예측에 관한 합당한 기준을 갖고 있지 않은 경우에 이뤄진다. 이들은 가공의 우주를 배경으로 한 공상 과학 소설에 등장하는 바닷가의 모래 사장에 펼쳐진 모래알의 숫자를 놓고 갑론을박하는 것인지도 모른다.

추정이 약속commitment으로 변하는 과정을 눈여겨보라. 추정은 추정일 뿐, 협상 가능한 대상이 아니다. 그러나 위 대화에서는 실제로 협상이 벌어지고 있다. 양측 모두 암묵적으로 추정이 계획으로 이어질 것이라 기대하고 있으며, 협상을 이용해 계획을 세운다. 하지만 그렇다고 해서 추정이 줄어들지는 않는다. 추정은 프로젝트에 소요되는 시간이 얼마나 될지 CIO가 최선을 다해 고민한 결과이기 때문이다. CIO는 프로젝트에 16개월이 걸린다고 생각하지만, 10개월에 완료하겠다는 약속을 하게 된다. 이 상황에서 프로젝트가 실제 14개월 만에 완료된다면 이를 성공으로 봐야 할까, 실패로 봐야 할까? 스탠디시의 정의에 따르면, 이는 명백한 실패다.

최초의 추정이 정확한 하나의 수치로 제시됐다는 것에 주목하라. 우리가 솔직하다면 "추정은 60% 정도의 확률로 12개월에서 14개월 사이의 시간이 걸릴 것으로 보입니다"와 같이 신뢰 구간과 함께 제시해야 한다. 하지만 우리는 불확실성을 인정하고 싶지 않기 때문에 정확한 추정값 하나를 제시함으로써 불확실성을 숨긴다. 앞의 대화에서 아마도 CIO는 이 IT

프로젝트가 얼마나 걸리는지 정확하게 파악하는 것이 본인의 업무라고 생각했을 것이고, CEO는 계획 수립을 위한 정확한 추정값을 기대했을 것이다(혹시 모순인가?). 이 과정에 얼마나 많은 불확실성이 존재하는가? 수없이 많이 존재한다. 스탠디시가 제시한 IT 프로젝트 실패율이 시사하는 바가 바로 이것이다.

다른 불확실성을 살펴보자. 우선, 모든 IT 프로젝트는 서로 다르다. 참조할 수 있는 과거 데이터는 존재하지 않는다. 대부분의 기술은 여러분이 기대하는 대로 작동하지 않는다. 시스템의 한 부분과 다른 부분의 상호 작용은 우리를 놀라게 한다. 비즈니스 부문이 요구사항을 기술하는 데 얼마나 많은 주의를 기울였든, 요구사항은 완전히 바뀐다. 다시 말하면, 요구사항을 기술하는 것은 복잡하고 불확실한 시도다.

요구사항은 추상화된 상위 레벨에서 시작되고, 이후 세부사항을 파악하면서 얼마나 많은 시간이 필요한지가 명확해진다. IT 프로젝트는 추상화에서 구체화로의 여행이다. 프로젝트는 상위 레벨의 비전에서 시작하며, 비전을 구체적이고 세세하게 해석해 코드로 구현한다. 마침내 요구사항이 구체적인 형태로 바뀌면, 다시 말해 코드로 구현되고 테스트되면, 프로젝트가 얼마나 오래 걸릴지 쉽게 추정할 수 있으며, 비로소 신뢰도 100%의 추정값을 특정할 수 있다. 하지만 그 이전의 모든 순간에서는 추정값의 신뢰 구간이 넓을 수밖에 없다. 이것이 바로 3장, '기민함과 린함'의 그림 6이 담고 있는 메시지다.

━━━━━━

비즈니스 리더는 적어도 IT 지출에 관해서는 앞서 예로 든 공예 시장의 관광객과 같았다. 전통적인 보블헤드 인형의 적정한 가격을 모르는 여행객이라면 자연스럽게 다른 관광객에게 "얼마에 구입하셨나요?"라고 물어볼 것이다. 다만, '올바른' 가격이 없다는 것이 문제다. 가격은 장인, 판매자, 구매자, 매매 시점에 따라 달라진다.

몇몇 비즈니스에서는 자신의 IT 지출과 다른 회사의 IT 지출을 벤치마킹해 얼마만큼(주로 매출의 몇 % 수치로 표시함) IT 비용을 '지불해야' 할지 결정하고자 했다. 하지만 기업이 달성하고자 하는 바, 즉 기업의 전략이 무엇인지에 따라 IT 지출 규모는 크게 달라진다. IT에 관한 지출은 기업이 소속된 산업 분야, 고객의 취향 변화, 기업 공개(IPO)나 매각(acquisition) 또는 다른 출구 전략(exit) 수립 여부, CEO, CFO, CMO 및 CIO가 기술 지원이 필요한 아이디어를 얼마나 보유하고 있는지 등에 따라 달라진다.

기업의 IT 지출 비용을 벤치마킹한다고 하더라도 무엇을 비교 대상으로 선택할 것인가? 평균 지출 비율 또는 평균에 맞추는 것이 기업의 목표인가? 이와 같은 종류의 벤치마킹을 사용한다는 것은 기업이 경쟁력 확보를 위한 전략적 요소로서 IT를 고려하는 것이 아니라 비즈니스를 하기 위해 피할 수 없는 불행한 요소로 인식하고 있다는 것을 반증한다.

그러나 IT 지출이 항상 좋은 것은 아니다. IT로부터 최대한 가치를 이끌어내고자 하는 기업이라면, 좋은 투자와 그렇지 않은 투자를 구분해야만 한다. 특정한 의도를 갖고 있는 경우, 지출되는 IT 비용이 기업의 의도를 효과적으로 실현하는지 반드시 확인해야 한다.

IT 비용의 지출 목표는 원하는 대로 설정할 수 있다. 기업이 소속된 산업군의 벤치마크를 이용해 얻은 결과를 기준으로 매출 대비 일정한 비율을 지출하는 것이 적절하다면 그 숫자를 맞추는 것이 최선의 방법이다. 실제로 어떤 CIO든 IT 작업량을 줄이거나 기업 내 타 부문에 관련된 서비스 제공을 줄여 IT 예산을 15%, 25% 심지어 75%까지 삭감할 수도 있다. 하지만 비용 절감이 미치는 영향은 어떨까? 과도한 비용 절감은 IT가 기업의 니즈를 맞추지 못한다고 느끼게 할 것이다. 이는 꼭 필요한 소요를 무시하거나 기술 부채(technical debt)를 발생시킨다는 의미일 수 있으며, 이로써 기업은 미래에 의도했던 IT 목표를 달성하기 위해 더 많은 노력과 비용을 사용하게 될 수도 있다. 접근 방법 자체가 잘못됐다고 주장하는 것이 아니다. 특별히 디지털 시대에는 선택에 따른 결과를 야기한다는 의미다.

주변 충격marginal impact은 반드시 고려해야 한다. IT 지출을 100리브르 금화만큼 늘리면 다른 비즈니스 부문의 매출이 증가하거나 비용이 감소할 수도 있다. 예산과 자본 계획이 IT에 국한된 것이라 하더라도 지출은 실제로 비즈니스 전체에 영향을 미친다.

IT 지출에 관련된 새로운 프레임을 적용하고 싶다고 가정해보자. IT 비용이 낭비되고 있는가? 그렇다면 낭비 요소를 없애야 한다. 아무런 낭비도 존재하지 않는다면, 예산 삭감은 IT 자산, IT가 생성하는 기능뿐 아니라 조직 전체에 영향을 미칠 것이다(그 영향이 받아들여질 수도, 그렇지 않을 수도 있다). 또한 IT를 린하게 운영하는 상태에서 예산이 증가하면, 기업에 긍정적인 영향을 미칠 것이다.

IT의 성과는 IT가 창출해내는 비즈니스 가치의 양을 기준으로 측정해야 한다. IT 이니셔티브의 우선순위는 각 이니셔티브를 이용해 얻을 수 있는 가치 기대량에 따라 조정해야 한다. 그런데 '비즈니스 가치'가 정확하게 무엇을 의미하는가? 그 누구에게도 비즈니스 가치는 명확하지 않을 것이다. 나는 구성원이 스스로 가장 중요하다고 믿는 대상을 위한 케이스를 만들려고 할 때마다 '비즈니스 가치'에 관한 정의가 바뀌는 것을 봤다.

USCIS에서 서비스 센터 운영Service Center Operations, SCOPS 비즈니스 부문과 협업하는 팀을 관리한 적이 있다. 나는 IT 부문에서 프로젝트 리드를 지명했고, SCOPS의 관리자는 비즈니스 부문에서 프로젝트 리드를 지명했다. 지명된 두 사람은 IT 작업을 가이드할 목적으로 우선순위 리스트를 만들었다. 나는 정기적으로 리스트를 확인했고, 리스트에 제시된 각 비즈니스

케이스가 적합하다는 것을 확신했다.

시니어 리더십 미팅에 참석했던 어느 날, 미팅에서 I-90(녹색 카드 갱신과 교체를 위한 애플리케이션) 처리와 관련된 백로그 backlog가 늘어나고 있다는 우려 섞인 의견이 나왔다. I-90을 처리하는 기관에게는 큰 골칫거리였으며, 실제 SCOPS의 관리자가 가장 걱정하는 문제라는 것이 밝혀졌다. 나는 이 문제를 해결하기 위해서는 IT가 할 수 있는 일이 매우 많다는 것을 알고 있었다. 그러나 두 리드에게 의견을 물어봤을 때 이들은 현재 이와 관련된 대응책은 없다고 말하면서 "우리는 가장 중요한 비즈니스 가치를 만드는 일을 하고 있는데, I-90 처리 방식을 개선하는 것은 가치 있는 일에 해당하지 않습니다"라고 대답했다.

실제 비즈니스를 처리하는 기관에서 가장 우선순위가 높은 일은 아무것도 하지 않으면서 어떻게 그들은 가장 높은 비즈니스 가치를 만들어내도록 업무 우선순위를 조정할 수 있다는 것일까?

진 W. 로스 Jeanne W. Ross와 피터 웨일 Peter Weill은 『IT 거버넌스 IT Governance』(인터워크솔루션즈, 2006)에서 비즈니스 가치를 측정하는 방법에 관련된 의문을 제기했다.

> 기업은 IT와 관련된 이니셔티브 가치를 이해하기 위해 고군분투해왔다. 전통적인 현금 흐름 분석 방법으로는 IT를 입증할 수 없기 때문이다. 점진적인 프로세스 개선은 물론, 경쟁과 관련된 압박에 대응하는 역량에서도 가치가 발생했다. 그리고 새로운 기능이나 추가 정보에 얼마나 가치가 있는지를 사전에 결정하기는 매우 어려웠다.[11]

IT 우선순위에 관한 논의에서는 언제나 결정의 근거로 기대 수익률 Return On Investment, ROI 또는 내부 수익률 Internal Rate of Return, IRR을 참조했다. ROI는 자본 투자 결정을 내리는 방법(또는 최소한 투자 옵션)을 비교하는 목적으로 자주 사용한다. 그러나 그 의미를 정의할 때 생기는 모호함을 포함해,

ROI를 사용하는 데는 여러 가지 문제가 있다. ROI는 수익을 투자 비용으로 나눠 계산하는 값이다. 그런데 이 계산식에서 사용한 '수익'은 과연 무엇일까? 일반적으로 수익은 점진적으로 증가하는 이익이다. 하지만 이익은 회계에서 사용하는 개념일 뿐, 경제적 대상이 아니다. 이익은 재고 평가 방법과 자산의 감가상각 방법에 따라 달라진다. 또한 얼마나 오랫동안의 이익을 포함해야 하는가? 미래에 발생할 이익에 할인을 적용해야 하는가?

한 제품 또는 한 시스템을 유지보수하는 활동 흐름에 포함된 각 기능에 관련된 결정을 내리는 상황에서 ROI를 평가하기는 매우 어렵다. 사용자가 데이터의 테이블을 정렬하는 경우, 컬럼과 관계없이 모든 컬럼을 사용해 정렬하는 기능을 제공하면 이익이 얼마나 증가할까? 이론적으로는 이익을 측정할 수 있지만,[2] 지금은 낮은 비용으로 신속하게 IT 기능을 전달할 수 있기 때문에 과거와 같은 정도로 오랜 시간을 사용하는 것을 정당화하기는 더욱 어려워졌다.

투자를 결정하는 시점에서, ROI는 단지 예상할 수 있을 뿐 실제로는 알 수 없다는 것을 인정해야겠다. IT가 비용을 감소시키는 확실한 방법 중 하나라면, 수익을 명확하게 예상할 수 있다. 하지만 기술이 기업의 경쟁, 수익 창출, 법규 준수, 고객 서비스의 근간이 되는 불확실한 디지털 세상에서는 수익을 예상하기 어렵다. 제품의 변화 중 어떤 것이 해당 제품의 소비를 증가시키는지 찾아낼 목적으로 도입한 분석 플랫폼 소프트웨어로 얻는 수익을 측정할 수 있는가? 또는 경쟁 기업이 쉽게 복제할 수 있는 제품의 수익을 예상할 수 있는가?

---

2 더글라스 휴바드(Douglas Hubbard)의 『How to Measure Anything』(Wiley, 2014)을 보라. 많은 사람이 그의 책에 감명을 받았지만 머지않아 모든 것을 측정할 만한 시간도, 에너지도 갖고 있지 않다는 것을 시인했으리라 생각한다.

비즈니스 케이스가 성립되지 않는다는 말이 아니다. 다만 추정은 준비에 많은 비용이 들고, 정확도가 매우 낮으며, 분산 또한 크기 때문에 추정에 기반을 두고 결정을 내리면 올바르지 않은 결과로 이어질 수 있음을 말하는 것이다. 기업은 최선의 자본 투자 결정을 내려야 한다. 나는 여러분에게 정확도가 낮은 추정에 의존하는 것보다 더 나은 방법을 소개할 것이다. IT는 우리가 이제까지 알고 있던 자본 투자가 지닌 전형적인 특성을 거의 갖고 있지 않다.

애자일 관련 서적을 집필한 몇몇 저자는 지연 비용을 사용해 기능의 우선순위를 조정하는 방법을 제시했다. 이들은 제안된 모든 기능에 해당 기능을 제공하지 않음에 따라 기업이 입을 손실(수익 손실 또는 회피 불가 비용)을 계산하라고 말한다. 기민함을 얻기 위한 방법으로는 나쁘지 않지만, 안타깝게도 이 또한 매우 불확실한 예상에 의존한 것이기 때문에 비용 추정에 있어서도 이전과 마찬가지로 명확성이 낮다.

정보 보안 이니셔티브에서의 지연 비용은 무엇인가? 말라리아를 예방하는 데 도움을 줄 기능을 제공함에 따라 발생하는 지연 비용과 운영 비용을 절감하는 데 도움을 줄 기능에 따른 지연 비용을 어떻게 비교할 것인가?

또한 기업은 반드시 점진적인 이익에 가치를 둘 필요가 없다는 것을 기억하라. 물론, (주식 시장에 상장된) 공개 기업이라면, 이익 창출이 목표일 것이다. 미국 내 2,700개의 비즈니스 중 0.02%인 5,000개 기업만이 공개 기업이다.[12] 좀 더 타당한 기준에 따라, 두 명 이상의 인원으로 구성된 600만 개 기업을 기준으로 보면 0.08%만이 공개 기업에 해당한다.[13]

나머지 비즈니스는 무엇인가? 글로벌 GDP의 70~90%, 글로벌 500 기업의 3분의 1은 가족 기업이다.[14] 뉴욕대학교 스턴 비즈니스 스쿨NYU Stern School of Business 벨렌 빌라로가Belén Villalonga 부교수는 "전 세계 대부분의 기업은 창업자 또는 창업 가구가 통제한다. 개인 기업은 물론이고 유럽과 미국의 공개 기업 중 절반 이상, 아시아 기업 중 3분의 2가 이와 같은 통제하에 있다."라고 말했다.[15] 모든 기업 비즈니스 가치는 기업의 소유주가 결정하는데, 이 가치가 이익과 직접적인 관계가 없는 경우도 있다. 간단히 말해 비즈니스 가치는 '비즈니스가 무엇에 가치를 두는가?'다.[3]

매년 벤처 캐피털리스트venture capitalist, VC들에게 자금 지원을 받는 3,500개의 기업은 어떠한가?[16] 개인 주식 투자자 또한 기업의 소유주만큼이나 우선순위를 갖고 있다. 시리즈 A 투자자가 보는 가장 가치 있는 결과란, 기업이 높은 밸류에이션을 얻어 시리즈 B에서 받을 수 있는 투자금의 규모를 키우는 것이다. 하지만 이는 종종 이익에 의존하지 않는 경우도 많다. 벤처 캐피털리스트가 생각하는 이익은 그들이 자본 사이클에서 어디에 위치하고 있는지에 따라 달라질 수 있다.

미국에는 150만 개의 비영리 기업이 있는데, 이들이 GDP의 5%를 차지한다.[17] 비영리 기업이 추구하는 비즈니스 가치는 무엇일까? 정부 기관은 어떠한가? DHS의 비즈니스 가치는 미국에서의 테러 사건을 회피하는 것과 관련돼 있을 수도 있다. 이 경우 ROI는 어떻게 계산할 것인가? ROI를 계산할 수 있다 하더라도 10명의 인명을 구하기 위해 1억 달러를 사용하는 것의 가치 판단은 어떻게 내려야 하는가?

비즈니스 가치를 측정할 수 있는 단일 통화currency가 없다는 것, 적어도 IT와 관련된 투자의 우선순위나 자금 조성을 결정하는 데 도움이 될 만한 통화가 없다는 점이 중요하다. 만약 이런 통화가 있다면(ROI라고 해도 좋다), 제안된 투자를 모두 해당 통화로 바꿔 비교할 수 있을 것이다. 하지만 방화벽(네트워크를 보호하는 장비의 하나)과 같은 보안 장치에 관련된 투자와 말

---

3 긴 얘기다. 나는 이 얘기에서 큰 교훈을 얻었다. 기업 소유주에게 그들이 좋아하지만 손실을 입고 있는 사업 부문을 없애라고 얘기하지 말라. 여러분은 이미 이와 관련된 설명을 들었다.

라리아에서 10명의 생명을 구하는 투자를 단일 기준으로 비교할 수 있는
고정적인 방법은 존재하지 않는다.

방화벽에 관한 투자를 좀 더 자세히 살펴보자. ROI를 평가하려면 다음 사
항을 가정해야 한다.

- 해커가 공격할 확률
- 방화벽이 해커의 공격을 막아낼 가능성
- 장애로 손상될 수 있는 데이터 또는 시스템 가용성이 지닌 가치
- 이미 존재하는 다른 보안 기술이 해당 공격을 막아내지 못할 가능성
- 아직은 시스템에 존재하지 않지만, 향후 추가될 데이터의 가치
- 특정 데이터가 손상됐을 경우, 기업이 감당해야 할 비용
- 기타

방화벽과 같은 기술적인 IT 투자의 ROI를 계산하기는 매우 어렵다. 왜
냐하면 IT는 매우 다양한 비즈니스 영역에 영향을 미치고, 불확실성에 매
우 큰 영향을 받기 때문이다. 조직이 종종 그러한 투자를 비즈니스의 필요
가 아니라 IT의 필요에 따른 것으로 간주하기 때문에 상황은 더 나빠진다
(알다시피 IT는 비즈니스가 아니다).

흥미롭게도 ROI는 실제로 기민함의 가치를 반영하지 않는다. 초기 투
자의 일부로 기능의 첫 번째 단면을 만들었다면, 향후에 가치가 있으리라
생각하는 미래의 단면에 투자할 것인지 선택할 수 있다(하지만 요구사항은 아
니다). 즉, 아직 만들어지지 않는 단면이라는 옵션을 구매하는 것이다.

또한 IT 기능을 개발할 때는 종종 잠재 가치, 다시 말해 미래에 거둘 수
있는 잠재적 가치를 만들 수 있다. 지금 당장 처리할 계획이 없더라도 다
른 것을 가능케 하는 기능을 만드는 것 또한 옵션을 구매하는 것이다. 만

들어진 기능을 미래에 어떻게 사용하게 될지 모른다 하더라도 유연하고 재사용할 수 있는 기술을 만들거나 도입하는 것은 기민함, 즉 옵션을 구매하는 것이다. 시스템을 기민하게 설계하고, 쉽고 빠르게 변경할 수 있도록 한다면, 이 또한 미래의 비용을 줄일 수 있는 옵션을 구매하는 것이다. 드르네비치Drnevich와 크로슨Croson은 IT 옵션의 경제를 다음과 같이 설명했다.

"진정한 옵션은 불확실성 아래에서 IT 투자를 위한 평가에 가장 직접적으로 사용할 수 있는 전략적 개념일 것이다. 회계에서의 콜 옵션call option4과 같이, 진정한 옵션은 기업에 임대할 목적으로 생성한 자원(예를 들면, 새로운 기술 등)을 획득할 수 있는 능력을 제공한다. 특정 기술이 가치를 창출해낼 수 있는 잠재력을 확인하기 전에, 해당 기술에 전념할 필요 없이 그 자원이 가치를 갖게 될 경우, 해당 자원을 임대할 수 있다. 또한 풋 옵션put option5과 마찬가지로 진정한 옵션은 기업으로 하여금 이익이 되지 않는 활동을 중단하고, 기술 투자 손실을 중지하거나 과거 기술 자원에 투자한 자금(자원의 현재 시장 가치가 과거 가치보다 낮아졌더라도)을 회수할 수 있는 능력을 제공한다. 이 두 가지 옵션은 기업이 시장 진입, 포지셔닝 또는 가치 체인 설정과 같은 전략적 결정을 내려야 할 때 미래 예측에 관한 기업의 불완전한 능력을 보전한다."[18]

또 한 가지 식별하기 어렵고 손에 잡히지 않는 가치 원천은 바로 '정보'다. 애자일 팀은 의도적으로 학습을 최대화하기 위한 구조를 만들려고 한다. 린 스타트업 접근 방법에서는 가설을 분명하게 수립하고, 테스트한다. 학습이 진행됨에 따라 원하는 것을 효과적인 비용으로 제공할 수 있는 능력이 개선되며, 이 과정에서 만들어진 프로세스가 리스크를 줄인다. 전통

---

4   기초 자산을 정해진 기간 내(또는 정해진 일시)에 일정한 행사 가격으로 '매수'할 수 있는 권리를 의미한다(출처: 한경 경제용어사전). – 옮긴이

5   콜 옵션의 반대 개념으로, 시장 가격에 관계없이 특정 상품을 특정 시점, 특정 가격에 '매도'할 수 있는 권리를 의미한다(출처: 한경 경제용어사전). – 옮긴이

적인 폭포수 세상에서는 학습 계획이 변경되지 않기 때문에 이런 가치가 무시됐지만, 오늘날에는 정보에 포함된 가치가 필수적이다.

분석 시스템이나 비즈니스 인텔리전스business intelligence, BI 시스템 또는 데이터 웨어하우스data warehouse나 데이터 레이크data lake에 관한 투자를 고려할 때에는 매우 부정확한 ROI를 계산하는 데 불필요한 힘을 쏟지 말고, 정보를 갖게 됨으로써 얻을 수 있는 가치와 옵션을 조합하는 관점에서 수익을 고려하는 것이 좀 더 나을 것이다.

기술 부채를 줄이기 위한 목적으로 IT 시스템 내부를 개선하기 위한 리소스를 사용한다면 어떠하겠는가?(5장, '대차대조표 밖의 자산' 참조) 이는 미래의 개발 비용을 줄이는 가치로 간주할 수 있을 것이다. 그러나 미래에 무엇을 개발할지 모르기 때문에 이 가치를 모델링하기는 어렵다. 그 대신 이를 옵션으로 만들거나(향후 우리를 더 기민하게 만들어줄 수 있는), 리스크를 줄이는 (시스템에 어떠한 변경이 가해졌을 때, 시스템을 망가뜨릴 가능성을 줄이는) 어떤 것으로 간주할 수도 있다. 법규 준수의 통제가 가진 가치는 어떠한가? 일부 가치는 리스크 완화의 형태, 다른 일부 가치는 전체적인 수익을 증가시키거나 비용을 절감할 수 있는 규제 준수 프로그램에 관한 지출로 간주할 수도 있다.

이와 같은 대체 가치의 개념을 관통하는 하나의 주제는 바로 '불확실한 환경일수록 가치가 더 높아진다'는 것이다. 하나의 옵션이 제공하는 가치는 불확실성과 함께 높아진다. 리스크 완화를 위한 투자 가치(보안 관련 투자를 포함해서)는 불확실성과 함께 높아진다. 정보 가치는 불확실한 상황에서 더욱 높다. 수익에 기반을 둔 ROI 관점의 접근 방식은 디지털 시대, 즉 불확실성이 지배하는 시대가 도래에 따라 점차 적용하기 어려워진다.

IT를 주문받는 존재(결과적으로 제안된 프로젝트의 가치를 비교하는)로 바라보는 순간, 이와 같은 문제가 발생한다. 하지만 비즈니스 가치를 논의하는 프레임을 다르게 바라볼 수도 있다. 기업 관점의 목표는 시니어 리더십이 수립하고, IT는 다른 비즈니스 리더와 협업해 수립한 기업 관점의 목표를 세세한 이니셔티브로 바꿀 수 있다. 이미 기업 관점의 목표에 기반을 뒀기 때문에 이 과정에서 비즈니스 케이스를 합리화하거나 정당화할 필요가 없어진다.

다른 유형의 투자를 단일 통화 가치로 나타낼 수 없다는 점을 고려할 때, 이런 방법으로 목표를 계단식으로 연결하는 것이 비즈니스 가치를 해석하는 유일하고도 실질적인 방법일 수 있다. 시니어 리더십 팀은 전략 수립 프로세스를 이용해 기업의 궁극적인 목표(주주 가치 향상 또는 말라리아 치료 등)를 일련의 구체적인 목표로 변환한다. 이 목표는 기업이 추구할 비즈니스 가치 정의, 즉 비즈니스 운영에 있어 가치를 지닌 것이 되며, 하위 관점의 우선순위를 결정하는 데 활용된다.[6] 이처럼 목표를 계단식으로 연결하면 기업은 다른 비즈니스 부문과 마찬가지로 IT가 비즈니스 결과에 관한 책임을 지도록 할 수 있다.

앞선 SCOPS 예시에는 비즈니스 목표가 빠져 있었다. 고려 대상이 된 프로젝트는 모두 소프트웨어 사용자가 만들었다. 시니어 리더십의 목표를 넘어서는 프로젝트는 없었다. 그런데도 각 프로젝트는 '비즈니스 가치'로 표현되는 비즈니스 케이스를 포함하고 있었다. 해당 프로젝트를 제안했던 구성원이 사용하는 비용을 줄이거나 시간을 낭비하는 활동을 제거했을 수도 있다. 각 프로젝트는 합리적인 것처럼 보인다. 그러나 활용할 수 있는

---

6 『The Art of Business Value』를 참조하라. 이 케이스를 좀 더 자세히 설명했다.

모든 IT 역량이 이런 프로젝트에 사용된다면, 기업은 정말 중요한 것을 이루지 못할 것이다.

IT 투자가 운영 능력만을 만들어내지는 않는다. 디지털 트랜스포메이션에 착수할 때는 IT 투자가 가진 전략적 이점도 고려해야 한다. 투자에 따른 즉각적인 현금 흐름 증가만을 고려한다면 이렇게 하기는 매우 어려울 것이다. 새로운 기회를 창출하기 위한 IT 투자의 경우에는 자금 조달이 어려울 수 있다. 기존 비즈니스 부문이 이익을 증가시켰던 것과 같은 좋은 형태의 비즈니스 케이스를 지니고 있지 않기 때문이다.[19] 클레이톤 크리스텐슨 Clayton Christensen은 『혁신 기업의 딜레마The Innovator's Dilemma』(세종서적, 2009)에서 투자 가치를 산정할 때 전통적인 베스트 프랙티스 중심의 접근 방법이 여러 선도 기업으로 하여금 새로운 분야의 시장을 놓치게 함으로써 결과적으로 그들이 몰락하게 했다는 것을 보여줬다.[20]

드르네비치와 크로슨은 "IT가 서로 다른 전략의 트레이드 오프를 바꾸면 가치를 더할 수 있다"라고 말한다.

> "IT와 이를 보완하는(디지털하게 연결된) 조직 역량에 관련된 투자는 기업이 추구하는 비즈니스 수준에서의 전략적 제안과 가치 창출을 근본적으로 대체한다."[21]

드르네비치와 크로슨은 IT가 대차대조표에 자산으로서 기여하는 것은 물론, (때로는) 다른 역량을 활성화하는 데도 기여한다고 말한다. IT는 기업 내의 다른 고유한 역량과 조합해야 실질적으로 활용할 수 있다.[22] 결과적으로 다른 기업이 그 역량을 모방하기 어렵게 되므로 기업은 경쟁 우위를 확보하게 된다.

IT는 궁극적으로 전략적 가치, 다시 말해 기회에 신속하게 대응하고, 혁신적인 대응을 시도하며, 비즈니스 활동을 재구성할 수 있는 유연함을 제공한다.[23] 디지털 트랜스포메이션 과정에서는 이와 같은 IT를 전략적으로 활용하는 데 집중해야 한다.

2부

사실

쉬어 가기

겸손과 자만

"시저가 자신의 방 주전자를 관리하라고 누군가를 지명했을 때, 어떻게 사람이 갑자기 현명해질 수 있는가?"

— 에픽테토스, 담화론

"나는 많은 아이디어를 갖고 있다. 나보다 더 날카로운 이들이 언젠가 이 아이디어를 파고든다면 그때는 더 쓸모가 있을 것이다."

— 고트프리트 빌헬름 라이프니츠, 편지Gottfried Wilhelm Leibniz, Letters

나는 관리자로서 혁신에 저항하는 행동이 무엇인지 배웠다. 구성원이 새로운 아이디어를 갖고 오면 관리자는 어떤 말을 할까? "나는 당신이 어떻게 행동하는지 알고 있어", "음. 이런 점은 고려해봤나?", "저런 점도 고려해봤나?", "제럴드와 얘기를 나눠봤나?", "이게 잘 작동할지 어떻게 알지?"라고 말한다.

　나는 종종 잘못될 가능성을 가진 사항을 지적하기도 한다. 새로운 아이디어에는 높은 리스크가 뒤따르기 때문에 최선을 다해 기업을 보호해야 한다. 나만 이런 행동을 하지는 않을 것이다. 이런 상황에서 새로운 아이디어를 가진 구성원은 즉시 방어 자세를 취한다. 구성원에게 혁신을 하라고 격려하면서, 실제로는 혁신하려는 구성원을 방해한다.

내가 잘못할 때도 있다. 그렇다고 해서 그것을 나쁘게 생각하지 않는다. 『모비 딕Moby Dick』의 초기 리뷰어 중 한 사람은 허먼 멜빌Herman Melville에게 고래가 나오지 않는 편이 낫겠다고 제안하지 않았던가?[1] 월트 디즈니는 '상상력이 부족하다, 좋은 아이디어가 없다'라는 이유로 캔자스 시티 스타Kansas City Star에서 해고됐고, 아인슈타인은 취리히 공과 대학Zurich Polytechnic School 입학을 거부당했다.[2] 요기 베라Yogi Berra[1]가 지적했듯이 미래를 예측하기는 어렵다.

———

혁신을 다루는 좋은 방법을 한 가지 소개한다. 오늘날에는 빠르고, 저렴하고, 낮은 리스크로 아이디어를 실행해볼 수 있으므로 아이디어가 있는 구성원을 독려할 수 있다. 일이 잘못될 가능성을 생각하기보다 그 구성원과 협업함으로써 아이디어가 잘 작동하는지 판단할 수 있는 정보를 획득할 수 있도록 가능한 한 작은 실험을 설계한다. 그 구성원이 수집한 데이터를 해석하고, 아이디어가 의도한 대로 잘 작동하는지 결정하고, 아이디어에 변경이 필요한지, 아이디어를 버려야 하는지 판단하는 데 도움을 줄 수 있다. 우리는 함께 아이디어를 계속 추진해 나갈 가치가 있는지 판단한다.

내가 구성원보다 옳거나 더 많이 아는 것이 전부가 아니다. 구성원이 데이터에 기반을 두고 새로운 아이디어를 평가하고, 직관력과 판단력 그리고 시장에 필요한 기술을 개발하는 데 도움을 주는 것이다. 원하는 것은 무엇이든 할 수 있도록 무조건 돕는 것과는 다르다. 데이터, 가설과 검증에

---

1 야구 선수이자 코치. 독특한 조언으로 유명하다. 요기 베라의 보블헤드 인형 컬렉션은 이베이(eBay)에서 구매할 수 있다.

기반을 두고 올바른 의사결정을 내리는 책임감을 기르도록 하는 것, 구성원 스스로 리스크를 관리하는 방법을 가르치는 것이 내가 할 일이다.

내가 알고 있다고 생각한 것에 기반을 두고 결정을 내리는 것보다 아이디어를 검증하는 것이 좀 더 나은 결과를 거둘 수 있다는 사실을 겸손하게 받아들여야만 이렇게 행동할 수 있다.

요구사항을 작성하는 것은 거만한 행동이다. 요구사항은 비즈니스 요구에서 시작된다. 복잡함과 불확실성이 가득한 환경에서 요구사항을 작성하는 방법을 정확히 알고 있다고 생각하는 것 자체가 자만이다. 고객이 필요로 하는 기능이 무엇인지 결정할 수 있을 만큼 고객을 잘 알고 있다고 생각하는 것이야말로 오만이다. 비즈니스 목표를 명세로 바꾸고, 그 명세에 따라 구현된 기능을 사용함으로써 최초에 세웠던 비즈니스 목표를 정확하게 만족시킬 수 있다고 주장하는 것은 매우 위험하다. 비즈니스 조직에서 동료에게 명령(요구사항이란 명령 아닌가?)을 내리는 것은 주제 넘은 일이다.

IT의 컨텍스트에서 볼 때, 우린 지난 수십년 동안 이런 일을 해왔다. 좋은 예는 매우 빠르게 움직이는 소비재consumer goods에서 찾아볼 수 있다.

어떤 제품 관리자가 있다. 그는 칫솔의 미묘한 변화에 관한 오랜 경험을 갖고 있으며, 그 경험 덕분에 칫솔의 강모bristle 한두 개만으로도 시장의 변화를 예측할 수 있다. 하지만 스크린에 '메모' 필드를 추가한다고 해서 콜 센터 담당자에게 고객 서비스를 개선하는 데 필요한 정보를 제공하고, 결과적으로 비즈니스를 반복적으로 성장시킬 수 있을까? 그러나 이런 요구사항은 문서에 포함된다.

요구사항은 위험하다. 한 가지 목적을 하나의 요구사항으로 바꿀 때마다 요구사항이 실질적인 목표를 만족시키지 못할 리스크가 추가된다. 요구사항이 완벽히 구현됐더라도 리스크는 사라지지 않는다. 그 리스크는 얼마나 큰가? 요구사항이 존재하는 환경의 불확실성과 요구사항을 둘러싼 (또는 목표를 요구사항으로 바꾸는) 프로세스의 복잡성 정도에 따라 위험이 달라지는 것은 더 이상 놀랍지 않다. 디지털 세계에서 자만심 때문에 치르게 될 대가는 매우 크다.

머릿속으로 한 가지 실험을 해보자. 내 손에 한 벌^{deck}의 카드가 있다. 각 카드에는 그림이 하나씩 그려져 있다. 나는 여러분에게 "카드의 3분의 2에는 나폴레옹, 나머지 3분의 1에는 보로디오에서 나폴레옹과 싸웠던 쿠투조프가 그려져 있다"라고 말한다. 여러분은 내가 카드를 한 장씩 뒤집기 전에 카드에 어느 인물이 그려져 있는지 맞추면 된다. 정답을 맞출 때마다 여러분은 1리브르 금화를 얻는다. 여러분은 어떤 전략을 펼치겠는가?

아마도 여러분은 3분의 2가량의 확률로 나폴레옹이라 대답하는 전략을 세울 것이다. 적어도 스스로 특별한 통찰력을 갖고 있으며, 나폴레옹이 그려져 있는 카드가 어떤 것인지 알 수 있다고 믿는 오만한 플레이어라면 이 전략을 선택할 것이다. 하지만 틀렸다. 불확실성이 있다는 것을 시인하고, 항상 나폴레옹이라 답하는 것이 올바른 전략이다. 후자의 전략으로 얻을 수 있는 수익은 66리브르 금화다. 반면, '현명한' 전략—3분의 2는 나폴레옹, 3분의 1은 쿠투조프라고 대답하는 전략—으로 얻을 수 있는 수익은 55리브르 금화에 지나지 않는다. 모른다는 사실을 시인하는 전략이 더 나은 결과를 낳는다.

후자의 전략을 선택하기는 매우 어려울 것이다. 여러분이 관리자나 시니어 리더라면 더더욱 그렇다. 관리자나 리더는 그들이 가진 특별한 통찰력을 바탕으로 최선의 결과를 만들어낼 수 있는 '올바른' 결정을 한다는 이유로 많은 돈을 받기 때문이다. 신뢰는 중요하다. 우리는 확신에 차서 무모한 추측을 수행하도록 배워왔다. 많은 조직 문화가 주저하거나 생각을 바꾸는 리더를 용납하지 않기 때문에[3] 이런 선택을 하기는 쉽지 않다. 에릭 리스는 다음과 같이 말했다.

> "리더가 최고의 전문가라는 아이디어는 불식시키기 어려운 가정 중 하나다. 리더는 계획을 수립하고, 실무자는 수립된 계획을 실행한다. 리더는 불확실성이 존재하는 곳에서 확정적인 답변을 제시한다. 실무자 중 한 명이라도 명령을 전달하는 도중에 실패하면, 리더는 그 부하에게 적절한 처벌을 내린다—계획을 실행하는 데 실패했다는 것은 무능함을 의미하기 때문이다."[4]

불확실한 환경에서 내려진 리더의 결정이 좋은 결과로 이어지면, 우리는 리더의 통찰력을 찬양한다. 모든 징후가 행동을 바꿀 것을 알리는 경우에도 그 리더는 한발 더 나아가 이성적이라면 절대로 선택하지 않을 선택지를 과감하게 고른다. 지나고 보면, 그들의 결정은 예견된 것처럼 보이며 결과 또한 필연적이라 느껴진다.

하지만 실제로 불확실한 조건으로 가득한 상황이라면 이런 결정자가 롤 모델이 돼서는 안 된다. 리더가 나폴레옹 대신 쿠투조프를 잘못 선택한다 해도 여전히 그가 천재라고 받아들여질 3분의 1의 기회가 존재한다. 기상 캐스터가 내일 비가 내릴 확률이 90%라고 장담하더라도 비가 내리지 않을 10%의 확률은 여전히 존재한다. 만약 비가 내리지 않았다면, 그날 우산을 집에 두고 온 사람을 천재라고 부르겠는가?

요구사항이라 불리는 대상은 단지 가설일 뿐이다(솔직해지자). 제품 관리자가 고객이 분명히 좋아할 만한 기능을 꿈꾸고 있다면, 이 역시 하나의 가설에 지나지 않는다. 누군가 기업의 구성원이 사용해야 할 IT 기능을 만들어야 한다고 결정했다면, 그는 개발된 IT 기능이 가치 있을 것이며, 특히 자신이 원하는 비즈니스 성과를 낼 것이라는 가설을 세우고 있는 것이다.

모든 가설은 틀릴 수 있고, 가설이 틀렸다는 증거를 기꺼이 받아들이는 겸손함을 가져야 한다. 오만은 처음의 가설이 맞다는 증거만을 인정하고 다른 증거는 무시해버리는 확증 편향을 낳는다.

가설을 확인하지 않은 상태에서 많은 리브르 금화를 투자하면, 투자금을 잃어버릴 리스크가 발생한다. 프로젝트 종료 시점에 개발된 IT 시스템 전체를 한차례에 전달하는 폭포수 모델에서는 이와 같은 큰 리스크를 감수해야 했다. 이제는 애자일 프랙티스를 활용해 부분적인 기능을 신속하게 전달할 수 있고, 한 가설에 너무 깊이 매몰되기 전에 그 가설을 검증할 수 있다. 그리고 학습 결과에 따라 가설을 바꾸거나, 버리거나, 그 가설에 더욱 헌신할 수 있다.

아이작 뉴턴Isaac Newton과 알버트 아인슈타인의 보블헤드 인형 중 어떤 제품이 시장에서 더 인기가 있을지 확신할 수 없다면, 두 제품을 구글Google 광고에 실어 실제로 얼마나 많은 사람이 클릭하는지 확인해볼 수 있다. A/B 테스팅은 일반적인 마케팅 기술로, 오늘날 사용자 인터페이스user interface, UI 디자인에서도 널리 사용된다. 사용자가 클릭할 버튼을 초록색으로 할지, 파란색으로 할지 확신할 수 없는 경우에도 어떤 버튼이 실제로 더 많이 클릭되는지 테스트할 수 있다.

이런 테스팅은 실험자들에게 놀랄 만한 여지를 남겨둔다. 내가 오만하다면 버튼을 초록색으로 만들라고 '요구'할 것이고, 겸손하다면 두 가지 색상을 모두 테스트해볼 것이다.

USCIS에서 진행했던 트랜스포메이션 프로젝트에서는 종이로 이뤄지던 모든 업무를 없애고자 했다. 즉, 신청자가 전자 신청서를 제출하고 심사관들 또한 전자 신청서를 검토하도록 함으로써 이민자 혜택 신청의 판단 속도

를 향상시키고자 했다. 시스템 설계자는 전체 프로세스가 가능한 한 신속하게 진행될 수 있도록 사용자 인터페이스를 만드는 데 고심했다. 오랜 기간의 설계와 구현을 거쳐, 프로젝트의 첫 번째 부분을 릴리스한 후에야 이민자 혜택 신청 소요 시간이 기존 15분(종이를 사용했을 때)에서 1시간 15분으로 늘어났다는 사실을 알게 됐다. 애플리케이션은 이미 만들어졌고, 계획을 바꾸기에는 너무 늦었다. 사용자들은 우리를 놀라게 했다.

IT 세계에서는 항상 이런 일이 발생한다. 우리가 보기에 괜찮을 듯한 화면을 설계하기 전에 몇 가지 목업을 만들어 심사관들이 사용하는 모습을 관찰할 수 있었다. 그 결과 우리가 세웠던 가장 기본적인 가설 중에서 몇몇 가설에 오류가 있었다는 것을 발견할 수 있다. 예를 들어, 심사관은 중요한 페이지에 스티키 노트sticky note 등을 붙여두고 서류 뭉치를 빠르게 넘길 수 있었다. 화면을 스크롤하면서 정보를 확인하는 데는 훨씬 더 많은 시간이 필요했다.

우리는 심사관이 심사를 하는 데 중요한 데이터, 즉 정부 기관이 이민 혜택 신청자로부터 가장 최근에 받았던 데이터에 집중할 것이라고 가정했다. 그러나 심사관은 정책에 따라 신청과 관련된 모든 정보를 검증해야 했기 때문에 신청 양식의 모든 데이터를 차례대로 리뷰한다는 점을 알지 못했다. 심사관들은 종이 서류 더미보다 우리가 만든 화면에 더 많은 시간을 사용해야만 했다.

린 관점을 도입할 때는 직원을 관리한다는 의미에 유의해야 한다. 예를 들어, IT에서 기술을 사용하고 비즈니스 가치를 전달하는 것은 생산 라인에 있는 직원들, 즉 소프트웨어 개발자, 인프라스트럭처 관리자, 테스트, 보안 엔지니어들이다. 이들은 직접 가치를 만들어낼 뿐 아니라 새롭게 생겨나는 기회를 보고, 어떤 시도가 성공했고 그렇지 않았는지 알고 있으며, 어떤

것이 가능하고 효과가 있을 것인지에 관한 직관을 지니고 있다.

반면, 관리자와 리더는 낭비다. 나폴레옹은 보로디노 전투에서 어떤 가치도 더하지 못했다. 좀 더 정확히 말하면, 관리자는 스스로 가치 전달을 촉진한다는 전제하에서만 유용하다. 관리자와 리더는 라인의 직원이 가치 생산에 전념하고, 직원에게 문제가 발생했을 때 장애물을 제거하고, 직원들이 기업의 전략적인 목표에 기반을 두고, 무엇이 중요한지 잘 알 수 있는 조건을 만들어야 한다. 장애물 제거는 가장 중요한 업무 중 하나다. 빨리 전달하고 싶다면, 생산 라인의 직원이 가능한 한 빨리 전달할 수 있도록 해야 한다.

서번트 리더십servant leadership이라 불리는 이 관리 스타일은 애자일과 린 접근법에서 가장 큰 효과를 발휘한다.⟨5⟩ 서번트 리더십은 겸손함, 이끄는 사람이 가장 중요하다는 이해를 기반으로 한다.

과거 매니지먼트manangement는 통제의 문제를 확장한 것으로 간주했다. 중간 매니지먼트 층의 숫자는 관리할 대상의 숫자에 따라 달라졌으며, 이는 파편화와 고립을 야기했다. 많은 관리자는 수많은 일에 관련됐고, 관리자 아래에 있는 사람은 더 이상 지식과 인사이트를 공유하지 않았다. 이는 계획이 성공과 연결돼 있다고 생각하는 세계, 즉 여러 그룹의 상호 작용이 최소화되도록 업무를 나눠 좋은 계획을 수립할 수 있는 세계에서는 유효할지 모른다.[2] 수립된 계획에 따라서만 실행할 때에는 파편화가 아무런 해가 되지 않지만 계획이 바뀌는 순간, 파편화는 부채가 된다.

그러나 이제, IT 부서 역시 비즈니스 부서처럼 권한 분산을 목표로 하는 소규모 자급자족 팀의 집합체로서 조직화되고 있다. 팀은 각기 권한을 지니고, 상대적으로 자율적이며, 팀의 목적을 달성하는 데 필요한 모든 스킬

---

2 철학 괴짜들에게: 이는 라이프니츠가 "모나드(무엇으로도 나눌 수 없는 궁극적인 실체)에는 창문이 없다"라고 지적한 것과 비슷하다. 라이프니츠에서 모나드는 실제 상호 작용을 하는 것이 아니라 단지 미리 정해진 길을 따라가는 것에 불과하지만, 마치 상호 작용을 하는 것처럼 보인다.

을 보유하고 있다. 팀은 시장 변화를 감지하고 그 변화에 대응한다. 팀 규모는 작고 얼굴을 맞대고 커뮤니케이션할 수 있기 때문에 조직적 복잡성이 감소한다. 팀은 복합 스킬을 보유하고 있기 때문에 독자적으로 결정하고 빠르게 행동할 수 있다.

여러분이 조직 내 큰 부서의 리더라는 사실은 무엇을 의미하는가? 여러분이 관리하는 팀이 자율적이라면 여러분은 어떤 역할을 해야 하는가? 특히 CIO에게 이 질문은 까다롭다. 모든 팀은 비즈니스 유닛과 개별적으로 일하며, 비즈니스 유닛이 각 팀에게 할 일을 알려주기 때문이다. 그렇다면 CIO가 왜 필요하겠는가? 마치 나폴레옹처럼, CIO란 단지 아무런 의미도 없는 머리 역할만 할 뿐인가?

"나폴레옹은 그 어떤 전투보다도 보로디노 전투에서 권력으로 대표되는 그의 기능을 훨씬 잘 수행했다. 나폴레옹은 전투에 어떠한 위해도 끼치지 않았다. 그는 좀 더 타당한 이유에 고개를 숙였다. 아무런 혼란도 야기하지 않았고, 스스로에게 모순된 행동을 하지도 않았으며, 겁을 먹지도 않았고, 전장에서 도망치지도 않았다. 다만 뛰어난 재치와 많은 전쟁의 경험을 활용해 차분하게 자신의 역할을 완수했다."<6>

나폴레옹을 바라보는 톨스토이의 시각과 비즈니스를 복잡 적응 시스템으로 바라보는 현대 시각의 차이점은 복잡 적응 시스템을 리더가 가이드할 수 있다고 본다는 점이다. 톨스토이가 본 나폴레옹은 역사의 힘에 휩쓸려 스스로 자신의 행동에 자신이 영향을 미치고 있다는 착각에 빠져 있을 뿐이었다. 반면, 복잡 적응 시스템의 리더는 시스템이 진화하고, 성과를 거두도록 이끌 수 있다. 리더는 멀리 떨어진 언덕 위에서 내리는 지시는 아무런 효과가 없으며, 그 대신 지속적으로 가이드함으로써 비즈니스가 진화해 최고의 결과를 내도록 하는 역할이 중요함을 이해하는 겸손함을 가져야 한다.

클리펑거가 『The Biology of Business』(Jossey-Bass, 1999)에 "지도자는 '아르키메데스가 가졌던 장점'을 갖고 있지 않으며, 리더들의 역할은 선택과 출현의 싸움에서 해방될 수 없거나 그 싸움을 넘어설 수 없다"라고 썼을 때, 그 또한 나폴레옹을 염두에 두고 있었는지도 모른다.[7]

겸손은 스스로의 논리에 따라 진화하는 세상, 복잡한 상호 의존성과 불확실성으로 가득차 있는 세상, 사람의 필요와 요구 그리고 이들의 상호 작용에 따라 조정되는 세상에 자신이 속해 있다는 것을 깨달은 지도자가 가져야 할 올바른 태도다. 겸손한 지도자는 결과를 전달하는 책임은 자신에게 있지만, 자신이 원하는 대로 세상에 명령할 수 없다는 것을 인정한다. 겸손한 지도자는 복잡계를 피하지 않고, 그 안에서 일한다. 이를 나폴레옹의 자만과 비교해보라.

> "나폴레옹은 전장을 달리며 지형을 자세히 학습하고, 확신에 차서 고개를 끄덕이거나 회의적으로 고개를 저었다. 그리고 결정을 내렸던 고뇌의 과정을 장군들에게 전혀 알리지 않았으며, 그저 자신이 내린 결론을 명령으로 전달했다."[8]

05

대차대조표 밖의 자산

"간단한 물질이 가진 모든 현재 상태는 그 물질이 자연히 갖고 있던 과거 상태에서 비롯된다. 그러므로 물질의 현재 상태는 미래를 담고 있다."

– 라이프니츠, 단자론Leibniz, Monadology

"내부로부터의 다스림은 외부 현상으로부터 많은 영향을 받기 때문에 자연히 자신이 선택 가능한 것이나 자신에게 주어진 것에 스스로를 쉽게 적응시킨다."

– 마르쿠스 아우렐리우스, 명상록Marcus Aurelius, Meditations

기존 기업이 직면하고 있는 도전은 빠르게 변화하는 환경 속 스타트업이 직면한 도전과는 매우 다르다. 스타트업은 트랜스포메이션할 필요가 없다. 스타트업에 트랜스포메이션할 것이 있는가? 스타트업은 역사를 갖고 있지 않으며, 그들 스스로 만들지 않은 이상 외부로부터 어떤 기대도 받지 않는다. 스타트업은 관료주의 기술, 다시 말해 규칙과 정책 그리고 문지기들을 세워 스스로를 구속하는 섬세한 기술을 완성하지도 않았다. 일반적으로 스타트업은 투자자로부터 투자를 받으며, 투자자가 그들을 소유한다. 투자자는 공격적인 베팅에 관심이 있으며, 기업가들이 시장에서 아이디어를 테스트하는 것은 물론, 스타트업이 상품을 완성하기까지 자주 피벗해야 한다는 것을 이해하고 있다.

반면, 기업은 등에 짐(IT 용어로는 레거시^{legacy}라 한다)을 지고 있다. 레거시에서 벗어나 디지털 세계로 나아가야 한다.

현재 시장에서 좋은 성과를 올리고 있는 한 기업을 잠깐 떠올려보자. 이 기업은 비용을 최적화했고, 공급자와 배급자를 포함해 고객과 최상의 관계를 구축했다. 기업 내부 구성원은 열정에 가득차 있고, 리스크 역시 잘 관리되고 있다. 정부 규제는 물론, 산업 규제도 확실하게 준수하고 있다. 하버드 비즈니스 스쿨^{Harvard Business School}에서 S&P 500에 리스트된 전형적인 기업으로 소개하고 있다.

이 기업은 과거 기업이 일하던 방식을 완벽하게 구축한 상태다. 과거의 가치를 전달할 수 있는 구조를 만들었고, 과거 경쟁 전략에 꼭 맞는 사람을 고용해왔다. 과거의 배달에 적합한 조직 문화를 만들었으며, 과거의 비즈니스 가치를 더욱 확고하게 하는 프로세스로 무장했다. 앞서 내린 정의에 따르면, 레거시에 완벽하게 적합한 기업이다.

논리적으로 이 완벽한 기업은 내일 해야 할 일에 관한 준비가 돼 있지 않다. 이 기업은 오래전부터 해오던 일들을 좀 더 잘한다. 내일로 가기 위해서는 완전히 바뀌어야 한다. 기업은 해야 할 일을 추가하는 것이 아니라 바로 어제까지 하던 일의 일부를 그만둬야 한다.

기업은 미래로 우아하게 미끄러져 들어가는 동시에 디지털 시대가 요구하는, 춤을 추는 방법도 익혀야 한다. 한 가지 스타일의 음악을 도저히 견디지 못하는 DJ가 정신 없이 틀어대는 모든 장르의 음악에 맞춰서 말이다. 디지털 트랜스포메이션은 기업에게 민첩함을 춤과 같이 받아들이라고 요구한다.

또한 기업은 이제까지 해오던 것이 일련의 독립적인 프랙티스가 아니라 상호 연결된 프로세스가 복잡하게 얽힌 것임을 알고 있기 때문에 상황이 더욱 난처해진다. 물론 그만두는 것이 어렵다는 것을 알고 있다. 강남 스타일Gangnam-style과 같은 춤을 추려고 하는 기업이 앞으로 해야 할 일은 신발에 붙은 풍선껌 한 조각을 떼어내는 정도가 아니라 껌이 가득 담긴 드럼통 안에서 발을 빼는 것만큼 힘들다.

그러나 눈앞의 어려움에만 집중하다가는 핵심 포인트를 놓치게 된다. 대기업은 디지털 세계에서도 여전히 글로벌 배급, 전 세계적 지원 시스템, 브랜드 인지도, 광범위한 에코 시스템, 강력한 대차대조표, 예측 가능한 현금 흐름과 같은 우위를 갖고 있다.(1) 대기업도 한때는 혁신가였기 때문에 현재 시장 위치에 올라와 있는 것이다. 기업이 이런 이점을 활용하면서 레거시에 안주하지 않는다면, 디지털 경제에서도 여전히 강력한 경쟁력을 갖게 될 것이다. 하지만 기업에게 있어 바꾸라는 요구는 한때 그들에게 성공을 안겨줬던 행동을 멈추라는 요구와 같다.

IT의 경우 레거시를 떨쳐내기가 더욱 어렵다. 기업이 현재 갖추고 있는 시스템은 과거의 비즈니스에 맞게 설계돼 있기 때문이다. IT 시스템의 엔트로피entropy와 관련된 불행한 법칙이 있다. 시간이 흐르면서 시스템에 변화가 더해질수록 시스템은 얽히고, 복잡해지며, 추잡해지고, 유지보수하기 어려워진다(이를 방지하기 위한 에너지를 투입하지 않는 한). 시스템은 IT 구성원이 기억조차 할 수 없는 기술을 사용해 만들어졌을 수도 있다.[1] 시스템은 갓난아기가 처음으로 유기농 이유식을 맛보기 전에 컴퓨터를 해킹하는 방

---

1 아마도 언젠가는 해외 외주 개발이 은퇴자 커뮤니티의 아웃소싱 개발로 대체해야 할지도 모른다(내가 벤처 캐피털리스트에게 피칭을 하기 전까지 이 아이디어를 훔치지 말아 달라).

법을 배우지도 않았던 시기 또는 익명Anonymous이라는 해킹 그룹이 신원 미상Unknown and Unpresent이라 불렸던 시기에 맞춰 설계됐을 수도 있다.

시간이 흐르면서 IT 시스템은 기업이 정말 필요하다고 여기던 것에서 멀어졌다. 이를 기술 부채라 부르기로 한다. 그 결과, 레거시 시스템 사용자는 회피할 방법을 개발하거나 기존 시스템에 자신을 적응시켰다. 다시 시간이 흐르고, IT 시스템은 사용자의 눈에 보이는 기능을 지원하기 위해 설계됐던 이상적인 내부 구조에서도 멀어졌다. 기능은 작동하지만 코드는 엉망이었고, 설계는 혼란스러웠으며, 기술적 기반 또한 시대에 뒤처졌다. 득실거리는 버그는 바위 아래 잠시 갇혀 있을 뿐이었다. 시스템을 변경하면 버그가 탈출해 사용자를 물어뜯을지 모른다. 이것이 바로 기술 부채다.

부채라는 비유는 매우 적절하다. 기능적인 부채 때문에 기업은 '이자'를 지불해야 한다. 회피책은 매우 비효율적이기 때문에 기업은 기회가 생겼을 때에도 이를 잡지 못한다. 기술 부채 역시 비용을 수반한다. 시스템 변경은 급격히 어려워지고, 구현하는 데는 더 많은 시간이 걸린다. 숨어 있는 버그가 나타날지 모를 위험에는 신경조차 쓰지 못한다. 결국, 부채가 시스템을 집어삼키고, 변화하고자 하는 기업의 발목을 잡는다. 부채를 완전히 없애거나 투자를 함으로써 내부 오류를 줄이고 최신의 기능을 도입―이를 '현대화modernizing'이라고 부른다―할 때까지 말이다.

비즈니스 환경이 변하지 않는 한 부채는 큰 문제가 되지 않는다. 시스템은 현재 상황을 충분히 지원하므로 기업은 이 상태로 시스템을 운용할 수 있다. 하지만 비즈니스 환경이 역동적으로 변하면, 기업은 마치 껌이 가득한 드럼통에 발이 담겨 있는 것과 같은 효과를 느끼게 된다.

기민함을 '새로운 환경에서 기업이 낮은 비용으로 빠르게 대응하는 능력'이라고 정의하겠다. 불확실한 환경에서 기민함에 담긴 가치는 매우 크다. 기민함은 기업의 비용을 줄이면서 이익을 증가시킬 수 있으며, 기업의 리스크를 줄이고 놀라움을 기회로 바꾼다.

간단히 말해, 이는 경제적 자산으로서의 정의다. 대차대조표에 나타나는 항목은 아니지만, 이는 분명한 자산이다. 조직의 기민함을 증가시키는 모든 요소가 이 자산 가치를 증가시킨다. 이와 반대로 기민함을 줄이는 모든 요소는 자산 가치를 손상시키거나 부채를 만든다.

IT는 기업을 기민하게 만들지 못하는 가장 큰 요인 중 하나였다. 아이러니하다. 컴퓨터는 일반적인 목적으로 사용되는 기계일 뿐이기 때문이다. 여러분은 같은 하드웨어를 사용해 회계 시스템을 실행하거나 솔리테어 Solitaire[2]를 플레이하거나 카다시안 Kardashians을 따라잡거나[3] 변호사에게 이메일을 보낼 수도 있다. 회계 시스템과 그랜드 세프트 오토 5 Grand Theft Auto 5[4]의 차이점은 고작 몇 개의 비트 bit와 바이트 byte뿐이다. 컴퓨터에게 내리는 명령어를 바꾸는 것이 어려운가? 분명 새로운 공장을 하나 만들기보다는 쉬울 것이다.

소프트웨어를 활용해 기업의 더 많은 부분을 운영할수록 더 쉽게 변화할 수 있어야 한다. 심지어 IT 요소 중 소프트웨어가 아닌 분야―인프라스트럭처와 네트워킹 하드웨어―에서도 클라우드가 속도를 제공했다. 그런데 왜 IT 이니셔티브들은 항상 오래 걸리는가?

―――――

기업의 IT 역량 전체를 하나의 경제 자산, 즉, IT 자산 IT asset으로 생각하면 도움이 될 것이다. IT 자산에는 기업의 소프트웨어 시스템, 인프라스트럭처, 기업의 직원이 사용하는 각종 장비가 포함된다. IT 자산은 기업으로 하여금 비즈니스를 수행―수익을 만들고 비용을 관리―하도록 한다. 정의

---

2 https://en.wikipedia.org/wiki/Microsoft_Solitaire ― 옮긴이

3 Keeping Up with the Kardashians라는 리얼리티 프로그램(https://en.wikipedia.org/wiki/Keeping_Up_with_the_Kardashians) ― 옮긴이

4 비디오 게임(https://en.wikipedia.org/wiki/Grand_Theft_Auto) ― 옮긴이

에 따르면, 비록 그 정의가 오류를 야기하더라도 IT 자산은 기능을 완벽하게 수행한다.

비즈니스의 관점에서 볼 때 IT 자산이 수행하는 기능은 단 하나뿐이지만, IT 자산의 내부는 완전히 다르다. 코드 설계는 우아하면서도 단순하거나 난해하면서도 혼잡할 수 있다. 코드는 새로운 방식으로 조합할 수 있도록 재사용할 수 있는 구성 단위로 조합돼 있거나 현재 기능을 수행 가능한 만큼만 제한돼 있을 수도 있다. 그리고 해커가 침입할 수 없을 만큼 견고하면서도 강한 저항력을 가졌거나 언젠가 타깃이 될 수 있는 오류를 지니고 있을 수도 있다.

이런 품질은 그 IT 자산의 기민한 정도를 결정하며, 결과적으로 IT 자산 가치로 이어진다. 기업이 변화하는 상황에 적응하고, 리스크를 피하면서, 기회를 잡고자 노력할 때 IT 자산에 담긴 기민함은 비용과 리드 타임으로 바뀐다. IT 자산의 가치는 현재 무엇을 할 수 있는지에 그치지 않고, 기업이 보유한 역량이라는 잠재적 요소까지 포함한다.

IT 자산의 일부 측면은 대차대조표에 나타나지만, 다른 일부는 그렇지 않다. 내가 제안하는 IT 자산은 회계 보고를 위한 도구가 아니라 경영상의 의사결정을 위한 도구다. 일부 소프트웨어와 하드웨어는 자본으로 환산할 수 있을지는 모르지만, 이 자산의 실제 가치는 기업의 미래 이익 또는 미션 달성에 미치는 영향(즉, 기업의 미래 현금 흐름에 미치는 현재의 가치)이다. 아마도 이 가치 역시 재무제표에는 포함되지 않을 것이다.

여러분의 기업은 잠재 가치를 최대화하기 위해 무엇을 하고 있는가? 여러분이 운영하는 거버넌스 프로세스는 즉각적인 기능에 영향을 미치지 않더라도 기민함을 증가시키는 투자를 정당화할 수 있는 방법을 제공하는가? IT가 새로운 기능을 구현하는 동안, 기능을 만들어내는 내부의 아키텍처를 좀 더 완벽하고 유연하게 만들 수 있는, 시간적인 여유를 갖도록 독려하는가? 이러한 질문은 디지털 세계에서 중요해졌다.

IT 자산의 품질은 시스템 설계와 아키텍처, 코드 스타일, 시스템이 예상하지 못한 방법으로 사용됐을 때의 저항력과 같은 기술적 고려사항에 크게 의존한다. 일부 소프트웨어 컴포넌트는 다른 누군가가 만든 것을 구입했거나 자체적으로 개발했을 수 있고, 또 다른 일부는 내부의 요구사항 문서에 기반을 두고 계약 기업이 만들었을 수 있다. 시간이 흐르는 동안 여러 컴포넌트들이 조립된다. 이 중 일부는 오래된 것이고 일부는 새로운 것일 수 있다.

이 모든 조각이 모여 기업의 일상 업무 운영을 지원한다. 기업 운영에 매끄럽고 우아하게 녹아들기도 하고, 때로는 IT가 개발해야 하는 통합 코드에 엉성하고 어색하게 들러붙어 있기도 한다. IT 자산의 일부는 잘 작동하지만 다른 일부는 신뢰하기 어렵거나, 버그를 갖고 있거나, 안전하지 않을 수도 있다.

코드가 애자일하고 우아하게 구현돼 있다 하더라도 어느새 기술 부채가 스며들어 코드를 망가뜨린다. 리팩토링을 이용해 코드를 좀 더 애자일하게 수정하면 부패를 방지할 수 있다. 리팩토링은 코드의 기능은 바꾸지 않으면서 내부 구조를 개선하는 작업을 말한다. 소프트웨어 개발자가 자신의 IT 자산을 다듬을 때마다 많은 리팩토링 작업을 수행한다. 개발자는 종종 자신의 머릿속에 그린 설계에 따라 시스템을 만들기 시작하고, 요구가 변화함에 따라 시스템을 변경한다. 이후 잘 작동하고 있는 코드로 돌아가 리팩토링하면서 새로운 설계에 반영한다. 이 작업을 반복하는 것이 시스템 개발이다.

비록 초기에는 이런 품질이 자산 가치에 영향을 미칠 것인지 분명하지 않을 수 있다. 사용자가 짜증을 내며 IT 자산을 사용하더라도 결국 그 자산은 원래 의도한 바를 충실하게 수행할 것이기 때문이다. 기업은 종종—그리고 상당히 합리적으로—유지보수 비용을 투자하지 않으려고 한다. 안정성이 보장되고, 변화의 속도가 느린 시대에는 이 결정이 충분히 합리적일 수 있지만, 불확실성의 시대에는 유지보수를 이용한 품질 개선 투자가 미래의 현금 흐름에 매우 중요한 영향을 미친다. IT 자산이 잘 구조화돼 있고 아키텍처가 간결하다면, 기업은 좀 더 쉽게 혁신하고 변화할 수 있을 것이다. 하지만 구조가 복잡하고 매끄럽지 못해, IT가 패치를 하거나 긴급 사항을 수정하고, 수작업으로 회피책을 수행하면서 무엇이 잘못됐는지 논의하는 데 시간을 허비한다면, 결국 IT는 비즈니스에 있어 중요한 업무에 집중할 시간을 확보하지 못할 것이다. 중요한 업무에 집중하지 못하는 동안 IT 자산은 계속 훼손된다.

IT 자산 가치에 영향을 미치는 몇몇 기술 요소는 매우 직선적이다. 코드는 읽고 이해할 수 있도록 작성돼야 하며, 그 코드에 익숙하지 않은 개발자라도 어떻게 수정할지 빠르게 결정할 수 있어야 한다. 코드는 현대적인 도구와 프랙티스를 이용해 작성해야 한다.

일부 대기업은 프로그래밍 언어인 코볼COBOL로 구현된, 목표 수행에 핵심적인 IT 시스템을 운영한다. 기업은 그 시스템을 계속 운영할 수 있으며, 해당 시스템을 현대화하려는 시도는 위험하고 많은 비용이 들 것이라 생각할 수 있다. 그러나 구식 시스템이 혁신을 발판으로 디지털 시장에 공헌하려고 하는 기업의 발목을 잡는다. 구식 시스템은 그 자체로 비용이며 리스크다.

느슨한 결합loose coupling은 비즈니스적인 의미와 함께 IT 설계에서도 중요한 개념이다. IT 시스템이 수많은 구성 요소 조각의 조합이라는 점을 고려하자. 각 조각이 얼마나 긴밀하게 결합돼 있는가? 조각 하나를 제거하고 그 조각과 비슷하거나 더 나은 조각으로 대체하는 것은 얼마나 어려운가? 다른 컴포넌트에도 많은 변경이 필요한가? 그렇다면 한 조각을 변화한 결과가 시스템의 다른 부분에 많은 영향을 미치게 되므로 조각을 대체하고 다른 컴포넌트를 변경하는 데 많은 비용이 들 것이다.

자동화한 테스트는 개발자가 빠르게 일하도록 함으로써 IT 자산에 기민함과 안전 그물safety net을 제공한다. 기민함과 안전 그물이 없다면, 개발자는 자신이 만드는 변경으로 이미 배포된 기능이 부숴지지 않도록 천천히 주의 깊게 작업해야만 한다. 마이클 페더스Michael Feathers가 "자동화된 테스트를 가지지 않은 IT 시스템을 모두 레거시 IT 시스템으로 정의하자"라고 제안했을 만큼,[2] 소프트웨어 개발에 있어 자동화된 테스트는 다른 어떤 요소보다 중요하다.

조직의 기민함은 비기술적 요소에 따라 결정될 수도 있다. 이는 손에 잡히지 않는 두 번째 조직 자산organizational asset이다. 이 자산은 IT 기능을 출시하기 위해 기업이 보유하고 있는 비기술적 자원으로 구성된다. 조직 자산에는 투자 관리, 예산 수립, 거버넌스 프로세스, 기업의 기술 역량을 사용하거나 생산하는 사람이 포함된다.

아웃소싱은 조직 자산 가치를 손상시켜왔다. 아웃소싱이 난무하던 시대에는 기업은 자신이 필요한 기술적 능력을 언제든지 조절할 수 있기 때문에 아웃소싱을 활용해 좀 더 기민해질 수 있다고 생각했다. 그러나 기술자는 프로젝트 진행 기간 동안은 물론, 프로젝트가 완료된 이후에도 계속 필요했다. 핵심 기술을 아웃소싱한 기업은 기술이 필요할 때마다 계약 프로세스를 갱신해야 했고, 이는 혁신의 흐름을 방해하고 리드 타임을 증가시켰다. 올바른 기술 셋을 가진 올바른 구성원을 내부에 보유하고 있어야만 변화에 신속하게 대응할 수 있다.

HR 역량과 정책은 구성원들로 하여금 다양한 역할을 수행하도록 하고 구성원을 재교육함으로써 기능적인 사일로를 뛰어넘어 팀으로서 협업하게 한다. 조직 자산에는 기업의 IT 의사결정 프로세스도 포함된다. 이와 같은 투자가 커다란 범위, 즉 획일적인 수많은 요구 조건의 덩어리로 검토될 경우, 투자가 일단 진행되면 더 이상 진로를 변경하기 어려울 것이다. 거버넌트 프로세스가 느리거나 다른 상황과 연관된 경우 또는 예산 책정 사이클이 실행되기도 전에 의사결정으로 진행되지 않는 경우가 자주 발생한다면 기업의 기민함이 저하된다.

기업이 위험에 대처(리스크를 견디는 것이 아니라 리스크를 인식하고 우선순위를 정하고 관리하는 방법)하는 자세 또한 기민함을 갖추기 위한 중요한 요소다. 정체된 상황을 높은 리스크로 인지하는 기업은 빠르게 변화할 것이고, 새로운 상황을 높은 리스크로 인지하는 기업은 느리게 변화할 것이다.

조직 구조 또한 기민함에 영향을 미친다. 기능적인 사일로는 대화나 업무 교환handoff을 요구하기 때문에 변화의 속도를 늦춘다. 깊은 계층 구조도 혁신을 줄인다. 고객과 직접 만나는 최전선에 서 있는 구성원은 아이디어를 갖고 있지만, 이들은 비효율적인 내부 프로세스 때문에 고통과 두려움을 경험한다. 비록 계층 구조의 꼭대기에서 혁신을 시작했더라도 실질적인 혁신을 하려면 여전히 최전선에서 퍼져나가는 정보가 필요하다. 정보가 전달되는 데는 시간이 걸리며, 결국 시간에 뒤처질 위험성이 있다. 보로디노에서 나폴레옹이 그랬듯이 말이다.

IT와 비즈니스의 경계를 없애면 조직의 자산을 개선할 수 있는 새로운 기회를 얻을 수 있다. 예를 들어 T자형 인재가 그러하다. 코딩, 테스팅, 보안과 같은 스킬을 가진 애자일 IT 팀에 왜 비즈니스 스킬이 포함되면 안 되는가? 여러 종류의 기술에 관한 스킬을 갖고 있지만 비즈니스 영역에 더 많은 관심이 있는 구성원 또는 한두 가지 종류의 기술에 관한 깊이 있는 스킬을 갖고 있지만 비즈니스 상식을 포함한 넓은 스킬 셋을 가진 구성원을 활용한다면 이를 달성할 수 있다. 이와 반대로 비즈니스 팀이 기술 스킬을 가져서는 안 될 이유가 있는가?

손에 잡히지 않는 세 번째 자산은 기업이 자신의 데이터베이스에 저장된 데이터를 활용하는 능력이다. 데이터에는 가치가 담겨 있지만, 그 가치는 구성원과 관리자가 사용할 수 있도록 추출해 사용할 수 있는 형태로 만들어야만 한다. 구시대 IT에서 데이터는 주로 트랜잭션을 수행하기 위해 사용됐고, 이 때문에 트랜잭션을 가장 효과적으로 제공하는 데이터베이스 형태를 따라 조직화됐다. 그러나 데이터는 정보 자체로서의 가치를 갖게 됐다. 데이터 자산의 기민함이 기업의 미래 이익과 목표를 달성하기 위한 또 다른 원천이다.

기업이 기술자가 준비한 보고서를 이용해야만 데이터에 접근할 수 있다고 생각해보자. 물론 보고서를 이용해 공유된 데이터는 유용하겠지만, 구성원이 데이터에 새로운 의문을 제기하거나 새로운 주제를 연구하고자 할 경우에는 새로운 보고서가 발행될 때까지 기다려야 한다. 유연한 분석 시스템 또는 비즈니스 인텔리전트 시스템을 이용해 구성원이 스스로 보고서를 작성하거나 분석을 수행할 수 있다면(시각화 도구나 인공지능을 사용할 수도 있다), 데이터에 좀 더 기민하게 접근할 수 있다.

클라우드가 저장소를 사용하게 됨에 따라 저장 공간에 필요한 비용이 줄어들면서 기업은 사용 여부를 결정하지 못한 막대한 데이터를 저장할 수 있게 됐다. 데이터가 어떻게 분석될지 예측하거나 분석을 위한 데이터를 조직화하는 대신, 데이터 레이크data lake라 불리는 대규모 저장소에 모든 종류의 데이터를 담아둘 수 있다.

데이터는 오라클Oracle 데이터베이스, 전사 자원 계획enterprise resource planning, ERP 시스템, 인터넷 데이터 소스, 스캔한 문서나 비디오 피드 등 어떠한 형태로든 존재할 수 있다. 소프트웨어 도구를 사용해 텍스트를 자동으로 검색해 텍스트에 담긴 의미를 분석하고, 해당 텍스트를 사용한 사람

사이의 관계를 추출할 수 있다. 심지어 머신러닝 소프트웨어는 이미지를 읽어들여 그 안에 찍힌 유명 인사를 식별해내기도 한다.

데이터양이 증가함에 따라 사생활과 보안에 관한 논의가 이어졌다. 내가 말한 데이터 자산에는 기업이 생산한 데이터에 관련된 통제도 포함된다. 이 기민함은 데이터에 접근하면 안 되는 사람의 접근을 제한하고, 데이터에 접근해야 하는 사람만 접근하게 할 수 있을 정도만 유지된다.

빅데이터는 IT 세계에서 수십년간 화제가 돼왔다. 나는 빅데이터에 즉시적인 가치와 잠재적인 가치가 모두 담겨 있다고 생각한다. 데이터를 활용해 지금 당장 할 수 있는 일도 있고, 혁신과 발견을 지원하기 위한 유연한 형태로 구성함으로써 자산에 관련된 기민함을 만들어낼 수도 있다.

세 가지 자산—기술 자산, 조직 자산, 데이터 자산—은 모두 지금 당장 현금 흐름을 만들어낼 수 있는 즉시적인 가치와 불확실한 미래에 현금 흐름을 만들어낼 수 있는 잠재적인 가치를 갖고 있다. 이 자산은 서로 강화해 기업에게 새로운 기회를 잡고, 혁신함으로써 또 다른 기회를 만들어내도록 민첩함을 제공한다.

세 가지 자산은 모두 리드 타임을 줄인다. 조직 자산은 계획, 공식화, 투자 관리에 조직이 얼마나 많은 시간을 사용할지 결정한다. 기술 자산은 기업이 얼마나 빠르게 기능을 구현하고 배포할지 결정한다. 데이터 자산은 기업으로 하여금 그 기능이 필요로 하는 데이터에 얼마나 빠르게 접근할 수 있을지를 결정한다.

불행하게도 우리가 사용해왔던 전통적인 IT 접근 방법에서는 세 가지 자산의 가치를 자주 무시했다. 기민함은 세 가지 자산을 조정해야 얻을 수 있으며, IT와 비즈니스 사이에서 계약에 따른 업무 교환이 발생하면 고통을 겪는다. 다음에 소개하는 몇 가지 신념(고정관념)은 우리를 기민함으로부터 멀어지게 만든다.

첫째, 기업 내부 기능을 구현하는 데 기성commercial off-the-shelf, COTS 소프트웨어를 사용하는 것이 좋다는 통념이다. 이 이론은 소프트웨어 직접 개발이 위험하다는 것을 전제로 한다. 계획보다 많은 시간과 비용을 소모하는데도 제품의 상태는 열악하다. 이미 만들어진 제품을 구입하면 기업은 비용을 절약하고, 개발 리스크를 줄이며, 이미 좋은 사례를 구현한 소프트웨어를 획득하고, 기능을 좀 더 빠르게 배포할 수 있다.

하지만 디지털 시대로 접어들면서 위와 같은 가치 방정식은 바뀌었다. 불확실성, 복잡성, 빠른 변화는 우리가 트레이드 오프를 다시 생각하도록 만들었다. 이런 변화를 이해하려면, 새로운 COTS 소프트웨어를 구매하는 것에 담긴 의미를 좀 더 자세히 들여봐야 한다. 에릭 레이몬드Eric Raymond는 『The Cathedral and the Bazaar』(Jossey-Bass, 2013)에서 소프트웨어의 사용 가치(즉시 제품으로서의 가치)가 판매 가치(최종 상품으로서의 가치)보다 훨씬 중요하다는 것을 밝혔다.[3]

우리는 종종 COTS 소프트웨어 자체를 최종 제품—자동차와 같이 제조된 제품의 성격을 가진 제품—이라 생각하지만, 소프트웨어가 제공하는 실질 가치는 그 소프트웨어가 어떻게 사용되는지에 달려 있다. COTS 소프트웨어는 회사의 필요에 맞춰 적용—환경 설정, 커스터마이제이션, 도입할 소프트웨어와의 부가적인 코드 통합 등—돼야만 가치를 지닌다. 물론 소프트웨어도 변화하는 환경에 맞춰 지속적으로 바뀌어야 한다. 레이몬드는 다음과 같이 지적했다.

"한 소프트웨어 제품 판매 회사가 문을 닫을 때(또는 해당 제품이 거의 단종될 때), 소비자가 해당 제품에 지불해야 할 최대 금액은 0에 수렴한다. 고객이 지불할 가격은 제품 공급 업체가 미래에 제공할 수 있는 서비스의 기대 가치만큼만으로 제한된다."[4]

레이몬드는 '소프트웨어는 스스로가 제조업 속해 있다는 지속적이고도 근거 없는 망상 속에서 운영되는 서비스업'이라는 결론을 내렸다.[5] COTS 제품을 구입하면 해당 제품의 판매자에게 비용을 지속적으로 지불해야 하고, 소프트웨어를 변경해야 할 경우에는 더 많은 비용을 부담해야 한다. 또한 판매자가 가진 제품 로드맵은 미래에 우리가 필요한 것과 일치하지 않는다. COTS 제품은 IT 자산을 덜 기민하게 만든다.

COTS 제품을 구매하는 시점에서 해당 기능을 직접 만들 때와 달리, 이와 같은 종류의 자산을 실질적으로 소유하지 않게 된다. 비즈니스가 변하는 것에 맞춰 제품 내부를 자유롭게 변경할 수 없는 이유는 COTS 제품의 내부를 소유할 수 없기 때문이다. 또한 다른 기능을 만들기 위해 COTS 제품의 일부를 사용할 수도 없다. 내부 구축과 외부 구매는 동일한 종류의 제품을 의미하는 두 가지 선택이 될 수 없다.

반면, 소프트웨어 구현 기술 변화에 따라 구현하는 데 필요한 비용과 리스크는 점점 감소해왔다. 이제는 소프트웨어를 구현할 때 서드파티의 구현 블록—일반적으로 오픈소스 컴포넌트나 클라우드 서비스—을 조합해 실제 작성할 코드양을 줄일 수 있다. 이해하기 쉬운 디자인 원칙을 사용해 코드를 조직화하거나 강력한 테스트 도구를 활용해 만든 코드를 테스트할 수 있다. 점진적인 개발을 이용하면 리스크를 줄이고 속도를 얻을 수 있다.

그러므로 소프트웨어를 기업 내부에서 구현하는 것이 좀 더 매력적인 방향으로 바뀌었다. 물론 그렇다고 해서 COTS가 항상 적절하지 않다는 것은 아니다. 기업이 수행하는 업무 중 표준적이고 변하지 않는 것은 소프트웨어를 구입해 자동화하더라도 상대적으로 리스크가 작다. 회계 소프트웨어가 좋은 예다. 회계 기술의 변화 정도는 매우 느리지만, 회계 기능과 원칙은 여전히 복잡하기 때문이다.

둘째, IT 가치 전달을 아웃소싱하면 기민함을 자주 희생하게 된다. 소프트웨어 개발을 아웃소싱하면 구현은 물론 구매 관점 모두에서 발생 가능한 최악의 상황이 야기된다. IT 자산의 우아함과 간결함—이라고 쓰고, 기민함이라고 읽는다—은 다른 조직(아웃소싱한 기업)이 구현한 부분 때문에 고통을 겪는다. 개발하거나 구매한 코드를 가장 잘 알고, 고칠 수 있는 사람이 계약 회사 직원이 된다. 계약자는 기술 부채를 크게 걱정하지 않는다. 오히려 시스템을 천천히 고칠수록 더 큰 수익을 거둔다. 포스그렌과 공동 저자에 따르면, 저성과 그룹에 속한 기업일수록 아웃소싱을 이용해 기업 소프트웨어를 개발했다.[6]

COTS 및 아웃소싱 개발과 관련된 실수의 근본 원인은 아마도 우리가 IT 시스템을 '제품' 또는 레이몬드가 말한 '제조 상품'이라 여기기 때문일 것이다. 우리는 IT 자산이 독립적인 제품을 접착제로 붙여둔 집합에 지나지 않는다고 생각한다. 또한 IT 자산을 내부에서 만들기보다 일부 제품을 구입하거나 아웃소싱을 활용하면 쉽게 개발할 수 있으리라 생각한다.

이것이 바로 IT 역량 전체를 기업이 비즈니스를 운영하게 하는 한 통합체로 고려해야 할 것을 제안하는 이유 중 하나다. 이 자산을 독립적인 제품으로 구성하면 변경하기 어려운 아키텍처, 즉 응집력이나 단순함 또는 우아함이 부족한 아키텍처를 얻게 된다. 이 제품 중 일부를 재사용해도 다른 것을 만들 수 없다. 각 제품은 독립적으로 변경되고, 변경을 조정하는 데 많은 추가 비용이 발생한다. 간단히 말해, 선택지가 제한된다.

이런 관점 대신, 전체 IT 자산을 마이크로서비스microservice라 불리는 매우 작은, 맞춤형 컴포넌트의 집합으로 설계하는 경향이 나타났다. 마이크로서비스는 다양한 IT 기능 구현에 재활용할 수 있다. 데브옵스가 매끄러운 기능 구현 흐름 관리를 지원했듯이 IT 시스템 아키텍처도 컴포넌트의 매끄러운 집합으로 구성된다. 한 제품의 수명이 완전히 다한 후, 다른 제품의 수명이 시작된다는 것은 옛말이다. 디지털 세계는 개별적인 요소가 아니라 연속적인 요소 중 하나다.

프로젝트나 제품에 관련된 투자가 아니라 위 세 가지 자산 모두에 점진적으로 투자하는 것을 IT 전략으로 삼아야 한다. 구시대적 사고 방식에서는 IT 자산에 관련된 작고 점진적인 변화의 가치를 보지 않고, 큰 규모의 약속을 한다. 또한 IT 시스템 사이에서 발생하는 복잡한 상호 작용을 무시한다. 마지막으로 구시대적 사고 방식은 매우 중요한 비즈니스 가치의 원천, 즉 빠르게 변화하는 환경에서 새롭게 발생하는 비즈니스적인 필요를 충족시킨다. 이때 요구되는 인프라스트럭처의 기민함과 역량은 우리의 주의를 분산시킨다.

그 대신, 디지털 트랜스포메이션은 기업 IT와 조직 상태에 관해 전체적으로 파악할 것을 요구한다. 그 요구를 수행할 수 있다면, 여러분이 지휘하는 트랜스포메이션 프로세스에 수반된 리스크는 낮아질 것이다. 트랜스포메이션 프로세스는 점진적으로 이뤄지므로 이미 갖고 있는 자산들을 점차 개선해 나가기만 하면 된다.

06

리스크와 기회

> "비극과 코미디는 같은 문자를 사용한다."
> – 아리스토텔레스가 인용한 데모크리토스, 생성과 부패에서Democritus cited by
> Aristotles, On Generation and Corruption

> 손가락에 수많은 반지를 낀 백발 성성한 노인이 머리를 흔들며 내게 다가와
> 말했다. "잘 듣게. 철학을 실천하는 것도 좋지만 냉정함도 유지해야 한다네."
> 어리석기 그지없는 일이다.
>
> – 에픽테토스, 담화론

리스크는 불확실한 미래에서 일어날 수 있는 부정적 결과고, 기회Opportunity는 불확실한 미래에서 일어날 수 있는 긍정적 결과다. 기민함은 불확실한 미래를 리스크로 볼 것인지, 기회로 볼 것인지 또는 그저 순탄하게 흘러가는 시간으로 볼 것인지를 결정하는 기업의 특성이다.

리스크를 걱정하는 사람 눈에는 걱정거리만 보인다. 스타트업은 소리 소문 없이 나타나 산업을 어지럽힌다. 고객은 변덕스럽고 때로는 트윗 하나를 읽을 정도의 짧은 순간에 취향을 바꾼다. 국가는 브렉시트Brexit, 즉 그

들이 서명했던 조약을 폐기했다. 새로운 규제가 생겨났다가 이전 상태로 회복된다. 기술은 나노초^{nanosecond} 단위로 바뀐다. 여러분이 휴식을 위해 잠시 멈췄을 때, 프로그래머는 이제껏 들어보지도 못한 새로운 프로그래밍 언어를 공부하기 시작할 것이며, 휴식을 마치고 돌아오면 이미 새로운 IT 시스템이 구현돼 있을 것이다. 기술과 비즈니스 환경 모두 불확실하고 불안정하다. 많은 사람은 이를 위험하다고 말할 것이다.

그러나 불확실성이 늘 부정적인 결과로 이어지지는 않는다. 오히려 불확실성은 기회를 제공한다. 예상치 못한 사건이 일어났을 때, 그 사건이 기회 또는 리스크라는 것은 무엇이 결정하는가? 그렇다. 바로 기민함이다. "알려지지 않은 리스크에 대비할 수 있다"라고 언급한 보스턴 컨설팅 그룹의 블로그 포스트[1]에 한 마디 덧붙이고 싶다. "알려지지 않은 기회에도 이와 마찬가지로 대비할 수 있다."

보스턴 컨설팅 그룹은 블로그 포스트에서 말을 잇는다. "(우리) 연구에 따르면 경제적 혼란 시기에 적응력이 높은 기업은 적응력이 낮은 기업을 능가했다."[2]

여러분이 1,000만 달러를 들여 모두가 좋아하는 과학자인 아이작 뉴턴의 보블헤드 인형을 생산하는 공장을 만든다고 가정해보자. 알버트 아인슈타인이 갑자기 상대성이론을 발표하고 아이작 뉴턴과 관련된 상품 시장이 급속하게 줄어든다. 여러분이 투자한 1,000만 달러는 블랙홀에 빨려 들어가버린 것일까?

만약 이 공장에서 앤 여왕$^{Queen Anne}$ 시대의 케임브리지대학에 있었던 유명한 과학자(아이작 뉴턴) 인형밖에 생산할 수 없다면, 투자금 1,000만 달러는 깨끗이 날아간다. 그러나 기계들을 기민하게 교체함으로써 아인슈타인 인형을 생산할 수 있다면, 그 투자는 1,000만 달러 이상이 될 것이다. 상대성 시장에 가장 먼저 진출해 첫 번째 가속기의 이점을 얻을 것이다. 다시 말해 시작 시점부터 공장을 기민하게 운영할 수 있도록 설계하면 리스크를 낮출 수 있다. 즉, 불확실한 미래에 일어날 수 있는 변화를 다룰 수 있게 된다.

불확실한 미래의 변화 비용을 증가시키는 모든 요소는 리스크도 증가시킨다. 이와 반대로 변화 비용을 감소시키는 모든 요소는 리스크도 감소시킨다. 변화 비용을 감소시키는 요소가 바로 기민함이다. 쉽게 말해, 리스크란 기민함의 부족이다.

또 다른 방정식을 소개한다. 보스턴 컨설팅 그룹은 다음과 같이 말했다. "리스크 매니지먼트는 전략이고, 전략은 리스크 매니지먼트다."[3] 때때로 리스크 매니지먼트와 전략은 거의 구분할 수 없다. 여러분이 보블헤드 인형 시장에서 앞발을 위아래로 흔드는 고양이(일본 식당에서 자주 볼 수 있는) 인형 시장으로 이동한다고 가정해보자. 보블포bobblepaw1 고양이 생산은 전략적인 제품 확장 측면에서 결정한 것인가? 아니면 보블헤드 인형 시장 축소의 리스크를 완화하기 위한 것인가? 경쟁자가 보블포 인형 시장으로 빠르게 움직였기 때문인가? 실제로는 아무런 구분이 없다. 리스크 매니지먼트는 전략을 바라보는 또 다른 관점일 뿐이다.

안정과 변화에는 리스크가 존재한다. 리스크는 경쟁적 조치를 취하는 경우나 경쟁자의 조치에 수동적으로 대응하는 경우에도 존재한다. 1995년부터 2004년까지 주가가 가장 크게 떨어진 100개 기업을 분석한 결과, 37%의 기업만이 재정적인 리스크의 피해를 입었고, 나머지 66%의 기업은 전략적인 리스크(경쟁사의 조치를 포함한)의 피해를 입었다.[4]

기업의 목표는 리스크 제거가 아니라 리스크를 활용해 전략적인 우위를 확보하는 것이다. 그러므로 기업이 자동화한 강력한 통제를 이용해 리

---

1 실제로 이 인형은 마네키 네코(maneki nekko)라고 불린다. 시적 허용으로 이해해주길 바란다.

스크를 줄이고 결과적으로 좀 더 공격적으로 기회를 확보한다면 시장 점유율을 높일 수 있다. 또한 리스크를 효과적으로 완화하지 못하고 기업의 발전을 저해하는 통제를 제거하면, 속도와 비용 우위를 달성할 수 있을 것이다. 경쟁사보다 리스크를 잘 평가한 후, 결과적으로 더 나은 베팅을 할 수 있다면 경쟁사를 앞설 수 있을 것이다.

클라우드, 데브옵스, 디지털 트랜스포메이션과 같은 기술은 모두 비즈니스의 기민함을 증가시키고, 리스크를 감소시킨다. 기업은 여전히 이런 기술을 적용하기를 주저하는데, 그 이유는 기업의 리더가 자신이 알지 못하는 대상을 리스크로 인식하기 때문이다. 이는 흥미로운 종류의 리스크로, 실제 리스크가 무엇인지 모르는 리스크다. 즉, 리스크가 있을지 모른다고 생각하는 리스크에 관한 두려움이 두 번째 리스크다.

USCIS에서 많은 사람이 모여 한 거대 계약자의 성과와 관련된 심각한 논의를 한 일이 있다. 어느 순간, 누군가가 계약자를 변경하는 새로운 입찰 요구request for proposal, RFP를 제안했다. 그 의견을 낸 사람보다 높은 임원이 대답했다. "너무 위험하네. 어떤 계약자와 함께 하게 될지, 새로운 계약자가 얼마나 나을지 알 수 없으니 말이네."

이런 사고 방식은 다양한 형태로 나타났다. 우리는 이미 100% 확실하게 부실한 성과를 낼 계약자와 함께 일하고 있다(계약자는 현재 부실한 성과를 내고 있으니 말이다). 그럼에도 어떤 성과를 낼지 모르는 새로운 계약자와 일하는 리스크가 더 크다고 생각한다. 기업이 리스크를 줄이기 위해 만든 방법인 애자일이나 데브옵스 프랙티스의 도입을 두려워하는 것 또한 이상하다. 인프라스트럭처를 관리하는 리스크를 제거하는 클라우드 도입을 두려워하는 것도 이와 마찬가지다.

나는 정부 기관 또는 대규모 커머셜 기업의 보안 전문가와 많은 대화를 나눴는데, 그들 중 누군가가 다음과 같이 물었다. "클라우드가 충분히 안전한가?" 클라우드는 안전하다. 하지만 이 질문은 옳지 않다. "클라우드와 현지 데이터센터 중 어느 쪽의 보안 태세가 더 나은가?"라고 질문해야 한다. 그들이 던진 질문에서 새로운 대상에 관한 두려움을 알 수 있다. 나는 국토안보부에서 일하는 동안 결정을 좀 더 쉽게 내릴 수 있다는 것을 알았다. 클라우드는 분명히 우리가 더 강력한 보안 아키텍처를 만들 수 있게 해 준다.

여러분이 만날 수 있는 모든 정보 보안 전문가에게 그들이 구축한 데이터센터의 보안 태세가 만족스러운지 물어보라.

"절대 그렇지 않습니다. 너무 많은 사람이 특별한 권한[2]을 갖고 있습니다. 안전하지 않은 플랫폼이 너무 많습니다. 패치를 충분히 자주 수행할 수도 없고, 방화벽 정책도 복잡합니다. 프로덕션 시스템은 리뷰도 하지 않은 채 릴리스되는 경우도 많고…. 끝이 없어요."

"그렇다면, 클라우드로 이전하는 것은 어떨까요?"

"음…. 그건 너무 위험합니다."

패턴은 언제나 동일하다. 우리는 새로움과 관련된 리스크에는 너무 많은 가중치를 부여하고, 현재 상태가 가진 리스크에는 너무 적은 가중치를 부여한다.

사실 이는 윌리엄 새뮤얼슨William Samualson과 리차드 젝하우저Richard Zeckhauser가 1988년 'Status Quo Bias in Decision Making'[5]이라는 글에서 기술한 일반 인지 편향common cognitive bias의 하나다. 저자는 실험을 이용

---

2   사용자가 시스템에 접근해 관리자가 일반적인지 않은 작업을 수행할 수 있는 특별한 권한을 가졌다는 것을 의미한다. 주로 IT 부서 구성원 또는 다른 사용자의 접근을 관리하는 비즈니스 담당자가 이에 속한다.

해 다른 선택지가 주어지는 경우 실험자들이 불균형적으로 현재 상태를 고수하는 양상을 나타낸다는 것을 확인했다. 롭 헨더슨Rob Henderson은 '2016 Psychology Today'라는 블로그에 다음과 같이 썼다. "현재 편향이란 사람이 익숙한 것을 선호하는 인지 편향의 하나다. 사람은 대부분 변화에 저항하며 현재 일어나는 일을 선호한다."[6]

대니얼 카너먼Daniel Kahneman, 잭 네치Jack L. Knetsch, 리차드 탈러Richard T. Thaler는 「Anomalies: The Endowment Effect, Loss Aversion, and Status Quo Bias」라는 논문에서 현재 편향에 관해 좀 더 자세히 설명했다.[7] 이들은 현재 편향을 소유 효과endowment effect, 즉 사람이 어떤 결정을 내릴 때 자신이 이미 갖고 있는 것에 더 높은 가중치를 두는 현상과 연관 지었다.

새로운 대상에 두려움을 느끼는 것은 이미 갖고 있는 대상에 관한 감정적인 선호라고 보는 편이 나을 것이다. 선택할 수 있는 옵션이 많아질수록(클라우드에서 사용할 수 있는 모든 옵션을 생각해보라!), 포기해야 할 수도 있는 대상을 오랜 기간 소유할수록 소유 효과는 강해진다. 히피가 사랑의 여름Summer of Love에 골든 게이트 파크Golden Gate Park를 점령했을 때[3]부터 존재했던, 거추장스럽기 그지없는 코볼로 작성한 메인프레임을 머릿속에 그려보자. 포기하기 어렵지 않은가?

오늘날 사용하는 기술 환경은 관리자와 리더가 걱정하는 모든 종류의 리스크를 갖고 있다. 대규모의 IT 투자를 하더라도 의도했던 비즈니스 이익을 만들어내지 못할 리스크가 존재한다. 파괴적인 스타트업이 나타나 산업 전체를 뒤흔들 리스크도 존재한다. 해커가 민감한 고객 데이터를 훔쳐갈 리스크 역시 존재한다. 경쟁자가 멋진 아이디어를 먼저 고안해낼 리스크는 어떠한가? 걷잡을 수 없을 만큼 비용이 소용돌이칠 리스크가 있다.

---

3 https://en.wikipedia.org/wiki/Summer_of_Love – 옮긴이

최신 기술이 현재의 인프라스트럭처를 구식으로 만들어버릴 리스크도 존재한다.

이 밖에도 생각지 못한 리스크가 존재한다. 리스크가 너무 많아 기업이 할 수 있는 일이 없는 것은 아닐지 두려울 정도다. 하지만 가장 큰 리스크는 변화가 아니라 정체라는 점이 중요하다. 해병대의 교리가 말하듯이, 리스크는 행동하든, 행동하지 않든 언제나 존재한다.[8] 여러분의 기업이 앞서 언급한 모든 리스크를 만족시킬 준비가 돼 있지 않다면, 현재는 여러분에게 최악의 장소가 될 것이며, 미지의 새로운 대상에 관한 리스크는 변화의 긴급성과는 비교할 수 없을 정도로 작을 것이다.

분명히 말해두지만, 나는 기업에게 리스크 내성[risk toleracne]을 바꿀 것을 제안하지 않는다. 오히려 기업은 리스크를 싫어해야 한다. 디지털 트랜스포메이션이라는 용어를 이해하는 데는 많은 혼란이 있었다. 여러 저자는 기업이 리스크를 감내하는 데 좀 더 익숙해져야 하며, 실패를 좋은 것 또는 또 다른 학습의 기회로 받아들여야 한다고 주장한다. 짐 하이스미스[Jim Highsmith]는 『Adaptive Leadership』(Addison-Wesley Professional, 2013)에 "우리는 리스크 테이킹과 기이함[quirkiness]을 독려해야 합니다."[9]라는 말을 남겼다. 나는 기이함에 전적으로 찬성한다. 하지만 정말 리스크를 감내하라고 독려하고 싶은가? 나는 하이스미스가 원래 전달하고자 했던 의도를 올바르게 전달하지 못했다고 생각한다. 아마도 그는 헬레스폰트[Hellespont]에서 그리스[Greece]를 침공하려던 크세르크세스[Xerxes]를 생각하고 있었을 것이다.

> "만약 당신이 모든 것을 중요하게 생각한다면…. 당신은 아무것도 하지 않을 것이다. 모든 공포를 계산하고 아무런 고통을 받지 않는 것보다 용기 있는 마음을 갖고 우리가 두려워하는 공포의 절반을 견디는 것이 낫다. 큰 성취는 큰 리스크에 승리함으로써 얻을 수 있다."[10]

일단 결정이 내려졌다면 확신을 갖고 행동해야 하겠지만(어쨌든 크세르크세스에게는 잘 적용되지 않았다), 비즈니스 리더는 큰 리스크를 감당하지 않아야 한다. 새로운 대상을 설명하면서 구시대의 용어와 멘탈 모델을 사용하면 커뮤니케이션에 오류가 생긴다. 작가들이 '빠르게 실패'하고, 실패를 독려하는 것이 중요하다고 말하는 것은 실험을 시도하고 그 결과가 의도한 바와 맞지 않으면 결과를 버리고, 변화가 보장된다면 방향을 빈번하게 바꾸라는 것을 의미한다.

실험과 방향 변화는 리스크를 줄이는 전략이다. 제품을 만들고, 기술을 선택하거나 디지털 서비스에 변경을 적용하는 것(모두 리스크를 동반한다)과 같은 투자를 약속하는 대신, 작은 실험을 먼저 수행한 후에 더 큰 투자의 효과를 측정하는 것이 좀 더 기민한 접근 방법이다. 실험과 방향 변화는 리스크를 줄이는 정보를 구매하는 과정이다. 더 큰 투자를 진행하는 것이 그리 좋은 아이디어가 아니라는 것이 판명되면, 실험은 실패가 아니라 성공한 것이다. 실험을 이용해 잘못된 투자를 피할 수 있는 핵심적인 정보를 얻었기 때문이다.

제발 실패하지 말라. 그리고 실패하지 않는 것이 전략으로 잘 작동한다면, 다른 사람들에게 이 책에서 읽었다고 전해 달라.

실험적인 접근 방법은 더 나은 아이디어를 이용할 수 있을 때, 한 가지 아이디어에 너무 빠르게 매몰되는 리스크를 줄일 수 있다. 실험에서는 조작을 함으로써 몇 가지 다른 혁신적인 해결책을 대상으로 적용할 수 있으며, 그 결과를 비교할 수 있다. 한 아이디어가 다른 아이디어에 비해 더 좋다고 판별될 경우, 다른 테스팅 대안은 실패가 아니라 리스크를 줄이고 더 좋은 결정을 내리기 위한 가성비가 매우 높은 성공 수단이다.

요기 베라는 자신의 집을 찾아오는 방법을 다음과 같이 알려줬다. "갈림길에 다다르면 어느 한쪽을 선택하십시오." 실험은 요기 베라의 집을 찾기 위한 다양한 시도를 할 수 있도록 함으로써 혁신을 독려한다.

실험은 분석 마비analysis paralysis를 피하는 강력한 방법이다. 지연 비용을 줄이기 위해 언제든지 뒤집을 수 있는 결정에 기반을 두고 작은 규모의 실험을 진행하고, 결정에 효과가 없다면 즉시 피벗하는 것이 좋다. 성공적이지 않은 경로를 따라가면서 사용하는 노력에 따른 비용은 장기적인 분석을 수행하는 데 소요되는 비용보다 훨씬 적고, 결과는 좀 더 확실하다. 번복 가능한 결정에 기반을 둔 빠른 진행은 시장 진입에 늦는 리스크를 줄인다. 이는 실패가 아니라 성공이다.

또한 실험적 접근은 승자가 취하는 더블링 다운doubling down 전략과 같다. 실험은 이길 가능성이 있는 플레이어의 포트폴리오에 작은 베팅을 할 수 있게 해준다. 특정 아이디어의 승률이 높아진다는 것을 발견하면 베팅을 늘릴 수 있다.

더블링 다운은 진부한 표현이 아니다. 블랙잭blackjack에서 여전히 사용된다. 여러분의 손에 합이 10에서 11이 되는 카드가 쥐어져 있는 경우, 선택할 수 있는 단 하나의 올바른 전략은 베팅을 두 배로 늘리는 것이다. 대부분의 사람은 이 개념을 어려워하며 더블링 다운을 선택사항이라 생각한다. 하지만 장기적으로 볼 때, 하우스house에 가까워지도록 승률을 올리려면, 카드가 좋다고 판단했을 때 더블링 다운해야 한다. 즉, 여러분이 가진 블랙잭 포트폴리오가 승리한다는 가능성에 더블링 다운하는 것은 손에 들고 있는 카드를 활용해 리스크를 줄이는 것이다.

실험적이고 잠정적인 의사결정 기술은 빠르게 실패하거나 더 많은 리스크를 감내하는 것이 아니다. 하이스미스는 이렇게 말했다. "전통적인 팀은 계획을 세우고 분석함으로써 불확실성을 몰아내고자 한다. 애자일 팀은 작동하는 작은 소프트웨어를 만들고 조정함으로써 불확실성을 몰아낸다."[11] 그런 그가 대체 무엇 때문에 리스크를 감수하라고 조언하겠는가?

예측 가능한 세계에 산다면 새롭거나 알려지지 않은 모든 것에는 리스크가 있다고 생각하는 것이 옳을 것이다. 하지만 불확실성과 변화의 세계에서는 오래되고 잘 알려진 것이 위험하다. 계획을 무조건 따르는 것 또한 위험하다. 세상은 변하고 있으며, 계획이란 어제까지 알고 있던 것에 기반을 두고 만들어졌다는 것을 알기 때문이다. 언제나 리스크를 줄이기 위해 계획이라는 수단을 선택했기 때문에 이런 관점을 받아들이기는 어렵다. 하지만 아무리 사려깊은 계획주의자라 하더라도 예측하지 못하는 것들이 남아 있다.

여러분이 리스크를 싫어할수록 디지털 트랜스포메이션을 받아들여야 한다. 두려울지는 모르지만 새로운 것이기 때문이다. 두려움과 위험은 다르다.

사람이 확률과 리스크 평가에 있어 매우 서툴다는 것은 잘 알려진 사실이다. 전작인 『A Seat at the Table』에서 여러 예시를 이용해 이 점을 지적했다. 내가 이 예시를 좋아하는 이유는 올바른 대답을 알고는 있지만 스스로 옳은 것인지 확신할 수 없기 때문이다.

첫 예시는 TV 게임 쇼인 'Let's Make a Deal'[4]이다. 이 쇼의 참가자는 3개의 문 중 하나를 선택해야 한다. 참가자는 '3개의 문 중 하나의 문 뒤에 자동차가 있으며, 그 문을 맞히면 차를 얻게 될 것'이라는 안내를 받는다. 참가자가 생각하는 동안 사회자는 다른 문을 하나 열고 그 뒤에 자동차가 없다는 것을 보여준다. 그리고 사회자는 남은 2개의 문을 가리킨다. 하나는 참가자가 선택한 문이고 다른 하나는 세 번째 문이다. 그리고 참가자에게 선택을 바꿀 것인지 묻는다. 이제 문이 2개만 남았으므로 어떤 문을 선택하든 뒤에 자동차가 놓여 있을 확률은 50%이다. 그래서 선택을 바꾸는 것은 그리 중요하지 않다. 그렇지 않은가? 하지만 참가자가 선택해야 할

---

4 https://en.wikipedia.org/wiki/Let%27s_Make_a_Deal – 옮긴이

올바른 전략은 문을 바꾸는 것이다. 그렇게 함으로써 참가자가 이길 확률을 두 배로 끌어올릴 수 있다.[12] 아무리 친절하게 설명해도 우리는 직관적으로 이를 받아들이길 주저한다.

또 다른 예시는 질병의 확률과 관련된 것이다. 여러분이 1,000명 중 1명에게만 나타나는 희귀병에 관한 테스트를 받았다고 가정해보자. 의사는 여러분에게 이 테스트가 99% 확률로 정확하다는 정보를 제공한다. 즉, 여러분이 병에 걸린 경우에는 테스트 결과가 99% 양성으로 나타날 것이고, 병에 걸리지 않는 경우에는 테스트 결과가 99% 음성으로 나타난다는 의미다. 불행하게도 테스트 결과는 양성이었다. 그렇다면 여러분은 얼마나 걱정해야 하는가? 사실 그렇게 걱정할 필요는 없는 것으로 밝혀졌다. 앞서 얘기한 조건에 따르면 여러분이 실제 희귀병에 걸렸을 확률은 단지 9%에 지나지 않는다.[13]

우리는 완벽하게 잘못된 대상으로부터 리스크를 식별하고, 발생할 결과의 가능성을 잘못 계산하곤 한다. 예를 들면, 우리는 전통적인 프로젝트 관리에서는 프로젝트에 예산, 일정, 범위 리스크가 존재하는 것으로 간주한다. 『Project Management Body of Knowledge^PMBOK®』의 베스트 프랙티스를 따르는 프로젝트 매니저는 리스크를 등록하고, 등록한 리스크를 완화하는 계획을 수립할 것이다.

하지만 이런 리스크는 실제로 고려해야 할 올바른 리스크가 아니다. 실제 리스크는 (1) 비즈니스 목표를 달성하지 못하는 리스크와 (2) 비즈니스 목표를 가장 빠르고 효과적인 비용으로 달성하지 못하는 리스크다. 나는 여기에 (3) 의도치 않게 예산을 초과하는 리스크를 추가하고자 한다. 비용, 일정, 범위는 이 세 가지 진짜 리스크를 가장 잘 대변한 한 형태에 지나지 않는다.

(1) 비즈니스 목표를 달성하지 못하는 리스크

각 직원이 하루에 처리하는 케이스 숫자를 늘리는 것, 예를 들어 70개에서 100개로 늘리는 것을 목표로 하고, 여러분이 그 목표를 달성하기 위해 100만 리브르를 투자할 의지가 있다고 가정해보자. 이 상황에서의 진짜 리스크는 100만 리브르를 사용했는데도 목표를 달성하지 못하는 것이다.

여러분이 이 목표를 해석해 요구사항으로 만든 후 기술자에게 구현하도록 요청했다면, 이는 또 다른 리스크를 추가한 것이다. 즉, 여러분이 해석해서 요구사항이 본래의 목표를 실질적으로 달성하지 못하는 리스크다. 전통적인 모델에서는 이런 방식을 선택했고 이 리스크를 거의 줄이지 않았다. 프로젝트가 끝나고 여러분이 돈을 모두 쓴 이후에야 비로소 요구사항을 달성했는지 확인할 수 있기 때문이다.

린 스타트업 접근 방식을 선택하고 요구사항을 가설로 취급하면 리스크를 줄일 수 있다. "나는 이 기능을 구현하면, 케이스의 수가 하루에 70개에서 100개로 늘어날 것이라 생각한다"라는 가설을 만들고, 그 가설을 테스트한다. 테스트에 필요한 비용은 프로젝트 전체 비용 중 일부로만 감당한다. 테스트 결과를 바탕으로, 여러분은 요구사항을 수정할지 또는 버릴지 선택할 수 있다. 이것이 바로 리스크 완화다.

데브옵스를 활용해 기능 중 하나를 사용자에게 빠르게 출시하면 리스크를 좀 더 줄일 수 있다. 개발이 진행됨에 따라 목표를 달성했는지 확인할 수 있다. 앞의 예제에서, 케이스의 수가 70에서 점진적으로 증가하는 것을 볼 수 있을 것이다. 각 기능이 출시될 때마다 원래 목적을 달성하지 못할 리스크를 줄이는 것이다. 이보다 더 좋은 리스크 완화 방법을 찾을 수 있겠는가?

(2) 비즈니스 목표를 가장 빠르고 효과적인 비용으로 달성하지 못하는 리스크

오래된 폭포수 접근 방식을 사용하면 효과적인 비용으로 신속하게 목표를 달성하지 못한다. 기억하라. 폭포수 모델은 기능 과다를 조장함으로써 실질적으로 리스크를 증가시킨다. 가치를 전달하기 전에 요구사항을 준비하고 프로젝트 계획을 수립하는 데 많은 시간을 사용할 것을 요구한다. 또한 폭포수 모델에서는 테스팅을 가장 마지막 단계에 수행하고, 발견된 문제를 수정하는 과정에 가장 많은 시간을 사용하므로 비용 또한 증가한다(그림 4 참조).

다행스럽게도 지금 여러분이 사용할 수 있는 도구는 리스크를 관리할 수 있는 더 나은 방법을 제공한다. 여러분은 애자일 접근 방식을 사용해 진행과 함께 계획을 발전시켜 나가면서 올바른 방법으로 가치 전달을 시작할 수 있다. IT 내외부 가치 흐름을 함께 보면서 사이클 타임을 줄이고 낭비를 제거할 수 있다. 이 모든 활동은 목표를 효과적인 비용으로 빠르게 달성하지 못하는 리스크를 감소시킨다.

(3) 의도치 않게 예산을 초과하는 리스크

폭포수 모델에서는 범위를 고정된('요구된') 것으로 취급하며, 프로젝트 범위를 완료하거나 프로젝트가 실패로 종료될 때까지 프로젝트 수행을 계속한다. 프로젝트는 정의된 범위를 모두 완료할 때까지 지속돼야 하기 때문에 예산을 초과할 리스크가 매우 높다. 수많은 프로젝트에서 이런 일이 발생했다.

애자일 접근 방식을 사용하면, 프로세스 전체에서 지속적인 결과를 얻을 수 있으며, 원하는 결과를 얻는지에 따라 우선순위를 조정할 수 있다. 예산이 바닥나면, 프로젝트를 멈추면 된다. 대부분의 가치는 이미 전달했을 것이다. 또는 더 많은 영향을 미치기 위해 예산을 늘려야 할 수도 있다.

선택은 여러분의 몫이다.

━━━━━━

재앙이다! IT 시스템이 멈췄다! 보블헤드 인형은 무심히 고개를 끄덕인다. 보블헤드 인형은 갈 곳을 잃고 방황한다. 정처 없이 고개를 끄덕이는 슈퍼 영웅과 정치인으로 창고가 가득찬다. 아침을 열어줄 첫 네스프레소^{nespresso}를 마시기도 전에, 아무런 준비도 없이 사고에 휘말린 CEO는 화를 내면서 CIO에게 '갈 곳 없는 보블헤드 인형을 처리하라'는 문자 메시지를 보낸다. 두 시간이 지났지만 보블헤드 인형은 여전히 그곳에 있다. IT 시스템의 품질을 얼마나 잘 반영한 것인가!

정말 그러한가? 가용성은 비용을 요구하며 불확실하게 요동친다. 기업은 어떤 시점이 되면 시스템 가용성을 확보하는 데 얼마만큼의 투자를 할지에 관한 결정을 내릴 것이다. 어쩌면 가용성 99.99%라는 목표를 달성하기 위해 리브르 금화를 계속 사용하는 것보다 가용성 99.9%를 받아들이는 것을 선택할 수도 있다. 99.9%의 가용성은 시스템을 1년 중 9시간 정도 활용할 수 없다는 의미다. 보블헤드 인형이 두 시간 정도 그 자리에서 허무하게 고개를 끄덕인다고 해서 가용성에 큰 문제가 있다고 할 수 있겠는가?

솔직히 말하면 모르겠다. 장기적인 관점에서 1년에 9시간 정도 장애가 발생하리라는 것을 예측했고, 현재 2시간이 예상한 9시간 중 일부일 수도 있다. 오늘이 1월 25일이고 연초에 시스템이 2시간 멈췄다는 사실이 1년 동안에 24시간가량 정지될 것이라는 사실을 의미하는가?(명확하게 받아들일 수 있는가?) 가용성 99.9%라는 것이 예측대로 1년 안에 정확하게 9시간 동안만 정지된다는 것을 의미하는가? 오차 없이 9시간 동안만 중단되는 것이 오히려 이상하지 않은가? 99.9%라는 수치의 변동은 고려하지 않아도 되는가? 지금 일어난 장애가 11시간 동안 지속된다면 어떻게 해야 하는가? 이 정도의 장애는 괜찮은 것인가?

앞의 모든 질문에 답하자면, 이 장애는 '통계적 잡음'이라는 것이다.[5] 기업이 가용성 목표를 99.9%로 설정한 이유가 명확하다면, 모든 구성원은 침착해야 한다. 시스템 가용성을 계획 이상으로 좋게 만들지 않는다고 해서 기업이 비용을 절약하는 경우는 거의 없다.

"뭔가 해야 한다고!" CEO는 CIO에게 궁서체의 문자를 보낸다. 여러분이 확률을 이해하고 있는 CIO라면 편안한 마음으로 아침 식사를 마치기 바란다.

———

통제를 적절한 위치에 놓으면 많은 리스크를 관리할 수 있다. 기업이 SOX[6], HIPAA[7], PCI[8], FISMA[9]와 같은 법제 요구사항을 만족시켜야 하는 경우에는 통제가 매우 중요하다. 감사인auditor들이 언젠가 적절한 통제가 마련돼 있는지 확인할 것이다. 좋은 디지털 위생 방안을 실천하고 있는 기업이라면 감사인들에게 매력적인 얘기를 들려줄 수 있을 것이다.

디지털 세계에서 통제는 가능한 한 자동화해야 한다. 자동화한 통제는 사람에 따라 이뤄지는 통제보다 믿을 만하며 효율적으로 적용할 수 있다. 자동화한 통제는 감사 로그를 남기며, 저렴한 저장 공간의 장점을 활용해 필요한 양만큼의 감사 정보를 유지할 수 있다. 자동화한 통제는 지속적으로(단순히 주기적이 아니라) 적용되므로 기술자는 규제를 만족하는지 확인하면서 업무를 신속하게 수행할 수 있다. 그러므로 데브옵스 세계에서 통제

---

5 과도하게 단순화했다. 시스템 장애와 관련된 새로운 정보를 활용해 기존 수치를 넘는 새로운 확률을 계산할 수도 있다.

6 https://en.wikipedia.org/wiki/Sarbanes – Oxley_Act – 옮긴이

7 https://en.wikipedia.org/wiki/Health_Insurance_Portability_and_Accountability_Act – 옮긴이

8 https://en.wikipedia.org/wiki/Payment_Card_Industry_Data_Security_Standard – 옮긴이

9 https://en.wikipedia.org/wiki/Federal_Information_Security_Management_Act_of_2002 – 옮긴이

는 업무 속도를 늦추는 것이 아니라 오히려 빠르게 한다.

예를 들어, 보안 통제는 시스템이 개발되는 동안 시스템의 보안을 지속적으로 테스트한다. 기술자가 실수로 보안 취약점을 만들면, 테스트는 즉시 보안 취약점을 발견해 피드백을 보낸다. 기술자는 즉시 발생한 문제점을 해결한다(그리고 학습한다). 시스템 개발이 완료되는 순간, 더 이상 오랜 시간이 소요되는 보안 테스팅 또는 검증을 할 필요가 없다. 시스템은 이미 테스트를 통과했기 때문에 결과적으로 리드 타임이 줄어든다.

자동화한 통제는 정보 보안 이외의 영역에서도 수동적인 통제를 대체할 수 있다. 클라우드에서 비용 통제를 수행함으로써 지출을 제한하고 인프라스트럭처를 회계 비용 범주로 지정할 수 있다. 개인 정보 통제는 데이터 접근 제한에 사용할 수 있다. 필요한 곳에 승인 워크플로—종종 승인조차 자동화할 수 있지만—를 설정할 수 있다. 정부에서는 재활법 508조 Rehabilitation Act 508를 준수해야 했다. 즉, 장애를 가진 사용자도 모든 시스템에 접근할 수 있도록 해야 했는데, 이 과정에서 대부분의 접근성 확인을 자동화할 수 있다는 것을 알게 됐다.

논란의 여지가 있긴 하지만, 한 가지 예시를 들어 어떻게 통제가 전달 속도를 높일 수 있는지 설명하고자 한다. 이 논의에는 소프트웨어 개발자와 시스템 운영자(실제 운영중인 시스템을 변경할 수 있는 사용자들) 사이의 업무 분리가 포함돼 있다. 과거에는 업무 분리를 필수적인 통제로 간주했다. 소프트웨어 개발자는 운영 전문가에게 코드를 전달해야만 하며, 운영 전문가는 전달받은 코드가 실제로 운영할 수 있는지를 검증해야 한다. 즉, 테스팅은 완료됐는지, 사용자가 새로운 기능을 사용할 준비가 됐는지, 배포 프로세스는 최소한의 리스크로 완료될 수 있는지 등을 확인하는 것이다.

하지만 성숙한 데브옵스 프로세스에서는 배포가 자동화돼 있다. 많은 조직은 개발자가 코드를 다른 사람에게 전달하지 않고 간단히 '배포 버튼을 누르도록' 허가했다. 이는 의무 분리의 원칙을 위반하는 듯 보였지만,

결과적으로 자동화한 데브옵스 프로세스가 실제로 더 나은 안전 장치임을 깨달았다.

프로세스를 자동화하면 코드를 배포하기 전에 모든 테스트가 통과됐음을 보장할 수 있다. 개발자가 신속하고 자유롭게 배포할 수 있기 때문에 작은 규모의 코드를 더 빈번하게 배포할 수 있다. 이는 결함에 따른 리스크와 사용자가 접하는 변화의 영향을 줄인다. 모든 변경은 버전 관리 시스템에서 추적할 수 있기 때문에 감사가 가능하다. 테스팅 프로세스(코드가 배포되기 전에 모든 테스트를 통과해야 한다)는 보안 테스트와 법규 준수 테스트를 포함한다. 많은 배달 팀 또한 코드를 작성한 즉시, 동료 개발자에게 리뷰를 요청한다. 한 명의 운영 전문가보다 문제를 잘 특정하는 자동화한 시스템을 이용해 피드백을 제공한다(다시 한번 말하지만 이 역시 감사가 가능하다).

앞에서 설명한 자동화된 통제는 프로세스를 좀 더 빠르게 만들면서 통제를 늘린다. 우리는 도넛을 가질 수도, 먹을 수도 있다.[10]

디지털 세상으로 진입한다는 것이 더 많은 리스크를 감수한다는 것(일부 사람이 그런 방식으로 얘기하지만)을 의미하지는 않는다. 오히려 리스크가 무엇인지 정확하게 이해하고, 과거에 수행해왔던 방식과는 다른 방식으로 리스크를 관리하기 위해 빠른 피드백과 정확한 데이터에 의존한다는 것을 의미한다. 우리가 잘못 이해했듯이 새로움에 관한 두려움은 리스크가 아니다.

---

10 이 말에 혼란을 느끼는 것은 여러분만이 아닐 것이다. 이 말의 원전은 1546 버전이다. "Wolde you bothe eate your cake, and have your cake?" 케이크를 먹어버린 후에는 케이크를 계속 손에 들고 있을 수 없다는 의미다. 아이슬란드에도 이와 똑같은 속담이 있다. "입 안의 밀가루를 불어내면서 머금고 있을 수는 없다." 나도 잘 이해하지 못한다.

기업에 더 많은 리스크를 감내하라는 제안을 멈추는 순간, 변화 에이전트로서 해야 할 일은 훨씬 쉬워진다. 실제 리스크를 주의 깊게 식별하고, 리스크를 관리하기 위한 애자일 전략을 다듬어라.

거버넌스와 투자 관리

"현실은 이미 존재하고 있는 것에 지쳐버렸는가, 아니면 나타날 것을 위한 자리를 남겨뒀는가?"

– 수잔 니먼, 근대 사고에서의 악Susan Neiman, Evil in Modern Thought

"우리는 좋다는 이유로 무엇인가를 원치 않는다. 반대로 우리가 원하는 것을 선이라 부르고, 혐오하는 대상을 악이라 부른다."

– 바뤼흐 스피노자, 윤리학Baruch Spinoza, Ethics

기업은 최고의 가치를 전달할 수 있는 곳에 리소스를 직접 투자하길 원한다. 4장, 'IT의 비즈니스 가치'에서는 IT를 활용해 만들어내고자 하는 가치 컨텍스트에서 IT가 가진 비즈니스 가치를 논의했다. 7장에서는 이런 가치를 얻기 위해 어떤 IT 액티비티에 투자해야 할지 살펴볼 것이다.

IT 투자 관리는 비즈니스 케이스로 바꿔서 제안한 IT 이니셔티브의 장점을 평가하고, 이니셔티브의 수행 여부를 결정하는 프로세스의 하나로 간주돼왔다. 그러나 이런 접근 방식은 디지털 시대에 필요하지 않을 뿐 아니라 오히려 위험하다. 이 접근 방식은 애자일과 린 혁명의 장점을 전혀 사용하지 못하기 때문이다. 비즈니스 케이스를 합리적으로 지원하기 위한 자료를 축적하고, 여러 장애물 속에서 추진돼야 하기 때문에 속도가 매우 느리다. 이런 접근 방법 대신 속도를 활용함으로써 의사결정을 개선하고, 각각의 투자로부터 더 많은 가치를 이끌어낼 수 있다.

전통적인 모델에서는 비즈니스가 이니셔티브를 제안하고, IT는 제한된 리소스를 사용해 그 이니셔티브를 실행했다. 기업은 업무에서 끊임없이 불편함을 찾아내고 개선을 꿈꾸는 사람들로 가득했기 때문에 언제나 수요가 공급을 초과했다. IT 백로그에는 구현을 기다리는 요구가 줄어들 날이 없었다.

규모가 작은 일부 요구는 큰 부하가 걸리지 않는 우선순위 선정 프로세스를 이용해 처리할 수 있었으며, 지속적인 유지보수를 위해 별도의 IT 리소스를 할당받았다. 규모가 큰 요구는 새로운 IT 시스템을 전달하거나 기존 프로젝트에 상당한 변화를 초래하는 프로젝트의 성격을 띠었다. 일반적으로 이런 요구는 예산 수립 프로세스를 이용해 처리했다. 제안서를 검토하고, 제안된 프로젝트가 기업의 전략과 비즈니스의 필요에 부합하는지 확인하는 공식적인 거버넌스 프로세스가 존재하기도 했다. 임계점을 넘는 큰 투자의 경우, 시니어 리더는 프로젝트의 진행을 감독하거나 모니터링하는 데 많은 관심을 가진다. 7장에서는 이처럼 공식적인 투자 관리 및 감독 프로세스를 중점적으로 다룰 것이다.

로스Ross와 웨일Weill은 IT 거버넌스IT Governance에서 기업이 거버넌스를 수립하는 방법으로 상업 군주business monarchy, 봉건feudal, 연방federal, 복점 duopoly, 무정부anarchy와 같은 다섯 가지 유형을 제안했다.[1] 이 유형은 정부 관점의 거버넌스들로 강력하게 중앙집권화돼 있으며 매우 엄격하다(무정부 전형은 제외한다. 해당 전형을 사용하지 말라고 권하는 것이 그리 놀랄 만한 일도 아닐 것이다).

웨일과 로스가 제안한 유형에 반대하는 것은 아니지만, 나는 기업에서 일어나는 거버넌스 의사결정은 다른 형태에 가깝다는 사실을 발견했다. 전작인 『A Seat at the Table』에서 스타 챔버Star Chamber라고 부른 형태다.[1] 어두운 방, 테이블에 둘러앉아 후드를 뒤집어 쓴 얼굴이 잘 보이지 않는 집단을 머릿속에 그려보라. 신청인이 투자 제안을 갖고 방에 들어오면, 스타 챔버는 제안에 관련된 판단을 내린다. 일부 신청인에게는 대규모 이니셔티브라는 상과 고통을 함께 주고, 다른 신청인에게는 다른 회피책과 정적인 웹 사이트 유지보수 업무를 하면서 다음 해를 보내라고 선고한다.

조지 웨스터먼과 리차드 헌터는 『Real Business of IT』(Harvard Business Press, 2009)에서 전통적인 스타 챔버 프로세스를 다음과 같이 묘사했다.

> "이 프로세스는 기본적으로 프로젝트와 스폰서를 연관 짓는다. 스폰서는 (1) 이익, 리스크, 리소스 요구사항에 관한 추정을 종합한 공식적인 제안을 개발하고, (2) 여러 제안 중에서 선호하는 투자를 선택할 결정권자에게 개발한 제안을 제출한다. 투명한 투자 프로세스에서는 이기는 제안winning process을 식별하도록 정의된 우선순위 결정 프로세스를 충족시킴으로써 기회를 얻는다."⟨2⟩

나는 '이기는 제안'이라는 표현을 좋아한다. 누가 보상받을지를 선택하는 과정, 즉 판단을 통과하는 과정이라는 것을 명확하게 설명해주기 때문이다.

---

1 스타 챔버를 다시 살펴봐야 했다. 집필 당시 이 단어를 모호하게 알고 있었기 때문에 이 책에서 설명하기로 했다. 스타 챔버는 1487년부터 1641년까지 영국 법원을 의미했으며, 베일에 싸여 주관적인 판단을 하는 곳으로 알려져 있다.

스타 챔버는 신탁 의무를 진다. 이들은 좀 더 나은 이익을 얻기 위해 조직의 자원을 어떻게 배분할지 결정해야 한다. 맡은 의무를 다하기 위해 모든 이니셔티브를 감독해 자금이 잘 사용됐는지 확인하고, 잘 수행되지 않는 이니셔티브는 중단해야 한다. 기업은 의사결정을 위한, 잘 정의된 프로세스를 보유하고 있어야 한다. 이 프로세스는 법제적 요구사항은 물론, 감사원과 기업의 소유주를 만족시켜야 한다.

불확실성과 복잡성이 전통적인 계획을 압도한다는 점과 요구사항을 실현하는 과정에 있어서 IT가 수동적이며 계약자의 입장에 서 있는 존재가 아니라는 점을 인정한다면, 앞서 설명했던 거버넌스의 운용 목적을 달성할 수 있는 더 나은 방법을 제안하고자 한다. 스타 챔버에서 후드를 뒤집어쓴 인물은 비즈니스 부문에서 쏟아낸 제안 중에서 프로젝트를 선택해 IT에 넘긴다. 제안한 전투 계획을 기반으로 투자 의사결정을 내리는데, 제안된 전투 계획은 비트와 바이트, 시시각각으로 변화하는 비즈니스 니즈와의 첫 번째 전투에서 살아남지 못할 것으로 보인다. 디지털 환경에서 스타 챔버 거버넌스는 사전에 준비된 비즈니스 케이스와 계획에 의존한다.

거버넌스는 통제에 관한 것이기 때문에 불확실성이 높은 환경에서의 통제가 무엇을 의미하는지 생각해보는 것은 매우 흥미롭다. 상식적으로 우리는 변화 정도, 복잡성, 리스크, 변화하는 목표와 연관된 요소를 명확하게 통제하지 못한다. 그럼에도 우리는 레일 위로 열차가 달리게 해야 하고, 손 안의 정보를 기반으로 최선의 결정을 내려야 하며, 기업을 위한 최고의 결과물을 얻을 수 있는 길을 찾아내야 하는 책임을 지고 있다는 것을 직관적으로 안다. 우리가 내린 결정이 잘되거나 잘못될 수 있다는 것도 안다.

이런 의무와 스타 챔버 모델이 작동하는 방식에는 약간의 논리적 차이가 있다. 거버넌스 기구는 자신이 승인한 제안이 기업의 목적을 가장 잘 달성할 수 있다고 확신할 수 있어야 한다. 하지만 스타 챔버는 수동적이다.

스타 챔버는 제출받은 제안들만을 판단해 통과시킬 수 있다. 제안된 프로젝트가 몇몇 기업의 목적 또는 그 목적의 일부를 누락할 가능성은 없는가? 스타 챔버는 자신에게 제안된 프로젝트가 기업의 목적을 달성하는 가장 좋은 방법인지 어떻게 알 수 있는가?

스타 챔버는 특정 계획과 그 계획에 관련된 비즈니스 케이스에만 투자할 수 있고, 계획을 실행하는 동안 변경을 허가할 권한은 없다. 이것이 투자 매니지먼트와 투자 감독 사이의 관계다. 감독의 목적은 단지 승인된 계획에서 프로젝트가 크게 벗어나지 않는다는 것을 확인하는 것이기 때문이다. 불행하게도 이는 상황이 변했는데도 애자일 방식에 저항할 수 있다는 것을 의미한다. 그들이 말했듯이 아가멤논을 연기하면서 도넛을 먹을 수는 없다.[2]

스타 챔버가 과연 기업 자원을 최대한 활용할 수 있도록 하는 데 신경을 쓰는가? 분명 이는 린이 아니다. 제안이 선택되지 않는다면, 제안을 정당화하기 위해 수고한 제안자들의 노력은 물론 스타 챔버가 제안을 평가하는 데 기울인 노력이 모두 수포로 돌아간다. 회의실을 준비하고, 기괴한 인물을 초대하고, 후드가 달린 망토가 세탁돼 돌아올 때까지 제안은 승인 프로세스상에서 멈춰 있어야 한다. 린 사고 방식에서는 대기 시간이 가장 고전적인 낭비의 원천이라는 것을 기억하라. 모든 단계는 리드 타임을 증가시킨다.

스타 챔버가 평가하는 비즈니스 케이스는 그 자체가 요구사항을 모아둔 단일 이니셔티브. 세밀하다기보다는 덩어리에 관한 의사결정이라 할 수 있다. 스타 챔버의 접근 방식에서는 이들이 평가하는 가치가 부분 가치의 합, 즉 모든 요구사항이 합쳐져 단일한 가치를 만들어낸다고 가정한다. 이는 자동차에 비유할 수 있다. 스티어링 휠 하나의 가치는 평가할 수 없

---

2 사실 이들이 얘기한 것이 아니라 내가 얘기했다. 3장, '기민함과 린함'의 도입부 인용구를 참조하라.

다. 그 가치는 다른 부품들과 합쳐져 자동차가 완성됐을 때 비로소 평가할 수 있기 때문이다.

물론 IT 거버넌스에도 이와 같은 개념을 어느 정도까지는 적용할 수 있다. 예를 들어, 온라인 쇼핑 시스템은 결국 주문을 받고, 지불을 관리하고, 주문을 완료하고, 환불을 제공하는 컴포넌트를 포함해야 비로소 살아남을 수 있기 때문이다. 하지만 한 제품이 얼마나 최소화될 수 있는지, 최소화됐는데도 살아남을 수 있는지를 안다면 여러분은 매우 놀랄 것이다. IT는 과거에 다른 목적으로 개발했던 컴포넌트를 재활용하거나 클라우드 또는 오픈소스 커뮤니티에서 제공하는 컴포넌트를 조합해 매우 빠르게 수많은 기능을 출시할 수 있다.

큰 단위를 대상으로 내리는 투자 결정은 애자일 기술이 제공하는 세밀한 투자 결정을 이용해 얻을 수 있는 장점을 희생시킨다. 큰 단위의 투자 결정 접근 방식은 프로젝트가 완료되는 시점에서 단일 시스템을 제공하는 폭포수 세계에는 적합했다. 그러나 애자일 세계에서는 개별 기능이 준비되는 즉시 사용자에게 배포할 수 있다. 린 이론에서 리드 타임을 증가시키는 하나의 커다란 배치 대신, 개별 요구사항에 관련된 작업을 수행할 수 있다. 큰 단위의 거버넌스에서는 기능 범위를 고정시키기 때문에 변화에 유연하게 대응하기 어렵다. 큰 단위의 거버넌스는 우선순위가 각각 다를 수 있는 개별적인 작업 아이템을 하나의 그룹으로 묶는다. IT 프로세스의 기민함을 높이기 위해 노력하면서 이에 수반되는 비즈니스의 기민함을 상실하는 것은 부끄러운 일이다.

전통적인 프로젝트 계획에서는 리스크를 등록하고, 등록한 리스크를 완화하는 계획을 제시함으로써 리스크를 관리했다. 리스크는 계획을 원상태로 되돌릴 수 있을 정도, 즉 이니셔티브를 조정해 당초의 비즈니스 케이스와 계획을 유지할 수 있을 만큼만 완화됐다. 하지만 IT 영역의 불확실성은 계획의 가장 핵심적인 부분을 변경해야 할 만큼 점점 깊어졌다.

리스크가 무엇인지 안다면, 이를 태스크로 만들 수 있다. 그러나 진짜 불확실성, 즉 '알려지지 않은' 것이 이니셔티브에 가장 큰 영향을 미칠 수 있는 요소라는 점이 진짜 문제다. 그리고 디지털 세계에는 알 수 없는 것(경쟁사가 내일 갑자기 새로운 제품을 출시할 것인가?)에서부터 단지 모르는 것(해커가 우리 시스템을 침입하려고 하는가? 다음 기능을 추가할 때 작동돼버릴 만한 잘못된 코드가 시스템에 들어 있지 않은가?)에 이르기까지 수많은 리스크가 존재한다.

물론 리스크 조정 할인율risk-adjusting the discount rate을 사용해 전통적인 투자 프로세스에 리스크를 통합시킬 수는 있다. 하지만 교과서적인 자본 예산 수립 관리 방법 역시 중요한 포인트를 놓치고 있다. 방법은 투자에 관한 의사결정을 즉시 내려야 한다고 가정하는 잘못을 범하고 있다. 하지만 그렇게 할 필요는 없다. 기민함을 활용해 IT에 단계적인 투자를 할 수 있기 때문이다. 프로젝트 시작 시점에서는 작은 리스크를 선택해 이후 단계의 의사결정에 도움이 될 만한 추가 정보를 확보할 수 있다. 이런 접근 방법을 계량형 자금 조달metered funding, 단계적 투자staged investments 또는 좀 더 광범위한 표현으로 발견 주도 계획discovery-driven planning이라 한다.

벤처 캐피털 회사는 계량형 자금 조달 방법을 활용한다. 시리즈 ASeries A 투자를 받은 스타트업은 그 비용으로 제품을 개발하고, 첫 번째 팀을 꾸리고, 초기 마케팅과 브랜딩 활동을 한다. 시리즈 BSeries B 투자는 일반적으로 해당 제품이 시장에 출시된 후에 투입되며 투자금은 스타트업을 확장하고, 시장 위치를 구축하는 데 사용한다. 시리즈 CSeries C 투자금은 스타트업이 성공적이라는 것이 증명되고, 새로운 제품을 개발함으로써 더 크게 성장할 것이라고 기대되거나 인수 또는 기업 공개IPO를 준비하기 위해 투입된다. 단계가 진행될 때마다 불활실성이 감소하므로 투자자는 주식을 받기 위해 더 많은 돈을 지불한다.

폭포수 방식 프로젝트에서는 프로젝트 초기 단계에서 미래의 의사결정에 관한 불확실성을 줄이기 위해 사용할 수 있는 유용한 정보를 얻지 못한다. 개발자는 몇 개월가량이 지난 후, "컴포넌트 A에 관련된 업무 중 15%, 컴포넌트 B에 관련된 업무 중 13%를 완료했다"라고 보고할지도 모른다. 이 보고에서는 다음 단계의 투자 결정에 필요한 정보를 얻지 못한다. 하지만 디지털 세계에서는 이니셔티브가 결과를 전달하고, 피드백을 이끌어내고, 다음 단계에 자금을 투자해야 할지 또는 추가 자금 조달을 정당화하기 위해 변경할 점들이 어떤 것인지에 관한 정보를 제공하도록 설정할 수 있다.

애자일 이니셔티브를 사용하면 기능이 프로덕션에 지속적으로 릴리스되기 때문에 초기 투자를 이용한 이득을 즉시 얻을 수 있다. 기업이 두 번째 단계에 자금을 투입하지 않기로 결정하더라도 사용자는 여전히 첫 번째 단계의 제품을 사용할 수 있다. 4장, 'IT의 비즈니스 가치'에서 설명한 것과 같이, 이런 상황에서는 시리즈 A 투자와 다음 단계에서 얻을 수 있는 옵션을 이용해 수익을 모델링할 수 있다.

애자일 접근 방식이 실험을 이용해 혁신을 만들어내는 이유는 바로 이 때문이다. 이는 가치 있는 옵션을 포함하고 있기 때문에 경제적인 측면에서도 정당성을 확보할 수 있다. 첫 번째 단계를 가급적 빠르게, 충분히 적은 비용을 들여 완료하면, 머지않아 옵션의 잠재 가치가 첫 번째 단계에서 사용한 비용을 넘어설 것이다. 또한 테스트된 아이디어의 포트폴리오(벤처 캐피털 회사의 스타트업 포트폴리오와 같은)에서 기업이 이후에 크게 베팅할 수 있는 성공적인 아이디어를 얻을 수도 있을 것이다.

계량형 자금 조달 방법은 프로젝트 수명 주기 전체에 걸쳐 사용할 수 있으며, 이는 다음 주제와도 관련돼 있다. 취소해야 할 프로젝트는 실패한 프로젝트가 아니라 성공한 프로젝트다.

그 이유는 다음과 같다. 만약, 투자 의사결정 프로세스가 잘 작동했다면, 이니셔티브가 비즈니스 가치를 반환할 것이라는 예상을 할 수 있을 것이다. 자, 이제 단계적인 투자를 한다고 가정해보자. 즉, 정기적으로(예를 들면, 월별로) 투자 의사결정을 다시 내리는 것이다. 성공적인 이니셔티브는 지속적인 가치를 제공할 것이므로(데브옵스 세계에서는 이를 기대한다), 현 시점까지 이니셔티브가 제공하는 것은 무엇인지, 미래에 무엇을 제공할지를 평가할 수 있다. 또한 가장 이익이 높은 작업을 우선적으로 달성해왔기 때문에 이후의 단위 기대 수익은 점점 줄어들 것이라는 점도 알 수 있을 것이다. 감독 프로세스를 이용하면 특정한 시점에서 충분한 수익이 달성됐다는 것을 알 수 있으므로 상태에서는 더 이상 추가 노력을 투입하지 않는 것이 합리적이다. 프로젝트에 투입된 리소스는 다른 이니셔티브로 옮겨야 한다. 프로젝트 상황을 잘 반영한 매우 합리적인 결정이라 할 수 있다.

프로젝트가 잘 진행되지 않는 상황, 즉 프로젝트가 기대한 만큼의 이익을 만들어내지 못하고 있는 상황에서는 프로젝트를 취소해서는 안 된다. 우리는 프로젝트가 그 이상의 이익을 낼 것이라고 믿고 있기 때문이다. 이 시점에서는 오히려 다른 방향에서 높은 수익을 낼 수 있도록 프로젝트를 조정해야 한다. 팀이 제거 가능한 장애를 다루고 있는지, 프로젝트에 필요한 자원은 충분히 제공되고 있는지, 이니셔티브를 실행하기에 적합하지 않은 인원이 투입돼 있지 않은지와 같은 모든 이슈를 확인해야 한다.

프로젝트가 실패하면 종종 프로젝트에 할당된 팀의 잘못이라고 여긴다. 그리고 처벌하는 의미로 그 팀이 진행 중인 프로젝트를 취소한다. 이런 대응은 두 가지 이유에서 납득하기 어렵다. 가장 먼저, 프로젝트의 실패는 프로젝트 팀의 잘못이 아닐 수 있다. 그 팀이 프로젝트에 투입된 이유는 결국 우리가 프로젝트를 실행하는 데 그 팀이 가장 적합하다고 선택했기 때문이다. 다음으로 프로젝트를 수행하기로 결정한 이유가 아직 남아 있다. 프로젝트가 명확한 비즈니스 니즈를 갖고 있다면, 프로젝트 취소는 그 비즈니스 필요성을 충족시키지 못한 상태로 폐기하는 것이기 때문이다.

오히려 새로운 IT 접근 방식이 제공하는 모든 옵션의 장점을 활용해야 한다. 투자 결정의 리스크를 줄이기 위한 추가 정보를 얻을 수 있다면? 이미 충분한 수익을 만들어낸 이니셔티브를 중단할 수 있다면? 불확실한 환경에 처해 있는데도 장기적이고 시의적절한 결정을 내릴 수 있는 체 하는 것은 오히려 무책임한 행동이다. 이제 우리는 단계적으로 투자하고, 실행하고, 학습하고, 계획을 조정할 수 있는 옵션을 갖고 있다. 초기(즉, 이니셔티브를 시작도 하기 이전, 가용한 정보를 거의 갖고 있지 않았을 당시)에 수립한 계획을 고수하는 데만 집착한다면, 기회는 저 멀리 날아가버리고 말 것이다.

4장, 'IT의 비즈니스 가치'에서는 비즈니스에서 이니셔티브를 도출해 우선순위를 정하는 대신, 조직의 전략적인 목표에서 계단식으로 이니셔티브를 만들어낼 것을 제안했다. 조지 웨스터먼과 리차드 헌터는 이 접근 방식을 다음과 같이 설명한다.

> "모든 기능 영역의 파워 유저와 협업해 밑바닥에서 IT 전략을 개발했지만, 이 전략이 반드시 기업 비즈니스 전략과 연결되지는 않았다. 오히려 하향식으로 진행함으로써 주요한 이니셔티브에 IT 자원을 사용할 수 있게 됐다."[3]

이 개념을 기본적인 유지보수 업무(전략 목표들과 연결하기 어려운 수많은 작은 작업을 포함하는)에 적용하는 것은 그다지 실용적이지 않다고 생각할 수 있다. 하지만 이 개념은 두 가지 이유로 유지보수 업무에 유효하다.

첫째, 이 유지보수 업무들이 '반드시' 수행돼야 하는 업무들인가? 이 업무를 하지 않으면 기업 운영이 불가능한가? 기업의 자원은 적당한 업무가 아니라 가장 핵심적인 업무에 투입돼야 한다.

둘째, 첫 번째 개발 업무가 잘 진행되면, 작은 유지보수 업무들은 더 이상 필요하지 않을 수 있다. 데브옵스 모델에서 기능을 출시한 팀은 해당 기능의 성공을 지속적으로 모니터링하고 기능을 수정해 나간다. 기업의 필요를 충족시켜야만 기능이 비로소 완료되는 것이므로 미래에 버그를 수정하거나 기능을 조정하는 것과 같은 '유지보수 업무'를 할 이유가 거의 없다. 백로그는 작은 요구사항을 담을 수 있을 정도로 작아야만 한다.

우리가 (하나의 큰 덩어리가 아닌) 개별 이니셔티브(오래된 말로 프로젝트)를 관리하는 한, 이와 같은 사고 방식을 적용할 수 있다. 반드시 단계적 투자를 이용해 리스크를 줄여야 한다. 또한 자유로운 실험을 바탕으로 미래 가치를 만들어낼 수 있는 옵션을 만들어야 한다. 전략적인 목표와의 관련성을 확신할 수 없는 즉흥적인 이니셔티브가 아니라 전략적인 목표와 명확하게 연결된 이니셔티브를 만들어야 한다. 파스칼 반 카우웬베르제Pascal Van Cauwenberghe의 말처럼, 사용자 스토리를 토해내는 상황을 피해야 한다.[4] 이것이 애자일 프로젝트 관리 방식이다.

하지만 프로젝트를 관리해서는 안 된다. 린 프로세스 중 하나인 데브옵스는 배치 크기를 최소화하는 것에 기반을 둔다. 즉, 한 순간에 매우 적은 수의 요구사항을 처리해서 빠르게 완료한 후, 다음 요구사항으로 넘어가는 것이다. 각 요구사항은 신속하게 기능 코드로 바뀌어 사용자에게 분 단위로 전달된다. 심지어 데브옵스는 한 순간에 요구사항 하나만을 처리해 전달하는 단일 업무 흐름single piece flow을 제안한다.

이는 매우 주목할 만하다. 단일 업무 흐름은 IT 프로세스의 응답성을 놀랍게 향상시킨다. IT 프로세스는 새로운 목표를 설정해야 할 필요성을 개별적으로 받아들이고, 해결책을 즉시 만들어내며, 해결책이 완벽해질 때까지 신속하게 개선한다. 이를 활용하면 변화하는 환경에 대응하기 위해 또는 새로운 아이디어를 실험하기 위해 언제든지 방향을 바꿀 수 있다. 작업이 시작되자 마자 결과가 전달되므로 전달 리스크가 0에 가깝게 줄어든다.

하지만 이런 기술적인 능력을 가졌는데도 이 기술을 자주 활용할 수 없었다. 왜냐하면 거버넌스위원회가 1년에 단 한 차례, 스타 챔버가 사용할 회의실을 빌릴 수 있을 때만 열리기 때문이다. 개별적인 요구사항이 발생할 때마다 스타 챔버를 구성할 수도 없다. 실제로 린 원칙에서는 무엇보다 투자 의사결정을 내리기 위해 후드를 뒤집어 쓴 인물을 소집하는 데 소모되는 대기 시간을 없앨 것을 제안한다. 단일 업무 흐름의 장점을 충분히 활용하기 위한 유일한 방법은 거버넌스 의사결정을 분산화하는 것이다.

하지만 거버넌스는 조직의 산발적인 의사결정이 야기하는 혼란을 피할 목적으로 이런 결정들을 중앙집권화한 것이 아니었던가? 그렇다. 그러나 의사결정을 분산화하면서도 중앙집중화된 기조를 유지할 수 있는 방법은 제품 모델product model, 예산 모델budget model 그리고 목표 모델objective model을 사용하는 것이다.

<hr>

제품 모델에서는 기술자 팀을 특정 제품 그룹의 부분으로서 업무에 할당한다. 제품 그룹은 자신의 제품 로드맵을 관리하고, 시장의 피드백과 기업 전체의 경쟁 전략에서 입력을 받는다. 제품 그룹은 일반적으로 자신의 제품의 성능에 관련된 책임을 진다. 제품 성능은 회사의 방침에 맞는 모든 방법으로 측정하지만, 제품 그룹은 제품 로드맵의 아이디어를 자유롭게 개발하고 우선순위를 조정할 수 있다. 디지털 제품의 경우, 제품 로드맵에 관한 아이디어는 대부분 디지털 기능이다. 이 모델은 AWS에서 사용하는 모델과 거의 비슷하다. AWS의 제품 팀은 고객과의 협업으로 기능 로드맵을 관리한다.

제품 모델에서 기술자는 제품 및 기반 기술과 매우 친숙하다. 그룹 안에서 의사결정을 수행하므로 커뮤니케이션 채널은 간결하다. 팀은 제품의 목표(기업 전체의 전략적 목표에서 비롯된)를 달성하기 위해 업무를 수행한다. 팀은 고객의 피드백을 바탕으로 일하고, 어떤 기능이 고객에게 가치를 제공할 것인지에 관한 가설을 테스트하며, 고객이 제품을 사용하면서 제공하는 피드백을 추가로 얻는다.

기업 내에서 사용하는 '제품', 즉 비즈니스 지원 애플리케이션에도 이와 비슷한 아이디어를 적용할 수 있다. 기술자는 제품을 책임지는 담당자와 함께 일하고, 해당 제품의 사용과 내부 구조에 관한 전문가가 된다. 예를 들면, 기술자는 인적 자원 시스템을 관리하는 HR 그룹과 함께 일할 수 있다.

———

예산 모델에서는 '프로젝트 기반'이 아니거나 대규모 자본 투자와 관련이 없는 곳에 비용을 사용한다. 이 모델에서의 업무는 개별 요구사항 레벨에서 수행할 수 있는데, IT 전달을 위한 별도 프로젝트를 운용할 필요가 있는가? 기업 내 타 부분 구성원들이 매일 수행하는 고정 업무가 있듯이 매일 수행해야 할 IT 업무가 있을 뿐이다. IT 업무 종사자는 다른 부문 구성원들과 마찬가지로 매일 출근하고, 만들어야 하는 것은 무엇이든 만든다. 새로운 IT 기능을 만들고, 기존 기능을 개선하고, 보안 관련 코드를 수정할 수 있다. 이런 일 중 일부는 재무 보고서에 자본으로 기록돼야 할 수도 있다(이와 관련해서는 이후 다른 장에서 자세히 알아본다).

기업이 예산을 수립하고 조직 계층에 따라 예산을 할당한다는 것은 예산 담당자에게 거버넌스 권한을 준다는 의미다. IT 이니셔티브에도 이와 동일한 원칙을 적용할 수 없는가? IT 지출 중 일부가 이미 예산의 아이템으로 관리되고 있는데, 나머지 지출도 동일하게 취급할 수 있지 않은가? 이제는 이런 접근 방식이 더욱 설득력이 있다. 업무 수행 측면에서 볼 때, 기존 시스템을 유지보수하는 것과 새로운 기능 개발과의 차이가 거의 없기 때문이다. 단지 전달 팀이 완수해야 할 작업 목록일 뿐이다.

개별 시스템 또는 제품이라는 생각을 버리고, 전체 IT 자산을 하나(내가 앞서 기술한 하나의 거대한 IT 자산)로 볼 수 있다면, 모든 IT 개발은 비용인지,

자본인지를 떠나 IT 자산 전체를 개선하거나 유지보수하는 업무가 된다. 투자 결정은 예산을 배정할 팀과 예산을 편성받은 팀이 배정될 업무 흐름을 결정하는 것이다. 기업이 20개의 배달 팀에 예산을 배정했다면 CIO는 팀을 적절한 수의 팀을 각 목표 또는 기능 집합에 배정하고 적절하다고 생각하는 업무 흐름에 맞춰 팀을 재배정할 수 있다.

예산 모델은 기업 기술 자산 관리를 위해 CIO로 하여금 자금을 사용할 수 있도록 한다. 기업의 IT 투자 포트폴리오를 활용한 수익에 관한 책임을 CIO가 지게 한 인트락스 CEO의 메시지와 가장 일치하는 접근 방식이다. 예산 모델은 CIO에게 많은 책임을 떠넘긴다. 기업이 다른 CXO에게 무거운 책임을 떠넘기는 것과 동일하다. 모든 CXO는 CEO나 이사회에 보고하고, 이들의 통제를 받는다. 어떤 CIO도 이에서 자유로울 수 없다.

이런 접근 방법이 논외였던 이유는 매우 단순하다. 비즈니스와 IT의 단절, 즉 계약자-통제 모델 때문이다. 이와 같은 권한을 계약자에게 떠넘기고 싶어하는 사람은 없을 것이다. 그렇지 않은가?

목표 모델에서는 팀을 특정한 비즈니스 목표(핵심적인 기업 목표에서 비롯된)에 할당한다. 팀은 기술자와 비즈니스 운영자 그룹(기업이 해당 목표를 실질적으로 달성할 것이라고 확신하는)으로 구성한다. 팀은 요구사항이 아닌 목표를 소유한다. 팀은 목표를 달성하기 위해서는 어떤 일이든 할 수 있다. 가설을 테스팅하고, 결정을 내리고, IT 기능을 출시하거나 비즈니스 프로세스를 바꾼다.

나는 USCIS에서 기업 고용주들이 피고용인의 미국 내 근로 가능 여부를 확인하기 위해 사용하는 온라인 시스템E-Verify을 책임지고 있었다. 우리는 고용주가 E-Verify를 필수적으로 사용해야 되는 것이 아니라는 것을 알고 있었는데도 이민 정책 혁신의 일환으로 E-Verify 사용이 필수화되지 않을지 걱정했다. 그런 상황이 됐을 때 발생할 트랜잭션의 양을 버틸 수 있을 만큼 시스템을 확장할 수 없다는 사실을 알고 있었기 때문이다.

E-Verify 확장과 관련된 1차적인 문제점은 기술이 아닌 사람에 관한 것이라는 것도 깨달았다. E-Verify는 전체 신청자 중 98.6%의 적합 유무를 자동으로 결정했지만, 남은 신청자는 상태 검사자 한 명이 일일이 확인해야 했다. 또한 관찰자가 시스템의 잠재적인 악용이나 오용이 없는지도 직접 확인해야 했다. 시스템을 사용하는 빈도가 늘어난다고 해도 상태 검사자와 관찰자의 수를 늘릴 수는 없었다.

그래서 우리는 E-Verify 현대화 프로젝트에 착수했다. 처음에는 전통적인 폭포수 접근 방식을 사용했다. 팀은 구체적인 특징 수백 개를 포함하고 있는 요구사항을 수집하고, 수집한 요구사항을 85개 기능으로 구분했다. 이후 시스템을 설계하고 국토안보부의 투자 거버넌스 프로세스에서 요구하는 많은 문서를 준비하기 시작했다. 4년 후, 팀은 1인치 두께의 바인더 한 무더기를 만들었다.

우리는 다른 접근 방법을 사용하기로 결정했다. 1인치 두께의 바인더들은 쓰레기라 생각하고, 프로젝트를 5개의 잘 정의된 비즈니스 목표로 줄였다.

1. 상태 검사자가 하루에 처리할 수 있는 케이스의 수를 늘린다(현재 70개).
2. 자동화 시스템이 처리할 수 있는 케이스를 98.6%에서 100% 가깝게 늘린다.
3. 등록 완료율을 개선한다. 많은 수의 기업이 E-Verify 사용자 등록 프로세스를 시작하지만, 거의 완료하지 못한다.
4. 기타 시스템 악용 및 오용과 관련된 목표
5. 기타 기술적인 시스템 성능과 관련된 목표

다음으로 매우 린한 투자 결정을 내렸다. 각 목표를 달성하기 위해 3개월마다 100리브르 금화를 사용할 것인데, 비공식적으로는 1개월마다, 공식적으로는 3개월마다 투자 결정을 갱신하겠다고 제안했다. 대시보드를 만들어 각 목표와 관련된 지표를 지속적으로 추적했다. 프로젝트 실행자는 이미 모든 기술 도구와 클라우드 플랫폼을 보유하고 있었기 때문에 우리는 2주 안에 몇몇 지표를 표시하고 지속적으로 해당 시스템을 개선할 수 있으리라 기대했다.

기술자(코딩, 테스팅, 인프라스트럭처 및 보안 관련 스킬을 가진)와 비즈니스 운영 담당자(상태 검사자들)를 섞어 팀을 구성한 후, 첫 번째 목표를 할당했다. 케이스의 숫자를 늘리기 위해 코드를 작성하든, 비즈니스 프로세스를 변경하든, 팀에서 최선이라 생각한 모든 것을 할 수 있고, 매니지먼트는 이를 방해하는 요소를 제거하는 데 도움을 주겠다고 말했다.

좀 더 정확하게는, 처리 개수가 70개가 넘는 방법을 만들어낼 때마다 팀에게 금색 별을 하나씩 제공할 계획이라고 했다. 또한 처리 개수 70개를 넘기려는 의도로 시도하지 않는 방법을 만들어낼 때마다 (윙크와 함께) 아이디어 중 하나를 뽑아 본보기로 보여줄 것이라고 했다. 이는 범위 고정과 기능 과다를 방지하기 위한 방법이었다.[3] 또한 2주마다 만나 결과를 논의하고 매니지먼트가 도울 것이 있는지 찾아보기로 했다.

이 이니셔티브를 시작하면서 관리자, 검사자, 기술자로 구성된 더 큰 팀을 모아 프로젝트 팀에 도움이 될 만한 아이디어를 '브레인 스토밍'했다. 임팩트 매핑Impact mapping 기법(다음 절에서 설명한다)을 사용해 지표를 증가시킬 수 있을 만한 가설을 '마인드 맵mind map'으로 만들었다. 그러나 프로젝트 팀이 마인드 맵을 반드시 사용할 필요는 없었으며, 팀 스스로 결정한 기준에 따라 작업의 우선순위를 평가하도록 했다. 우리는 결과만 신경 썼다.

---

3 이는 공식적인 정부 정책은 아니다. 그러나 기능 과다를 방지하기 위해 무엇이든 해야만 했다.

2주마다 매니지먼트와 프로젝트 팀의 시각을 맞추고 장애물을 제거하기 위한 논의를 했다. 또한 1개월마다 해당 투자를 감독할 책임을 지닌 운영위원회에 결과를 보고했다. 우리는 지표 변화를 달성했고 이후 수개월 간 지표를 지속적으로 개선했다. 운영위원회는 투자를 지속하기로 결정했다.

다른 네 가지 목표를 달성할 때도 이와 비슷한 방식을 활용했다. 1개 목표를 1개 팀에 부여하고 진척 상황을 정기적으로 확인했다. 세 번째 목표인 등록 완료율과 관련해서는 흥미로운 일이 있었다. 프로젝트 초기에는 지표의 개선이 있었지만, 몇 개월이 지나자 지표가 정체되기 시작했다. 비즈니스 소유자와 나는 팀이 실행 중인 아이디어, 즉 가설을 확인했다. 팀은 확실히 올바른 일을 하고 있었다. 우리는 해당 지표가 더 이상 개선되지 않을 것이라는 결론을 내렸다. 아마도 등록 프로세스를 시작한 몇몇 기업은 E-Verify가 자신들에게 적합하지 않다고 판단했거나 등록 프로세스를 사용할 계획 없이 단순히 어떤 시스템인지 확인만 했을 것이다.

운영위원회 보고에서는 목표를 달성하기 위해 당초에 더 많은 비용의 사용을 계획했지만, 해당 목표에 관한 투자를 중단하고, 남은 예산을 다른 목표로 이전할 것을 제안했다. 다시 말하면, 팀은 운영위원회의 동의하에 남은 프로젝트를 취소했다.

4년이 소요될 것이라 계획됐던 프로젝트는 2년 반만에 성공적으로 완료됐다. 각 목표가 모든 이해관계자가 합의한 수준에 이르렀기 때문에 남은 자금을 다른 프로젝트에 활용할 수 있었다. 이 프로젝트는 산출물을 최소화하면서 성과를 최대화하는 것, 다시 말해 완료되지 않은 업무를 최대화하는 애자일의 이상을 실현했다고 할 수 있다.

이 프로젝트를 진행하면서 데브옵스와 적절한 투자 관리 프로세스를 함께 사용함으로써 어떤 효과를 얻을 수 있는지 확인할 수 있었다. 매월 투자를 리뷰하고, 결과를 매일 확인할 수 있었기 때문에 리스크를 감당하는 데 필요한 자금은 한 달치뿐이었다. 가치는 그 이후에도 즉각적이고 빈번하게 전달됐다. 프로젝트 팀은 합의한 비즈니스 목표를 달성한다는 조건하에 혁신을 거듭했다. 프로세스에 걸리는 간접 관리 비용 또한 매우 적었다. 매달 대시보드에서 얻은 비즈니스 결과와 사용 비용을 운영위원회에 보고하고, 분기마다 한 시간가량 운영위원회와 논의했다.

목표를 쉽게 정량화하지 못했다면 어떤 일이 벌어졌을까? 기업은 정량적인 뭔가를 찾으라고 강요한다. 그 정량적인 값들이 비즈니스 목표가 의도하는 바를 정확하게 측정하지 못하더라도 말이다. 나는 각 팀에 정량적이지는 않더라도 결과를 입증할 수 있다면 어떤 증거라도 제시하라고 요청했다. 팀은 완전히 열중한 상태에서 노력하고 있었기 때문에 자신들이 어떤 영향을 만들어냈는지 잘 알고 있었다. 2주마다 열리는 회의에서 매니지먼트는 증거를 평가하고, 증거가 합당한지 결정하고, 필요할 경우 다른 방법을 제안했다.

─────

앞서 잠시 언급했지만, 목표 모델은 고즈코 아직Gojko Adzic이 개발한 임팩트 매핑 기법과 함께 사용했을 때 가장 효과가 컸다. 임팩트 매핑은 교차 기능 팀에게 문제와 그 문제를 해결할 수 있는 해결책을 가시화하는 데 도움을 준다. 팀 구성원 모두가 공통된 시각으로 일할 수 있도록 해결책을 달성하기까지의 경로를 표시한 마인드 맵이다.[4] 임팩트 매핑의 첫 번째 단계는 팀이 달성해야 할 가장 중요한 목표를 식별하는 것이다. 아직은 다음과 같이 말했다.

---

4 https://www.impactmapping.org/index.html – 옮긴이

"목표는 제품을 만들거나 프로젝트 범위를 전달하는 것이 아니다. 목표는 그러한 것이 왜 유용한지 설명해야 한다는 것이다. …(중략)… 목표는 해결책이 아니라 해결해야 할 문제가 무엇인지를 나타내야 한다."[5]

팀 구성원은 본인에게 다음과 같은 질문을 가장 먼저 던진다. "기업이 이 목표를 달성하기 위해 행동을 바꿔야 하는 행위자가 누구인가?" 행위자는 기업이 원하는 효과를 만들어내거나 가로막는 사람으로, 주로 직원, 제품 사용자 또는 규제 기관과 같은, 다른 이해관계자다. 이런 행위자가 임팩트 맵의 첫 번째 층을 구성한다.

다음으로 목표 달성을 위해 식별한 행위자의 행동 중에서 어떤 행동이 변화해야 하는지 질문한다. 바로 이 변화가 팀이 만들어내기 위해 노력해야 할 대상이 된다. 마지막으로 팀은 이런 영향력을 만들어내기 위해 무엇을 할 수 있을지 질문한다. 이 질문의 해답은 산출물, 소프트웨어의 기능 또는 조직의 액티비티 등이 될 수 있다.[6]

우리는 E-Verify 프로젝트를 진행하면서 임팩트 매핑을 사용해 팀과 매니지먼트가 함께 문제를 정의하고, 대안을 찾아내고, 공용 언어를 개발했다. 또한 임팩트 맵의 각 가지가 목표에 미치는 영향을 추정했다.[5] 팀은 이 추정값을 기반으로 우선순위를 결정하고, 테스트해야 할 초기 가설 집합을 구성하기 위한 아이디어를 얻었다. 결과 역시 간단한 임팩트 맵을 사용해 손쉽게 측정했다. 아직은 다음과 같이 말했다.

테스팅은 소프트웨어 기능을 기술적 기대에 맞춰 비교하는 것이 아니라 개발 산출물이 대상 행위자의 행동을 지원하는지 확인하는 것으로 바꿔야 한다. 만약 개발 산출물이 기술적인 관점에서 올바르게 작동하더라도 목적했던 효과를 제공하지 못한다면 실패한 것이기 때문에 문제로 다루거나, 개선하거나, 제거해야 한다.[7]

---

5 원래 임팩트 매핑에서는 각 가지에 관련된 추정을 포함하지 않는다. 우리가 임의로 추가한 것이다.

테스트 대상은 목표 달성 여부, 즉 만들어낸 비즈니스의 가치다.

스타 챔버 거버넌스는 큰 단위의 프로젝트를 조사하고 비교한 후, IT로 할 당하는 멘탈 모델에 기반을 둔다. 그 후 자신이 승인한 계획이 그대로 실 행됐는지를 확인하는 데 중점을 둔다. 그러나 이런 방식으로 투자 결정 관 리를 한다면 기민함과 지속적인 혁신을 필요로 하는 조직을 제대로 지원 할 수 없다.

스타 챔버 거버넌스가 기업 자원을 관리하기 위한 최고의 방법을 제공 하지 않는다고 생각한다. 그 대신, 단계적 투자 결정 방법을 사용해 최소 기능 제품을 전달하고, 그 결과로부터 학습하고, 추가 기능에 점진적인 투 자를 해야 한다. 바로 이것이 디지털 세계에서 살아남을 수 있는 기업의 기민함을 얻고, 좀 더 나은 방식으로 투자를 통제하기 위해 여러분이 해야 할 일이다.

쉬어 가기

혁신

"대담한 아이디어는 마치 앞으로 전진하는 체스맨과도 같다. 쓰러질지도 모르지만, 그들은 이기는 게임을 시작할 것이다."

— 괴테, 아포리즘Goethe, Aphorisms

"사상가는 자신의 행동을 무엇인가를 발견하기 위한 실험과 질문으로 간주한다. 성공과 실패는 그에게 가장 귀한 대답이다."

— 프리드리히 니체, 즐거운 과학Friedrich Nietzsche, The Gay Science

조지프 슘페터Joseph Schumpeter는 『자본주의 · 사회주의 · 민주주의Capitalism, Socialism, and Democracy』(한길사, 2011)에서 혁신이 자본주의 경제를 변화(특히 비즈니스 사이클의)시키는 원동력이라고 주장했다.[1] 슘페터는 많은 사람이 생각하는 것과 달리, 산업군을 지배하는 대기업이 경제에 나쁜 영향을 미치지 않음을 설명하고자 했다. 당시 사람들은 대기업이 독점력을 사용해 생산을 줄이고 높은 가격을 유지함으로써 생산량을 감소시킨다는 견해를 갖고 있었다.

슘페터는 이와 반대로 대기업이 현재 우위를 유지하기 위해 혁신을 강요받고 있으며, 그 결과 자본주의 경제에 끊임없는 혁신의 흐름을 만들어 내는, 더 나은 결과를 낳는다고 믿었다. 기업은 새롭게 혁신할 때마다 잠정적인 독점력과 독점적인 임대료를 받을 수 있는 능력을 얻었다. 그리고 기업이 평범한 수익을 벌어들이게 되는 순간까지만 이 능력을 유지했다. 끊임없이 혁신함으로써 독보적인 이익을 얻고자 하는 동기가 자본주의 경제 발전의 원동력이었던 것이다.

슘페터는 대기업을 명백한 혁신의 엔진이라고 생각했다. 대기업은 재무 자원, 사람, 배급 채널, 시장 지식을 포함해 새로운 소규모 기업에 비해 수많은 우위를 갖고 있다. 그러나 혁신은 대기업 자신이 과거에 출시했던 성공적인 제품과 프로세스를 짓밟는 것을 의미한다. 슘페터는 "혁신은 지속적인 창조적 파괴 프로세스에 의존한다"라고 말했다.

지속적인 혁신을 달성하는 모델로 트랜스포메이션하고자 하는 기업에게는 도전의 기회가 주어진다. 기업은 미래의 성공 조건을 만들어야 할 뿐 아니라 이제까지 답습해오던 것을 그만둬야 한다. 에드거 셰인Edgar Schein은 '기업 문화 생존 가이드Corporate Culture Survival Guide'에서 "사람이 때때로 변화에 저항하는 근본적인 이유는 학습에 필요한 새로운 행동이 과거에 알고 있던 것을 고의적으로 잊도록 요구하기 때문이다."라고 말했고,[2] 한나 아렌트Hanna Arendt는 "새로운 것은 늘 기적을 가장해 나타난다."[3]라고 말했다.

창조적 파괴는 완전히 새로운 아이디어가 아니다. 현대의 대중 종교 중 가장 오래된 힌두교Hinduism에서는 창조자 브라마Brahma the creator, 보호자 비시누Vishnu the preserver 그리고 파괴자 시바Shiva the destroyer와 같은 주요한 신의 삼위일체를 전제로 한다. 시바는 분노(대개 분노가 원인이지만, 시바가 세 번째 눈을 뜰 때는 조심하라!)뿐 아니라 영속적인 재창조 프로세스의 일환으로 모든 것을 파괴한다. 사실 시바는 남근phallic의 이미지 때문에 생산의 신으로 추앙받기도 한다. 이 때문에 일부 작가는 시바를 트랜스포메이션의 신으로 비유하는 것이 적절하다고 제안한다.[4] 시바의 성격과 속성은 매우 역설적이지만, 그 모호함(또는 그 모호함 사이에 존재하는 긴장)이 세상을 앞으로 움직이는 원동력이 된다.

파괴-재창조-재파괴 활동이 주기적으로 일어나는 형태는 시바 나타라자Shiva Nataraja 또는 춤의 신 시바Shiva as Lod of the Dance로 묘사된다. 시바는 원 안에서 춤을 추며, 그 발로 무시의 악마demon of ignorance를 짓밟아 쓰러뜨리고 있다. 시바 나타라자는 "창조, 파괴 그리고 그 사이의 모든 것"을 아우른다.[5] 시바의 춤은 "불에 둘러싸여 있으면서도 두려움 없이 춤을 추는 즐거움을 축하하는 것으로, 무시와 악의 힘에 훼손되지 않고 모든 이중성을 초월한 영성을 나타낸다."[6] 어쩌면 이에는 IT와 비즈니스의 이중성도 포함돼 있을 것이다.

대규모 트랜스포메이션에서의 고통을 경험해본 사람이라면, 시바의 아들 가네샤Ganesha가 장애물을 제거하는 자the Remover of Obstacles로 알려져 있다는 사실이나 시바와 비슷한 일본의 신 다이코쿠텐Daikokuten[1]이 행운의 일곱 신 중 특히 부와 번영의 신으로 알려져 있다는 사실이 결코 놀랍지 않을 것이다.[7]

USCIS에서의 마지막 한 해 동안 'USCIS 트랜스포메이션'이라 불리는 대규모 IT 프로그램의 리더십을 맡아 달라는 요청을 받았다. 그때까지 이 프로그램은 IT 조직에서 관리한 적이 없었다. (부당하게도) 이 프로그램은 실

---

1 일본에서는 다이코쿠텐의 그림을 훔치다가 들키면 큰 행운이 따른다는 관습이 있다. 금융 당국에 관해서는 …(중략)… 여기까지만 쓰겠다.

패하는 IT 이니셔티브의 전형적인 예로 취급되고 있었고, 그다지 회자되지 않는 언론의 수많은 얘기와 회계 감사원Government Accountability Office, GAO, 국토안보부 감찰감실에서 파견된 감사원의 타깃이었다. 나는 이 프로그램의 상태가 사람의 생각하는 것보다는 괜찮다는 것을 알았지만, 여전히 여러 가지 이슈를 해결해야만 했다.

해당 프로그램을 수행해오던 중요한 참가자와 일대일로 만나기 시작했다. 그들에게 다음과 같이 질문했다. "더 나은 성과를 얻기 위해 우리가 무엇을 다르게 해볼 수 있다고 생각합니까?" 참가자들은 모두 멋진 아이디어를 갖고 있었다. 참가자 중 한 사람은 종이를 사용하는 프로세스를 자동화하려는 노력을 했으면서도 디지털 세계의 장점을 활용할 수 있는 개선 방법을 찾아보지 못한 점을 지적했다. 그 의견과 함께 새로운 아이디어를 개선 방안으로 제시했다. 또 다른 사람은 사용자와 충분한 대화를 나누지 않았고, 사용자의 아이디어를 반영하지 않았다는 점을 지적하고 자신이 사용자들로부터 수집한 아이디어를 제시했다.

이어서 좀 더 분명해 보이는 질문을 던졌다. "그렇다면 왜 여러분은 그 일을 하지 못했습니까? 여러분은 훌륭한 아이디어를 갖고 있습니다. 그럼에도 어째서 프로그램이 잘못 운영되도록 방치했습니까?" 그들은 매우 신중한 표현을 골라 대답했지만, 요점은 다음과 같은 것이었다.

"새로운 아이디어를 승인받기가 얼마나 어려운지 알고 있습니까?", "얼마나 많은 사람이 새로운 아이디어를 거부하는지 알고 있습니까?", "리더십이 얼마나 헌신을 다해 새로운 아이디어를 거부하는지 알고 있습니까?"

"어째서 내게 도움을 요청하지 않았습니까? 내가 여러분 앞에 있는 벽들을 쓰러뜨릴 수 있었을지 모르는데 말입니다."

"당신이 할 수 있는 일은 없다고 생각했습니다."

그들은 아무런 도움도 받을 수 없다는 것을 배웠고, 더 이상 자신이 생각하는 혁신을 제안하지 않았다.

참여자들은 프로그램을 성공시킬 수 있는 혁신적인 아이디어를 갖고 있었다. 프로그램을 성공시키기 위해 서로 손을 잡고 매일 고군분투했다. 그들은 보로디노 전장의 연기와 안개 속에서 어려운 선택을 하고, 사람들에게 시간을 적절히 사용하는 방법을 지시했다. 혁신적인 아이디어가 부족한 것이 문제가 아니라 아이디어를 구현할 기회를 얻지 못한 것이 문제였다. 이 문제의 책임은 내게 있었다.

기업은 새로운 아이디어를 실행할 수 있도록 다양한 시스템을 시도해왔다. 몇 개월 전, 모 CIO 그룹에 기업의 혁신을 어떻게 장려하는지 질문했다. 답변에서는 두 가지 패턴이 나타났다. 일부 CIO는 '혁신 전담 팀innovation team'을 만들고 그 팀에게 회사의 규칙을 무시할 수 있는 권한을 줬다고 대답했다. 다른 CIO는 직원들이 낸 새로운 아이디어를 리뷰하고 그 아이디어를 실행할지 결정하는 '혁신위원회innovation boards'를 운영한다고 대답했다.

다시 질문했다. "혁신위원회는 어떤 사람으로 구성합니까?" 내 기억으로 그들의 대답에는 제품 개발 책임자, 마케팅 부사장 등이 포함됐다. 이들은 기업의 현재 상태를 만들어내고, 이를 유지하기 위해 많은 금액을 투자해온 사람이었다. 그리고 혁신적인 아이디어에 관해 부정적인 견해를 갖고 있는 사람들이었다.

앞서 나는 스타 챔버 방식(혁신적인 아이디어를 판단하는 책임이 있지만, 성공하지 못할 것으로 보이는)의 거버넌스를 적용하는 데에 느끼는 불편함을 얘기했다. 그러나 기업의 규칙을 무시할 수 있는 권한을 부여받은 특별한 혁신 전담 팀 또한 그리 좋은 아이디어는 아니다. 왜냐하면 혁신 전담 팀이라는 존재는 기업 내 다른 팀에게 "여러분은 그냥 맡은 일을 하고, 혁신을 시도하지 마십시오"라고 말하는 것과 마찬가지기 때문이다. 혁신 전담 팀은 일선에 위치한 구성원들이 갖고 있는 끊임없는 혁신적 아이디어의 줄기를 가질 수 없을 것이다. 혁신 전담 팀은 새로운 아이디어의 원천이 되는 일상의 이슈와 두려움을 다루지 않기 때문이다.

혁신 전담 팀이 규칙과 관료제를 뛰어넘도록 할 수 있다면, 왜 다른 팀은 그렇게 하도록 하지 못하는가? "혼란의 도가니가 될 겁니다." 한 CIO가 말했다. "모두가 원하는 것을 하도록 내버려둘 수는 없습니다!"

사실이다. 하지만 나는 조금 다르게 생각한다. 혁신적인 아이디어를 갖고 있더라도 그 아이디어를 실행하는 과정에서 따를 수 있는 규칙과 관료제를 만들어낼 수 있다면, 혁신 전담 팀이 만든 괜찮은 아이디어와 다른 팀에서 만든 괜찮은 아이디어를 구분하지 않아도 되기 때문이다.

───

혁신 전담 팀을 활용한 접근 방식을 사용하는 데는 일종의 논리가 있었고, USCIS 트랜스포메이션 프로젝트의 구성원은 새로운 아이디어를 승인받기 위해 수많은 게이트를 통과해야만 했다. 이 논리의 중심에는 리스크 회피가 있었다. 앞서 한 CIO가 지적했듯이 모두가 원하는 것을 하도록 내버려 둘 수는 없었다. 위험하기 때문이다. 혁신위원회를 구성하는 '중요한 인물들'은 자신들이 경험한 것에 기반을 두고 효과가 없을 것이라 판단되는 아이디어를 솎아냈다. 혁신 전담 팀을 구성해 혁신을 담당하게 함으로써 리스크를 줄였다. 왜냐하면 소위 혁신 전문가들이 만들어내는 아이디어 수가 적기 때문이다. 그리고 USCIS 트랜스포메이션 프로젝트의 엄격한 게이트 리뷰를 이용해 잠재적인 리스크를 발견하기 위한 관점을 고려했는지 확인했다.

하지만 디지털 시대로 이동함에 따라 이 방정식 또한 변화하고 있다. 우선 아이디어를 시도하는 것이 훨씬 덜 위험해졌다. 또한 현재 상태에 그대로 머물게 되는 위험성은 훨씬 커졌다.

새로운 아이디어를 시도하는 것은 훨씬 덜 위험해졌다. 대규모 투자와 긴 리드 타임이 필요했던 것들(새로운 아이디어를 지원하기 위한 IT 기능 개발에 필요한 것들)은 데브옵스, 클라우드, 쉽게 접근할 수 있는 오픈소스 프레임워크와 컴포넌트를 활용해 빠르고, 저렴하고, 낮은 리스크로 수행할 수 있다. 새로운 아이디어가 제안됐을 때, 잘못될 수 있는 모든 경우를 고려해 리스크를 관리하는 대신, 그 아이디어가 잘 작동하는지 알 수 있는, 또는 작동하기 위해 어떤 변경이 필요한지 알려주는 작은 '실험'을 함으로써 리스크를 관리할 수 있다는 것을 기억하라.

이와 동시에 현재 상태에 안주하는 리스크는 늘어난다. 이유는 간단하다. 모든 경쟁자가 정확히 동일한 도구를 사용해 실험할 수 있기 때문이다. 시장은 혁신의 손을 들어주고 고객의 기대는 끊임없이 높아진다. 자본이 새로운 아이디어를 만들고 산업군을 어지럽히는 스타트업에 흘러들어간다. 우리는 슘페터가 주장한 경제 속에서 살아가고 있다. 비즈니스 사이클이 혁신을 주도하고, 자본 시장은 지속적 혁신을 이용해 이익을 벌어들이는 기업을 찾는다. 고객과 투자자 모두가 혁신과 진보에 가치를 둔다.

데브옵스와 클라우드 프랙티스에서의 중요한 전략은 자동화한 통제 또는 가드레일을 사용하는 것이다. 시스템이 배포되기 직전 단 한 차례의 테스트를 이용해 해당 시스템이 안전한지를 확인하는 팀을 운영하는 것이 아니라 자동화한 통제를 개발해 보안을 강화함으로써 해당 시스템이 항상 보안 요구사항을 만족하는지 확신할 수 있다. 이와 마찬가지로 PCI, HIPAA 및 다른 규제 프레임워크, 비용 관리, 투명성transparency 및 감사 가능성auditability에 자동으로 적용할 수 있는 규칙을 클라우드 서비스 위에 구축할 수도 있다.

자동화한 통제를 활용하면 한 손에는 속도와 혁신, 다른 한 손에는 규제, 보안, 품질을 모두 가질 수 있다. 수동적인 통제 수단을 사용하는 경우에는 누군가가 규제 만족 여부를 확인하는 동안, 기업은 프로젝트 진행을 중단해야만 한다. 자동화한 통제는 업무를 수행하는 동안에도 지속적으로 수행할 수 있다. 수동적인 접근 방식은 불규칙적이고, 개별적이며, 시작과 중단을 반복하고, 문을 지키고, 교정을 수행하는 접근 방식이다. 자동화한 통제를 사용하면 지속적인 흐름 내에서 업무를 수행할 수 있다.

자동화한 가드레일(즉, 제약 조건constraint)은 엔지니어에게 창의력을 발휘해도 좋다는 자신감을 심어준다. 가드레일이 있기 때문에 자신이 잘못될 수 없다는 사실을 명확하게 인지한다. 아티스트 역시 제약 조건이 자신의 창의성에 필수적이라는 것을 깨달았다. 작곡가 이고르 스트라빈스키Igor Stravinsky는 다음과 같이 말했다. "제약이 많을수록 더 자유로워진다. 제약이 주는 자의성arbitrariness이 좀 더 정밀한 실행을 가능하게 한다."⟨8⟩ 화가들은 캔버스 안에만 그림을 그릴 수 있다. 그림이 춤을 추게 할 수는 없다. 서구 음악가는 12개의 음만을 사용해 음악을 만들어야 했다. 음악가들은 유화를 그릴 수 없다. 소프트웨어 엔지니어는 자신이 선택한 프로그래밍 언어와 동일한 구조를 사용하는 자동화한 테스트 경계 안에서 창의적으로 일할 수 있다.

제약 조건을 구성하는 것이 매니지먼트의 예술이라고 말할 수도 있을 것이다. 제약 조건은 고객의 필요는 물론, 재무, 규제, 보안 목표를 포함하는 올바른 목표를 달성하기 위한 혁신을 돕는다.

━━━━━━

혁신이 언제나 큰 규모일 필요는 없다. 기회를 잡는 것이 훨씬 중요하다. 그러나 슘페터에 따르면, 모든 혁신은 기업에 일시적인 이득을 줄 수 있지만, 결과적으로 경쟁이 그 이득을 빼앗는다. 드르네비치와 크로슨의 설명을 참고하자.

"…(전략)… 기한이 명확하게 정해진 것은 아니지만, 시간이 흐름에 따라 개인의 머릿속에서 시작된 장점은 지속 가능하도록 바뀌어야 한다. 유연함(즉 혁신)을 이용해 일시적인 경쟁 우위의 끊임없는 흐름을 만들어내는 능력을 바탕으로 지속적이고 장기적인 수익성의 우위를 촉진할 수 있다."[9]

혁신을 만들어내는 것만이 도전은 아니다. 혁신의 지속적인 흐름을 만들고, 혁신을 일상적인 비즈니스의 일부분으로 만들어야 한다. IT와 비즈니스의 이중성을 극복해야만, 이를 가장 잘 수행할 수 있다. 팀이 아이디어를 만들기 위해 필요한 모든 요소를 갖고 있으며, 아이디어를 빠르게 실행할 수 있을 때, 즉 IT와 비즈니스 능력을 모두 갖고 있을 때 혁신이 발현된다. 우리는 이중성을 초월하는 시바의 춤, 즉 파괴와 재창조가 지속적으로 순환할 수 있도록 제도화해야 한다.

기업의 디지털 목표는 어떤 장애물도 없이 실험과 학습을 실행할 수 있는 환경을 만드는 것이다. 그 비밀은 세 가지 자산에 담겨 있다. IT 자산은 린하고 유연하게 구성해 리스크와 학습 비용을 낮춰야 한다. 조직 자산은 팀이 빠르게 아이디어를 형성하고 실험할 수 있도록 구조화해 아이디어를 빠르고 자유롭게 흐르도록 해야 한다. 데이터 자산은 데이터를 새롭게 활용하는 방법을 찾을 수 있도록 구성해야 한다(개인 정보에 관한 통제는 필요하다).

에릭 리스가 말했듯이, 디지털 기업에서는 모든 구성원이 기업가가 될 수 있는 기회를 얻는다.[10] 기업은 하나의 혁신 전담 팀을 구성해 규칙을 파괴할 수 있는 특권을 부여하는 대신, 모든 구성원이 혁신을 발휘하도록 지원할 수 있는 규칙(프로세스, 프랙티스, 관료제, 구성원, 매니지먼트 문화 및 다른 모든 것)을 수립해야 한다. 이는 무한한 자유를 부여하라는 말이 아니다. 오히려 구성원이 혁신을 위해 좀 더 빠르고 창의적으로 움직일 수 있는 가드레일과 메커니즘을 만들어야 한다.

혁신은 창조의 지속적인 흐름이 있는 곳에서 나타난다. 울퉁불퉁하거나, 문지기가 통제하거나, 혁신적인 태도가 시작과 멈춤을 반복하는 곳에서가 아니다. 여기에서 또 한번, 예술계와의 유사성이 드러난다.

최근 워싱턴 포스트Washington Post의 한 기사에서 즉흥 예술improvisational arts을 조명했다. 래퍼인 골드링크GoldLink, 재즈 피아니스트인 제이슨 모란Jason Moran, 업라이트 시티즌스 프리게이트 코미디 튜어인 앤디 버스틸로스Andy Bustillos와 알렉스 송Alex Song과의 인터뷰에서 그들이 어떻게 관객 앞에서 즉흥적인 예술을 창조했는지 물었다.[11] 워싱턴 포스트의 작가는 신경 과학자인 찰스 림 박사Dr. Charles Limb와도 얘기를 나눴다. 림 박사는 예술가가 즉흥적으로 예술을 하는 동안, fMRI 기술을 사용해 그들의 뇌를 스캔했다. 림 박사는 "프리 스타일로 랩을 하는 래퍼는 실제로 뇌 신경을 다시 연결함으로써 뇌에서 의식을 통제하고conscious-control, 행동을 규제하는behavior-regulating 부분을 뛰어넘는다"라고 얘기한다. 즉, 그들은 '아무 말도 하지 말라'고 지시하는 뇌의 기능을 꺼버린 상태를 만드는 것이다.[12]

이는 언제나 "맞습니다. 그리고…."라고 말해야 하는 즉흥 코미디의 원칙과도 비슷하다. 즉흥 코미디에서 모든 배우는 다른 배우가 하는 말을 주의 깊게 듣고, 그 말이 아무리 기이하더라도 상대방의 말을 인정한 후, 그 내용을 기반으로 얘기를 이어나가야 한다. 디지털 기술과 기법을 사용하면 이와 같은 아이디어와 실험의 교환을 지원하는 흐름을 만들 수 있다. 문지기에게 "아니요"라고 말하면서 재작업을 요구하는 대신, 구성원이 가드레일의 존재를 인식하고 스스로의 아이디어를 갖고 나아가도록 하라. 가드레일과 충돌하면 그들이 자연스럽게 방향을 조정할 것이다.

———

IT와 비즈니스 사이에 존재하는 전통적인 이중성은 혁신(실제 모든 혁신이 IT 컴포넌트를 가지며, 많은 부분이 디지털 영역에 속할 것이다)을 달성하는 과정에 놓인 심각한 장애물이다. 구성원이 걸음을 멈추고, 요구사항 문서를 작성하고, 거버넌스 프로세스에 전달하고, IT와 계약하고, 결과를 받을 때까지 기다려야 한다면, 프로세스는 멈춘 상태로 죽어버릴 것이다. 모든 혁신적인 아이디어는 다시 큰 리스크가 된다. 기업은 기술자와 다른 구성원을 함께 묶어 아이디어를 브레인스토밍하고 테스트하도록 해야 한다.

이것만으로는 충분하지 않다. 모든 팀은 조직 전체에 손댈 수 있는, 때로는 기업의 고객에게까지 손댈 수 있는 자유를 어느 정도 보장받아야 한다. 데보라 안코나Deborah Ancona와 헨릭 브레스만Henrik Bresman은 『X-Teams』(Harvard Business School Press, 2007)에서 혁신적인 팀은 그들이 속한 환경과 잘 연결돼 있어야 하는 명확한 케이스를 제시했다. 저자는 팀 내부와 외부 모두에 집중하는 엑스-팀X-Team에 관한 아이디어를 제시했다.

> "팀의 경계 바깥으로부터 새로운 아이디어를 채택하고, 외부인의 피드백을 받고, 그들과 협력하고, 최상위 관리자에게 지원을 받는 팀은 내부 구성원만으로 효율성에 집중하고 협업하는 팀보다 더 혁신적인 제품을 빠르게 만들어낼 수 있다."[13]

핸드 오프를 낭비로 간주하는 린 사고 방식으로 돌아가보자. 팀은 채널을 이용해 일할 때보다 실제로 눈으로 보고,[2] 운용해보고, 자신의 아이디어를 직접 실천할 때 더 효과적으로 일할 수 있다. 스스로 거둔 성과를 온전히 소유하는 팀이 비즈니스 목표 달성에 관한 책임을 져야 하며, 팀의 경계를 넘어 기업의 다른 부분을 배우고 그들에게 영향을 미칠 수 있어야 한다.

> "높은 성과를 거두는 팀은 경계를 넘나든다. 자신이 필요한 정보를 찾아내고, 일하는 컨텍스트를 이해하고, 다른 팀의 이니셔티브를 둘러싼 정치와 권력의 다툼을 관리하고, 자신의 아이디어에 관한 지원을 얻어내고, 자신이 거둬야 할 성공에 핵심적인 역할을 하는 다른 많은 그룹과 협업한다."[14]

---

2 린 제조에서의 현지 현물(Genchi Genbitsu) 개념이다.

팀은 이를 외부로부터 학습해야 할 뿐 아니라 자신들의 아이디어도 옹호해야 한다. 안코나와 브레스만은 이를 '대사ambassadorship'[15]라고 불렀다. 대사는 자신의 아이디어를 매니지먼트 체인과 다른 이해관계자에게 판매하는 것은 물론, 자신이 하는 일을 기업의 전략적 목적과 연결시킬 수도 있어야 한다.

———

구성원이 좀 더 혁신적인 아이디어를 갖도록 장려하길 원한다면, 여러분은 무위의 예술을 연습하고 완벽해져야 한다. 구성원은 이미 좋은 아이디어를 갖고 있다. 여러분이 그 아이디어를 무시하지만 않으면 된다. 팀이 혁신적인 아이디어를 들고 기업에 다가갈 때, 분명히 그들을 무시하는 거대한 두 명의 악마—관료주의와 문화—와 만나게 될 것이다. 8장, '관료주의와 문화'에서는 이 거대한 두 악마를 만나더라도 전혀 걱정할 필요가 없다는 점을 설명할 것이다. 이미 시바가 그 악마들을 짓밟고 서 있지 않은가? 창조와 파괴의 춤을 계속 추도록 하자!

08

관료주의와 문화

"그는 오감을 만족시키는 수면에서 정신을 차린 후, 자신이 남자라는 것을 알게 되고, 주위를 둘러본 후 자신이 미국에 살고 있다는 것을 알게 된다. 그가 이 모든 조건을 자유롭게 결정하기 이전에 필요라는 힘이 그를 여기로 던져버렸다."

— 프리드리히 쉴러, 인간에 관한 심미적 교육Friedrich Schiller, On the Aesthetic Education of Man

"하지만 나는 죄가 없습니다." K가 말했다. "뭔가 실수가 있는 게 분명합니다. 어떻게 누군가에게 죄가 있을 수 있습니까? 다른 사람과 마찬가지로 우린 그저 여기에 있는 인류일 뿐입니다." 사제가 말했다. "그건 사실입니다. 하지만 대부분의 범죄자가 그런 말을 합니다."

— 프란츠 카프카, 재판Franz Kafka, The Trial

관료주의와 기업 문화는 종종 디지털 트랜스포메이션의 적으로 간주된다. 그러나 이는 오해다. 관료주의와 문화는 트랜스포메이션의 시작이자 끝이다. 관료주의와 문화는 조직을 트랜스포메이션하고자 하는 모든 사람에게 현재 상태에 관한 핵심 정보를 제공한다. 관료주의와 문화가 그려내는 상태에 맞춰 디지털 업무 방식 또한 제도화될 것이다. 트랜스포메이션의 목표는 현재 상태로부터 우리가 바라는 상태로 관료주의와 문화를 이동시키는 것이다.

관료주의란 무엇인가? 과거 일곱 명으로 구성된 애자일 소프트웨어 개발 팀에서 일한 적이 있다. 팀은 2주마다 회고 미팅을 진행하면서 팀의 성과를 반영하고, 개선할 점을 찾았다. 어느 미팅에서 팀 구성원은 자신이 특정한 문서[1]에 지금보다 쉽게 접근할 수 있다면, 프로세스가 좀 더 신속하고 유연해질 것이라는 의견을 제시했다. 나는 이들의 의견에 따라 실험적으로 해당 문서를 한 부 복사해 팀 회의실에 걸린 코르크 보드에 붙여뒀다.

몇 주 후, 팀 회의실에서 다른 회고를 진행했다. 팀은 벽에 붙여둔 문서가 많은 도움이 됐다고 말했다. 하지만 어느 순간 그들이 문서를 찾았을 때, 그 문서는 더 이상 그들이 생각했던 장소(코르크 보드)에 없었다. 팀원들 중 누군가 문서를 갖고 갔다가 되돌려 놓지 않은 것이다. 한 팀원이 지속적인 개선 정신에 입각해 해결책을 하나 제안했다.

"코르크 보드의 문서 옆에 대여 시트를 놓아두는 것은 어떨까요? 문서를 빌려갈 때는 대여 시트에 서명을 하고, 대여 날짜와 시간, 업무 장소를 적는 겁니다. 그렇게 하면 항상 문서를 찾을 수 있을 겁니다."

이렇게 관료주의가 생겼다. 발생한 문제를 수정하고, 임시 방편으로 만들어진 프로세스를 표준화하기 위해 팀 스스로가 문서를 대여할 때마다 수행해야 할 부가 업무를 기꺼이 추가했다. 이같은 프로세스 개선과 관료주의의 연결 고리를 이해하는 것이 중요하다. 관료주의는 문제를 해결하는 자연스러운 방법의 하나이며, 관료주의를 이용해 얻을 수 있는 이익이

---

1 좀 더 정확히 말하면, 상태 전이 다이어그램(state transition diagram)이다.

그 비용을 뛰어넘는다면 분명한 가치를 제공한다. 불행하게도 그런 경우가 많지 않을 뿐이다.

나는 이와 반대로 다음과 같이 제안했다. "빌려갈 때마다 문서를 돌려놓아야 한다는 것을 누구든 기억하면 어떨까요?"

관료주의가 항상 나쁜 의미는 아니다.

사회학 창시자 중 한 사람인 막스 베버Max Weber는 『Economy and Society』(University of California Press, 1978)에서 관료주의를 다음과 같이 설명했다.

> "보편적 경험에 따르면, 순수한 관료주의적인 형태를 가진 조직에서는 (순수하게 기술적인 관점에서 볼 때) 높은 수준의 효율성을 얻을 수 있다. 이런 관점에서 관료주의는 공식적으로 권한을 실행하는 데 가장 합리적이라고 알려진 방법이다. 관료주의는 안정성, 엄격한 규율, 신뢰성의 모든 면에서 다른 어떤 형태보다 강력하다. 따라서 조직의 수장 그리고 관료주의와 관계된 활동을 수행하는 담당자는 매우 높은 결과 예측성을 얻을 수 있다. 관료주의는 운용에 관한 집중적인 효율성은 물론, 효율성과 그 범위에 있어서도 결국 우위에 선다."[1]

베버는 특정한 유형의 사회적 과제를 해결하는 데 있어 관료주의를 완벽하게 합리적인 해결책이라 생각했다. 이런 시각을 가진 사람은 베버뿐이 아니었다. 사회학자인 다니엘 카츠Daniel Katz와 로버트 L. 칸Robert L. Kahn은 "관료주의는 큰 효과를 발휘하는 도구이고, 조직화되지 않은 노력보다 큰 이익을 제공하며, 거대한 통합과 규제 준수compliance를 달성한다"라고 말했다.[2] 다니엘 렌Daniel Wren과 아서 베데이안Arthur Bedeian은 『The Evolution of Management Thought』(Johnwiley & Sons Inc, 2008)에서 다음과 같이 얘

---

2 카즈와 칸은 관료주의의 결점 또한 함께 설명한다.

기했다. "실제로 우리가 당연하게 여기고 있는 현대 사회의 대부분의 이익(근대 의학, 근대 과학, 근대 산업)은 관료주의에 근간을 둔다."[3]

베버가 관료주의에 그토록 열정적이었던 이유 중 하나는 군주 시대 이후 공공 행정 기관에서 전형이 돼버린 독단과 변덕 그리고 족벌주의를 포함한, 바람직하지 않은 특성을 관료주의가 대체했기 때문이다. 관료주의는 독단을 방지하기 위한 공정한 규칙 적용, 장점과 전문성에 기초한 공식 채용 프로세스, 외부 압력으로부터 자유로운 직업 방향, 노동의 분리, 매니지먼트 계층, 공식적인 통제를 이용해 좀 더 높은 효율을 제공했다.

규칙을 모든 구성원에게 공정하고 동일하게 적용한다는 점이 관료주의의 핵심이다. 베버는 이를 두고 'sine ira et studio', 즉 '분노나 편견이 없는' 또는 '특정한 사람에 관계 없는'이라고 표현했다. 여기서 '특정한 사람에 관계 없이'는 시장market과 모든 경제적 이익을 일컫는 좌우명이기도 하다.[4] 다시 말하면, 관료주의는 자본주의 경제와 일치한다(누군가는 자본주의 경제는 관료주의가 필요하다고 말할 수 있을 것이다). 관료주의가 존재함으로써 시장의 보이지 않는 손(자본주의의 핵심 원칙)은 모든 우려를 일축하고 순수한 기계적 힘으로 작용한다. 기업이 비즈니스를 더 잘 할 수 있는 이유는 관료주의가 비즈니스를 규칙에 따라 다스릴 것이라는 사실을 알고 있기 때문이다. 기업은 자신의 행동이 어떤 결과를 초래할지 예측할 수 있다.

관료주의가 '비인간적dehumanize'일수록 공식적인 업무에서 사랑, 증오, 계산할 수 없는 모든 개인적, 비합리적, 감정적 요소를 더욱 완벽하게 제거할 수 있다. 베버는 이를 자본주의가 가진 특별한 덕목으로 평가한다.[5]

관료주의는 특정한 비즈니스 문제를 해결한다. 대기업의 전체적인 일관성을 보장하고, 규제 준수를 확립하고, 발견된 것은 무엇이든 베스트 프랙티스의 형태로 강화하고, 인간의 편견 때문에 공정함이 방해를 받지 않도록 한다. 마케팅 부문은 기업 브랜드 사용의 일관성을 보장하기 위해 브랜딩과 스타일 가이드라인을 만들며, 그 결과 브랜드는 고객의 마음에 신뢰를 구축할 수 있다. 마케팅 가이드라인은 기업에 경제적 이익을 안겨준다. 브랜드의 힘은 기업이 자신의 제품에 더 높은 가격을 부과하며, 배급 채널과 더 나은 협상을 할 수 있도록 한다. 이와 같은 브랜드 가이드라인이 관료주의가 아니라면 무엇이란 말인가?

공정한 규칙을 자동화한 통제로 구현한다면 덜 관료적이 되는가? 모든 개발자는 최소 한 명 이상의 다른 개발자에게 코드 리뷰를 받아야 한다는 규칙(논란의 여지가 없는 관료주의다)을 만드는 대신, 다른 개발자가 리뷰를 완료하기 전에는 새로운 코드를 배포할 수 없도록 시스템을 자동화하는 것은 어떠한가?(논란의 여지가 있는 관료주의다) 이런 관점에서 본다면, 자동화한 규제 준수와 보안 통제를 포함하는 현대의 IT 프랙티스는 자동화한 거대한 관료주의다.

관료주의 자체는 아무런 문제가 되지 않는다. 관료주의는 단지 제도적인 기억의 한 형태이자 좋은 프랙티스를 기록하는 방법이기 때문이다. 물론, 감사자들이 좋은 프랙티스를 따르고 있는지를 평가하도록 하기도 한다. 히로타카 타케우치Hirotaka Takeuchi와 이쿠지로 노나카Ikujiro Nonaka는 1986년 하버드 비즈니스 리뷰Harvard Business Review에 다음과 같이 기고했다(그의 글이 많은 애자일 아이디어에 영감을 준 것 같다). "지식은 개별 프로젝트의 액티비티가 표준 프랙티스로 바뀌는 과정에서 조직에 전달된다. 기업은 본능적으로 자신의 성공에서 얻은 교훈을 제도화하려고 한다."[6]

하지만 관료주의는 비즈니스 가치를 위협하고 파괴하는 두 가지 문제점을 갖고 있다.

- 관료주의는 새로운 베스트 프랙티스가 발견되더라도 쉽게 바뀌지 않는다.
- 관료주의는 린하게(즉, 동일한 목표를 더 적은 낭비로 달성할 수 있도록) 설계되지 않았다.

관료주의와 마주할 때 가장 곤란한 것이 바로 이런 점이 아닌가?

그러나 이 두 가지 특성 모두 관료주의의 본질적인 특성은 아니다. 폴 아들러Paul Adler는 토요타의 영향을 받은 NUMMI 자동차 공장의 린 제조에 관한 연구에서 '규제 준수를 위한 관료주의compliance bureaucracies'와 '학습하는 관료주의learning bureaucracies'를 구분했다.⟨7⟩ 후자에서는 직원이 입력한 내용을 기반으로 규칙을 발전시킨다. 관료주의의 핵심은 그 스스로가 규칙을 엄격하게 적용한다는 것이다. 그러나 규칙을 엄격하게 적용한다고 해서 규칙의 형성이나 변화까지 엄격할 필요는 없다.

두 번째 문제인 낭비는 리드 타임을 줄이고자 할 때 심각한 장애물이 된다. 국토안보부 IT 감독 프로세스에 따르면, 프로젝트 팀은 이니셔티브를 진행하기 전에 대안 분석 보고서Analysis of Alternatives, AoA⟨8⟩라는 문서를 작성해야 한다.[3] 대규모 프로그램인 경우, AoA 문서 하나가 수백 페이지에 이른다. AoA는 여러 감독 기구로부터 승인받아야 하는 100여 가지 문서 중 하나로, 준비를 하는 데 가장 긴 기간(일반적으로 18개월)이 소요되는 문서 중 하나이기도 했다. AoA는 프로그램 요구사항을 고려해 그 요구사항을 달성할 수 있는 최상위 레벨의 해결책을 선택하기 위한, 아니 오히려 AoA가 준비되기 이전에 내린 결정을 정당화하기 위한 것이었다.[4]

AoA에는 3~5개의 대안을 비교하는 내용을 담아야만 했다. 최종으로 선택한 비즈니스 케이스를 정당화하기 위해 해결책이 갖춰야 할 수많은 특성을 나열했고, 각 특성마다 가중치를 부여했다. 각 대안에는 특성별로

---

3 다음 링크에서 국토안보부의 AoA를 확인할 수 있다. https://dau.gdit.com/aqn201a/pdfs/Appendix_G_Analysis_of _Alternatives_(AoA)_Interim_v1_9_dtd_11-07-08.pdf

4 AoA는 특정 제품에 관한 선택을 정당화하기 위한 것은 아니었다. 제품을 선택하기 위한 공식 구매 프로세스가 있었지만, 구매 프로세스 자체가 AoA 승인 이전까지 잘 실행되지 못했다. 공식 구매 프로세스는 일반적 접근 방식(예를 들면 구매를 진행해야 하는지, 구매의 목적이 무엇인지)을 정당화할 뿐이었다.

점수를 매기고(일반적으로 1~5점 사이), 그 후에 점수를 더했다.

AoA를 작성하기 전에 이미 결정은 내려졌으므로 선택한 대안의 점수가 항상 앞서도록 가중치를 조정하는 작업은 간단하다. 속임수처럼 들리겠지만, 속임수는 아니다. 일반적으로 결정이란 충분한 고민 끝에 내린 것이므로 그 결정을 내린 논리를 도출해 매트릭스로 표시하는 것이 더 중요하다. 따라서 AoA는 프로젝트 팀이 왜 그 해결책을 선택했는지 설명하고, 팀이 다른 대안도 충분히 고려했음을 입증하는 데 큰 역할을 했다. AoA는 (관료주의의 전형이지만) 팀이 해결책에 가치를 더했으며, 규제 준수와 관련된 내용을 문서화했다는 것, 즉 베스트 프랙티스를 적용했다는 사실을 보증했다.

그렇다면 문제는 무엇일까? AoA를 작성하는 데는 일반적으로 18개월의 시간과 수백만 달러의 비용이 소요된다. 올바른 질문은 "AoA를 작성해 얻는 이득이 작성을 위해 소요되는 비용을 뛰어넘는가?" 또는 "같은(더 나은) 이익을 얻을 수 있는 더 린하고, 낭비가 적은 방법을 선택할 수는 없는가?"다.

AoA는 매우 손이 많이 가는 문서다.[5] 템플릿을 만든 사람은 가능한 한 모든 요소를 고려해, 대안 비교 과정에서의 사고를 명확히 표현할 수 있는 포괄적인 문서를 만들기 원했던 것 같다. AoA 문서가 100여 페이지에 이른다는 것이 그 근거다. 그 대신 템플릿이 '당신이 이 대안을 선택한 이유를 설명하고, 함께 고려했던 다른 대안을 기록하라'고 간단하게 요구했다면, 3~4페이지 분량만으로도 특정한 결정과 관련된 모든 요소를 명확하게 담을 수 있으리라 생각한다. AoA는 문서 하나만으로도 감사가 가능하도록 만들려고 것으로 보인다. 프로그램 팀은 AoA의 각 절을 기재함으로써 관

---

5 바닐라 또는 초콜릿 아이스크림 콘 중 하나를 선택하기 위해 AoA 템플릿을 작성하는 것을 생각해봤지만, 종이를 낭비하고 싶지 않다. 『전쟁과 평화』를 그대로 옮겨 적는 것과 크게 다르지 않기 때문이다.

련 요소를 고려했다는 것을 표시한다. AoA는 간단한 체크 박스 대신, 수많은 용어가 필요한 체크리스트다. 몇 가지 절을 살펴보자.

- **경영진 요약**Executive Summary: 문서 전체가 너무 길어 읽을 수 없기 때문에 만든다. 문서의 내용을 거의 그대로 반복한다.
- **배경**Background(1.1절): 이미 준비한 문서를 나열한다. 모두 필수 항목이므로 문서를 나열할 필요가 없다.
- **목적**Purpose(1.2절): 문서의 이름과 템플릿의 내용이 명확하므로 모든 AoA 문서에 표현할 필요는 없다.
- **범위**Scope(1.3절): 아래 실제 분석과 중복된다.
- **연구 팀/조직**Study Team/Organization(1.4절): 문서에 명확하게 분석돼 있다면, 누가 작성했는지는 중요하지 않다. 이 절은 단지 독립적인 그룹이 분석을 수행했다는 것을 증명하기 위한 것이다.
- **AoA 리뷰 프로세스**Review Process(1.5절): 위와 같다.
- **시나리오, 위협, 환경**Scenarios, Threats, Environments(2.1~2.3절): 이전 문서의 정보를 반복한다.
- **불가능한 대안들**Non-Viable Alternatives(3.2절): 대체 누가 여기에 신경을 쓰겠는가?
- **개념**Concepts(3.3~3.5절), **운용 효과 분석**Operation Effectiveness Analysis(5.2절): 이미 제출된 문서에 존재하는 정보의 반복이다.
- **스케줄**Schedule(5.5절): 문서의 목적과 무관하다.
- **분석, 추천, 합리화**Analysis, Recommendation, and Rationale(6.7절): 동일한 내용을 세 번이나 반복한다.

문서의 각 절은 흥미로운 정보를 제공해야 하지만, AoA에는 대부분 템플릿의 공간을 채우기 위한 단어가 나열돼 있을 뿐이다. 표면적으로 템플릿이 잘못된 부분은 없다. 하지만 작성에 소요되는 많은 비용 때문에 AoA

는 완전히 잘못 됐다. 감독 기구는 프로그램 팀이 이 문서를 가능한 한 간단하게 작성하고, 가치가 적거나 없는 부분은 무시하도록 요구해야 한다. 그렇지 않으면 낭비(즉, 비용(시간이든 현금이든)을 정당화할 만큼의 충분한 가치를 더하지 않는 모든 것)가 발생하기 때문이다. 감독 기구는 낭비를 제거하기 위해 존재하는 것이다.

관료주의가 힘을 떨친 이유는 정부 프로세스라는 핑계를 대기는 쉽다. 하지만 린을 기업의 관료주의에 적용하면 어떤 모습으로 변할까? 오캄 면도기Occam's razor[6]의 관료주의 파괴자 버전이라고 생각해보라.

13~14세기 수사이자 철학자인 오캄Occam은 '사물을 너무 복잡하게 만들지 말라'는 원칙을 강조했다. 사실 원칙은 그가 말한 것과 완전히 일치하지는 않는다. 오캄이 실제로 한 말은 오히려 다음에 더 가깝다. "사물을 설명할 때 필요 이상의 내용을 덧붙이지 말라."

오캄의 생각은 이러하다. A라는 사람이 "사물은 서로 잡아당기기 때문에 저 바위가 지구를 향해 떨어지고 있다."라고 말한다. B라는 사람은 "질량을 가진 물체는 서로 잡아당기기 때문에 저 바위는 지구를 향해 떨어지고 있다. 그러므로 질량을 가진 2개의 물체를 볼 때, 보블헤드 인형이 보이지 않는 중력의 노래를 불러 지구로 하여금 바위를 끌어당기도록 한다."라고 말한다. 두 사람의 설명 중 우리는 당연히 A를 선호할 것이다.

관료주의는 디지털 트랜스포메이션의 적이 아니다. 관료주의는 단지 지금까지 기업이 어떻게 운용돼왔는지를 명문화한 결과일 뿐이다. 관료주의는 기업이 문제를 해결하고, 필요한 통제를 제공하고, 베스트 프랙티스로 강화해온 요소와 함께 진화해왔다. 관료주의는 린 오캄의 칠면조 칼이 돼야 할 순간에, 우리가 중력의 노래를 부를 것을 요구한다. 관료주의는 수

---

6 '절약의 법칙(law of parsimony)'이라고도 알려져 있으며, '간단한 해결책이 복잡한 방법보다 더 낫다'는 문제 해결 접근 방법이다. https://en.wikipedia.org/wiki/Occam%27s_razor – 옮긴이

많은 낭비를 포함하고 있으며, 디지털 트랜스포메이션을 위한 업무의 흐름을 높이려고 할 때 극단적인 위험이 되기도 한다. 관료주의는 시간이 지남에 따라 더 잘 변화해야 한다.

하지만 내가 제안한 넓은 관료주의의 정의를 받아들일 수 있다면, 디지털 트랜스포메이션의 목적이 새로운 관료주의의 구축이라고 생각할 수 있을 것이다. 새로운 관료주의는 높은 수준으로 자동화돼 있고, 린하며, 우리가 확립하고자 하는 좋은 프랙티스를 강화한다.

조직 문화 또한 디지털 트랜스포메이션의 장애물이 아니다. 문화는 기업이 문제를 해결하기 위해 어떤 선택을 해왔는지에 관한 양질의 정보를 제공하는 제도적 기억의 한 형태다. 우리는 기업 문화를 제거하는 것이 아니라 기업 문화가 트랜스포메이션 이후의 세계를 잘 지원하도록 다시 수립하길 원한다. 문화가 변화하도록 강요할 수는 없다. 다만 더 나은 해결책을 제공해 그 해결책이 자연스럽게 기업 문화로 스며들도록 해야 한다.

애드거 셰인Edgar Schein은 기업 문화에 관한 글을 썼다. 셰인은 조직이 효과를 본 업무를 해석한 결과가 기업 문화로 나타난다고 설명한다.

> "문화는 그룹 내에 암묵적으로 공유된 가정의 패턴이다. 그룹이 외부 환경에 적응하고 내부 통합의 문제를 해결하면서 유효하다고 판단한 것, 새로운 구성원에게 이와 같은 문제를 인식하고, 생각하고 느끼는 올바른 방법으로 가르칠 만한 것에서 만들어진 가정이 패턴을 구성한다."[9]

기업은 자신이 처한 환경에서 어떠한 전략, 가치, 규칙, 업무 행동이 스스로의 목표를 지원하고, 이해관계자의 가치를 최대화하거나 목표를 달성하는지 학습했다. 또한 구성원은 무엇이 기업 내부에서의 성공을 이끄는지 배워야만 했다. 이런 학습이 암묵적인 가정이나 규범 또는 기업 내에서의 가치 있는 행동에 관한 집단적 지혜의 근간을 형성한다.

그렇다면 디지털 시대를 맞아 문화를 어떻게 바꿔야 할 것인가? 강연자이자 작가인 크리스토퍼 에이버리Christopher Avery는 그가 수행한 조직 변화 연구를 바탕으로 애자일 접근 방식을 트랜스포메이션에 사용하는 것을 얘기한다. 크리스토퍼는 조직 심리학자인 커트 르윈Kurt Lewin의 말을 인용해 "기업을 바꾸려고 시도하기 전에는 기업을 이해할 수 없다"라고 얘기하면서 '자극provoke하고 관찰observe하는' 접근 방식을 제안한다.

> "우리는 살아 움직이는 시스템에 방향을 지시할 수 없다. 단지 시스템을 방해한 후, 시스템의 반응을 기다릴 수 있을 뿐이다. …(중략)… 바꾸고자 하는 조직을 형성하는 힘들이 무엇인지 전혀 알 수 없기 때문에 시스템에 특정한 영향을 미칠 것이라고 가정한 힘으로 시스템을 자극한 후, 어떤 일이 일어나는지 지켜볼 수밖에 없다."[10]

에이버리가 제안한 '자극하고 관찰하는' 접근 방식은 애자일 원칙의 하나인 '검사하고 적응한다'와 비슷하다. 이 원칙을 활용하면 저항이 어디에 존재하는지, 즉 문화의 어떤 부분이 바꾸기 어려운지, 또 그 이유는 무엇인지 학습할 수 있다. 하지만 문화를 변화시키기 위해서는 트랜스포메이션 활동이 먼저 수반돼야 한다. 그 반대의 경우는 성립하지 않는다. 문화는 구성원이 성공으로 이어지는 새로운 행동을 발견했을 때 변화한다. 존 슉John Shook은 NUMMI의 문화 변화와 관련된 회고에서 다음과 같이 말한다. "경험이 사람의 생각을 바꾸는 것이 아니라 행동 방식을 바꾸는 데서 문화의 변화가 시작된다는 것을 확실하게 배웠다."[11]

━━━━━

기업은 디지털 기술을 활용한 업무 방식으로 변화하는 과정에서 문화적 측면은 물론 관료주의적 측면으로부터의 저항에 부딪힐 것이다. 이와 같은 저항은 트랜스포메이션 과정에서 반드시 발생한다. 문화와 관료주의는 단지 제도적 기억의 다른 형태이기 때문이다. 디지털 트랜스포메이션 과정에서는 디지털 세계에서 잘 작동하는 원칙을 제도화함으로써 지금의 관료주의와 문화를 좀 더 나은 형태로 대체해야 한다.

보안

"법은 인간을 짓누르지 않는다. 법은 부름을 받고 깨어날 때까지 그 안에서 깊은 휴식을 취한다."

— 마르틴 부버, 이스라엘과 세계Martin Buber, Israel and the World

"울지 말라. 분개하지 말라. 이해하라."

— 바뤼흐 스피노자Baruch Spinoza

과거 정부 업무를 수행하던 과정에서 우연히 몇몇 기밀 정보를 취급하게 됐다. 조찬 회의에 동석한 한 참석자가 프레젠테이션 사본을 나에게 전해 줬는데, 거기에 우연히 기밀 정보가 포함돼 있었다. 회의 참석자 중 대부분은 그 정보를 알 필요가 없었고, 해당 정보에 기밀 표시도 돼 있지 않았기 때문에 정보가 유출된 것으로 판단됐으며, 상황을 즉시 정리해야만 했다.

　1시간 정도 지나 검은 양복을 입은 두 명의 남성이 서류 가방을 들고 나타났다. 그들은 내게 슬라이드 자료를 넘겨 달라고 요구했고, 다른 누군가 그 정보를 보지는 않았는지 물은 후, 조심스럽게 그 자료를 서류 가방에 집어넣었다. 그리고 아무런 미소나 농담도 없이(나는 알아챘다) 그 자리를 떠났다. 내가 생각하고 있던 정보 보안에 관한 고정관념에 정확히 들어 맞는 사건이었다. 이제까지 일을 하는 동안 이런 일이 발생한 것은 그때뿐이었다.

———

오늘날 정보 보안은 중요한 리스크다. 하지만 과도한 선전이나 재난을 상상할 필요는 없다. 위와 같은 얘기는 접근성 편향$^{availability\ bias}$, 즉 머릿속에 가장 먼저 떠오르는 예화나 예시가 실제 사건에서 발생하는 것보다 더 그럴 듯하게 느껴지는 고정관념을 불러일으킨다. 신문 기사와 일부 이메일 뉴스는 리스크가 정확히 무엇이며 얼마나 큰지에 관한 잘못된 인식을 심는다. 스피노자가 한 조언에 한 마디를 더 보태겠다. "당황하지 말라."

사실 리스크는 실제로 매우 크다. 기술자는 해커가 시스템에 침입을 시도할 때마다 즉시 당신에게 얘기하지 못할 것이다. 하루에도 수십 번씩 침입을 시도하기 때문이다.[1] 다행스럽게도 그 시도는 대부분 성공하지 못한다.

하지만 보안은 매우 중요하다. 여러분은 이미 공격을 받고 있다. 자선단체이든, 나폴레옹 군사 학교이든, 은행이든, 국토안보부이든 관계 없다. 그러므로 여러분은 지속적으로 안전하게 머물 수 있는 단계를 밟아야 한다. 보안은 위협이 발생한 그 순간에 쉽게 추가할 수 있는 뭔가가 아니다. 여러분이 배포하는 모든 디지털 기술은 안전하게 만들어져야 하며, 모든 비즈니스 프로세스는 보안을 중시하는 관점에서 세심하게 평가돼야 한다.

좋은 소식도 있다. 성공적인 침입은 대부분 고도화되지 않았다. 해커가 활용하는 보안 취약점은 매우 작고 어이 없는 것에 기반을 두고 있다. 대부분의 보안 취약점은 기본적인 원칙이나 간단한 자동화 통제를 이용해

---

1 IBM은 해커들의 침입 시도가 하루 평균 46회라는 연구 결과를 발표했다.

해결할 수 있다. 디지털 시대는 여러분을 더 많은 위협에 노출시키지만, 그 위협에 대처할 수 있는 도구도 제공한다. 여러분이 새로운 위협에 구식 도구로 대응하려고 하거나 보안이 IT 분야의 굉장한 괴짜들만 할 수 있는 일이며, 이외의 다른 사람은 전혀 걱정할 필요가 없다고 생각하는 순간, 보안으로 발생하는 어려움을 겪게 될 것이다.

해커는 일반적으로 인터넷을 이용해 공격하기 때문에 전통적인 보안 모델에서는 기업의 네트워크 연결 지점(이 지점이 항상 굳게 닫혀 있어야 하며, 모니터링돼야 하는 문이라 생각한다)에 집중한다. 또는 군대에서 많이 사용하는 용어인 '경계 방어perimeter defense'를 수행한다. 즉, 여러분의 네트워크와 인터넷 사이에 비무장 지대를 구축한다.

경계 방어를 수행할 때 인터넷을 이용해 유입되는 트래픽을 악의적인 트래픽과 비즈니스에 유익한 트래픽으로 구분하기는 어렵다. 또한 악의적인 내부 사용자, 즉 합법적으로 내부 네트워크에 접속할 수 있는 공격자나 계약자가 존재하는 경우, 경계 방어는 전혀 소용이 없다. 궁극적으로 여러분은 어떠한 리스크 상황이든 항상 대응할 준비가 돼 있길 원할 것이다. 만약 해커가 비무장지대를 뚫고 여러분의 네트워크 안으로 들어올 경우, 속수무책으로 당할 것인가? 디지털 시대에 어울리는 간단한 프로그램을 제안한다.

1. 보안을 중시하는 문화를 만들어라.
2. 해커가 여러분을 공격하기 쉽게 만드는 일을 멈춰라.
3. 자동화에 더욱 의존하라. 사람은 항상 실수한다.
4. 새로운 위협과 나쁜 액티비티에 빠르게 반응할 준비를 하라.
5. 보안 신봉자로 하여금 복잡한 것을 관리하게 하라.

이게 전부다. 다만 실수하지 말라. 보안은 여러분을 포함한 모두의 일이다. 단지 IT 부서에서만 다뤄야 하는 업무의 일부가 아니다.

몇 가지 기본 개념에서 시작해보자. 일반적으로 정보 보안의 세 가지 목표는 기밀성^{Confidentiality}, 무결성^{Integrity}, 가용성^{Availability}으로 표현한다. 머리 글자만 따면 CIA가 되므로 쉽게 기억할 수 있다.[2]

기밀성: 시스템 정보에는 허용된 사람만 접근할 수 있어야 한다. 해커는 여러분의 기밀 정보(고객의 신용 카드, 여러분의 비밀스런 제품 디자인과 비즈니스 전략, 추가로 나쁜 일을 벌이는 데 사용할 수 있는 IT 인프라스트럭처의 세부사항 등)를 훔치려고 할 것이다.

무결성: 데이터베이스에 저장한 정보는 정확해야 하고 시스템은 언제나 의도대로 작동해야 한다. 해커는 여러분의 IT 시스템이 잘못된 일을 하게 하거나, 데이터를 바꿔버리거나, 자신의 계좌로 송금하도록 하거나, 테러리스트가 영주권을 갖게 하거나, 그들의 범죄를 확증하는 증거를 지우거나, 웹 사이트를 훼손하려고 할 것이다.

가용성: 시스템은 제대로 작동해야 하며, 합법적인 사용자가 항상 사용할 수 있어야 한다. 해커는 여러분의 시스템을 방해하고, 데이터를 삭제하고, 막대한 트래픽으로 서버를 공격해 서버가 정상적인 업무를 하지 못하게 하고, 여러분이 파트너나 고객과 커뮤니케이션하지 못하도록 할 것이다.

여러분은 기밀성, 무결성, 가용성을 확보해야 한다. 외부 공격자의 행동만이 이런 목표 달성을 방해하지 않는다. 조직의 구성원 중 누군가가 중

------

2 종종 네 번째 목표로 부인 방지(Nonrepudiation)를 포함하기도 한다. 부인 방지는 누군가가 트랜잭션에 '서명'을 한 후에는 자신이 서명했음을 부인할 수 없도록 하는 것이다.

요한 정보를 해당 정보에 접근해서는 안 되는 사람에게 잘못 보낼 수도 있다. 코드에 심긴 버그가 돈을 받아서는 안 되는 누군가에게 송금할 수도 있고 홍수가 데이터센터를 집어삼킬 수도 있다. 또는 백업해두지 않은 시점에 시스템이 파괴돼 더 이상 비즈니스를 할 수 없게 될 수도 있다. 이 모든 상황, 즉 CIA에 영향을 미칠 수 있는 상황은 보안 위협으로 간주해야 한다.

해커는 크게 아마추어 해커script kiddies와 전문가 그룹으로 나뉜다. 좀 더 정확하게 표현하면 쉬운 먹잇감을 찾는 해커와 기업에 침투하기 위해 무엇이든 하고자 마음먹은 해커로 구분한다. 후자로 분류된 대상을 주로 '지능형 지속 위협advanced persistent threats, APTs'이라 부른다.

이제까지 대다수 해커는 첫 번째 분류에 속했고, 그들이 하는 일도 매우 간단했다. 인터넷에 연결된 수많은 네트워크에서 손쉽게 사용할 수 있는 자동화 스크립트를 실행하고, 자신이 편리하게 작업할 수 있는 취약점에 노출된 기업을 찾아냈다.

이 부류의 해커는 네트워크로 들어올 방법을 찾기 위해 네트워크 게이트를 끊임없이 스캔한다. 예를 들면, 취약점을 보유한 것으로 알려진 오래된 버전의 소프트웨어 제품을 사용하지 않는지도 확인할 수 있다(그림 7 참조). 이들로부터 방어하는 것은 원칙의 문제이며, 잘 알려진 좋은 프랙티스를 도입하면 된다.

APT는 전혀 다른 종자다. 이들은 현명한 문제 해결자이고, 때로는 국가의 지원을 받기도 한다. 그들이 해결하고자 하는 문제는 여러분의 보안 통제를 뚫는 방법을 찾아내는 것이다. 이들은 문제를 해결하기 위해 많은 노력을 동원한다. 예를 들어, 회사 경영진을 연구할 수도 있다(그들에게 스파이를 붙일 수도 있다). 이후 APT는 수집한 정보를 사용해 합법적으로 보이는 날카로운 피싱 이메일을 만들 수 있다. 이메일은 마치 친구나 배우자 또는 경영진과 깊은 관련이 있는 누군가로부터 온 것처럼 보인다. 이메일에는 그럴싸하게 보이는 링크가 담겨 있으며, 그 링크를 클릭하는 순간 컴퓨터에 악성 소프트웨어가 설치되고, 네트워크로 진입할 수 있는 통로가 열린다. 머릿속에 그림을 그려볼 수 있을 것이다.

APT는 그 문으로 들어와 오랜 기간에 걸쳐 연구를 하고, 은밀하게 숨어서 천천히 시간을 활용하며, 네트워크에 연결되는 모든 발판을 활용해 대규모의 보안 침해를 발생시킨다. 그리고 작업하는 동안 능숙하게 자신의 흔적을 지운다.

여러분은 해커 지망생의 행위를 완전히 멈추게 하거나 APT가 일을 하기 어렵게 만들고 싶을 것이다. 그렇다면 가장 뛰어나고 현명한 해커에게서 여러분을 보호하기 위해 얼마나 많은 비용과 노력을 어떤 분야에 사용할지에 관한 비즈니스 관점의 의사결정을 내려야 한다.

―――――

보안은 여러분이 고객에게 전달하는 서비스이자, 이해관계자에게 전달해야 할 책임이다. 또한 비즈니스를 영위하기 위한 요구사항 중 하나다. 보안은 마케팅과 영업의 업무다. 그들은 고객에게 자신이(여러분이) 고객의 개인정보를 보호하면서 기능을 지속적으로 수행하는 서비스를 제공할 것이라는 암묵적인 약속을 한다. 보안은 기업의 리스크 관리를 책임지는 CFO의 일이다. 운용 부서는 비즈니스를 지속적으로 수행하도록 해야 하므로 보안은 운용 부서가 해야 할 일이기도 하다. 그리고 당연히 CIO와 CISO가 해야 할 일이다.

보안을 IT 부서에서 아웃소싱한 뭔가로 생각하는 방법은 꽤 매력적일 수도 있다. 하지만 실제 모든 사람이 참여해 보안을 위해 노력해야 한다. 보안에 투자하는 것은 'IT의 필요'를 만족시키고자 하는 것이 아니라 오히려 IT의 도움을 받아 비즈니스의 필요를 만족시키고자 하는 것이다. 당연히 직원은 자유에 제약이 가해진다는 것에 거부감을 느끼며 인간의 본성에 따라 모든 보안 규칙에 저항할 것이다. 그러나 디지털 세계에서 보안은 반드시 비즈니스 업무의 일부가 돼야 하며, 암묵적으로 모든 직원의 업무 기술서job description에 기재돼 있어야 한다. 기업 구성원 모두가 보안 문화를 구축하는 데 협력해야 한다.

기업은 놀라울 정도로 능숙하게 해커들이 악용할 수 있는 일을 한다. USCIS에서는 감사자에게 IT 헬프데스크에서 온 척 연기하면서 직원들에게 비밀번호를 물어보도록 했는데, 많은 직원이 거리낌없이 비밀번호를 알려줬다. 감사자는 저녁에 사무실을 돌아다니면서 직원들의 책상 위에서 비밀번호가 적힌 스티키 노트나 개인 정보가 담긴 문서를 발견했다. 해커는 기업의 쓰레기통이나 직원의 페이스북Facebook 포스트를 이용해 정보를 쉽게 찾아낼 수 있다. 어이없는 실수는 IT 부서 내에서도 일어난다. 잘 알려진 열 가지 소프트웨어 취약점 목록이 제공되지만,[3] 개발자는 여전히 이 취약점을 자신의 코드에 넣는다. 또한 개발자는 취약점을 가진(그림 7 참조) 오래된 오픈소스 소프트웨어의 패치를 자주 수행하지 않는다. IT 담당자가 프로그램을 수정하다가, 키보드를 잘못 눌러 취약점을 만들어내는 경우도 많다. 이보다 더한 문제는 IT 조직의 사일로가 개발자와 운영자들에게조차 '보안은 보안 전문가의 일'이라고 생각하도록 만든다는 점이다.

우리는 기업 전체에 걸쳐 보안을 중시하는 문화를 구축해 이와 같은 실수를 줄여야 한다. 훌륭한 보안을 달성하기 위해 활용할 수 있는 수많은 도구들을 무료로 사용할 수 있다는 점은 매우 좋은 소식이다. 도입하고자 하는 의도만 있다면 충분하다. 보안을 품질 관점에서 바라봐야 하며, 보안

---

3 OWASP Top 10 프로젝트에서 발표한다. https://www.owasp.org/index.php/Category:OWASP_Top_Ten_Project - 옮긴이

취약점 또한 다른 결함과 마찬가지로 수정해야 한다. 보안 위협이 발생한 경우에만 처리하는 대신, 좋은 품질을 달성하기 위해 항상 노력하는 것처럼 보안이 내재된 시스템을 구축하고 운영해야 한다.

강인한 소프트웨어^{Rugged Software} 운동은 소프트웨어 개발에 이와 같은 접근 방식을 촉진한다. 이 선언문(당연히 선언문이 존재한다)에서는 강인한 사고 방식을 다음과 같이 정의한다.

> '강인함'은 언제든지 사용할 수 있고, 생존할 수 있고, 방어할 수 있고, 안전하고, 회복력을 가진 소프트웨어를 개발하기 위한 능력을 빠르게 발전시키는 문화를 보유한 소프트웨어 조직을 묘사한다. 강인한 조직은 경쟁, 협력, 학습에 실험을 활용하고, 실험 결과를 개선에 반영함으로써 같은 실수를 계속 저지르지 않도록 한다. 또한 강인한 조직은 위협을 능동적으로 탐지하고, 문제가 발생하기 전에 방어 수단을 만든다.[2]

강인한 소프트웨어 운동은 기업에게 보안에 관한 사고 방식을 바꿀 것을 제안했다. 위협과 취약점이 발견된 후 반응하는 대신, 그 시스템이 미래에 발생할 수 있는 모든 종류의 위협을 방어할 수 있도록 만든다.

불가능하게 들릴 수도 있겠지만, '강인함'은 보안이 헌신의 문제라는 것을 지적한다. 보안이란, 대부분 좋은 습관(마치 손을 씻는 것과 같은)을 개발하는 것과 같다. 처음에는 불편하겠지만, 일상적인 절차로 빠르게 자리잡은 후에는 거의 비용이 들지 않는다.

IT와 기업 내 경계를 없애야 한다는 정신에 따라 기업이 행하는 모든 일에 강인한 소프트웨어의 아이디어를 확장해 적용할 것을 제안한다. 보안은 IT 시스템은 물론 비즈니스 프로세스에도 구축돼야 한다. 보안은 비즈니스에 추가하는 방어 수단이 아니라 비즈니스를 수행하는 방법 중 하나가 돼야 한다.

자동화를 활용하면 보안 이슈를 해결하는 데 도움을 받을 수 있다. 코드에 보안 오류가 포함돼 있는지 자동으로 테스트할 수도 있다. 또한 알려진 취약점을 가진 오픈소스 제품은 자동화된 스캔으로 식별할 수 있으며 클라우드 환경에 자동화된 통제를 구축해 보안 정책과 공공 취약점에 관한 확인을 강화할 수도 있다. 특정한 비즈니스 프로세스를 자동화해 보안을 개선할 수도 있다. 예를 들어, 직원이 퇴사하는 경우에는 그 직원이 사용하던 모든 IT 계정을 자동으로 비활성화할 수도 있다.

보안 사고가 발생하면, 기업은 반드시 이를 식별하고 신속하게 대응해야 한다. 전통적인 접근 방식에서는 보안 전문가가 대시보드와 모니터링 정보가 표시된 화면 앞에 앉아 침입의 증거를 찾았다. 이런 모니터링이나 식별 방식은 급격한 속도로 자동화됐으며, 식별된 사고에 관한 대응 역시 자동화됐다.

정보 보안은 매우 복잡한 영역이고, 그 영역을 마스터하려면 전문가의 도움을 받아야 할 것이다. 하지만 조직의 나머지 구성원이 고객 보안에 헌신하지 않고, 보안을 지키는 기본적인 단계를 따르지 않는다면, 전문가의 노력은 모두 물거품으로 돌아갈 것이다. 기업은 보안에 기꺼이 투자해야 한다. 보안은 IT 요구사항이 아니라 비즈니스의 핵심 요소다.

기업의 목표는 보안과 규제 준수를 강화하는 것뿐 아니라 신속함과 민첩함을 유지하는 것이다. 자동화한 통제의 테두리 안에서 직원은 기업이 안전하고 동시에 규제를 준수한다는 안도감을 느끼면서 일할 수 있다. 다시 한번 말하지만, 속도와 기민함은 리스크를 완화하는 중요한 장치다. IT와 나머지 비즈니스 부문의 관계를 거래 관계로 간주함으로써 보안이 단지 IT만 걱정할 대상이라고 생각하지 말라. 그 생각이 커다란 틈을 만들고, 틈 사이로 해커들이 침입할 것이다.

09

계획과 보고

양측 모두 자신이 한 것과 하고자 했던 것을 이해하지 못해 당황했다. 그들은 생각했다, '내가 죄수로 잡힌 것인가, 아니면 내가 그를 죄수로 잡은 것인가?'
— 레오 톨스토이, 전쟁과 평화Leo Tolstoy, War and Peace

"결정을 내렸다면, 아무리 강한 반론(강한 성격의 반증)이 있더라도 귀를 닫아라. 가끔은 어리석은 의지를 보여라."
— 프리드리히 니체, 풍자와 막간Friedrich Nietzsche, Epigrams and Interludes

4장, 'IT의 비즈니스 가치'에서는 IT 비용을 다른 비용과 분리해 고려하지 말 것을 제안했다. IT 비용은 다른 예산의 분류에 영향을 미치며, 조직의 전략적인 의도에 따른다. IT에 투입된 1달러는 다른 비즈니스 유닛에게 투입 비용 이상의 이익을 남겨주거나 다른 부서의 비용을 절감시킬 것이다. IT에 투자한 자금 또한 미래의 수익이나 비용으로 이어질 것이다. 기술 부채를 줄이거나 다른 종류의 기민함을 만들 목적으로 투자한 1달러는 향후 그 금액을 훨씬 초과하는 영향을 미칠 수 있는 옵션을 만들 것이다.

그렇다면 과연 얼마만큼의 비용을 사용해야 할지 어떻게 알 수 있겠는가? 기업은 어떻게 비용을 줄이거나 투자하는 비용이 가급적 많은 가치를 얻는다고 확신할 수 있는가? 그리고 기업은 어떻게 IT 투자의 결과를 측정하고 보고할 수 있는가?

IT 비용 절감하기

IT 비용 지출은 기업 운영 및 전략적인 필요에 따라 주도돼야 한다. IT가 비즈니스와 별개이고, IT 비용은 고통스러우며 피할 수 없다고 생각하는 순간, 이 점을 쉽게 간과하게 된다. 그리고 IT 내부의 효율성을 높이기 위해 자연스럽게 총 예산을 삭감하는 방안을 고려해야 한다. 그러나 IT를 기업의 중심으로 깊이 끌어들이고자 한다면 생각의 초점을 바꿔야 한다. 단순히 총 비용을 삭감하는 것이 아니라 낭비를 줄임으로써 IT에 투입되는 비용의 효율을 높이고, 조직의 비즈니스 목표에 기반을 두고 비용 지출을 통제해야 한다. 디지털 시대에서의 IT 재무 전략 또한 린함에 집중해야 한다.

간접 관리 비용administrative overhead은 낭비를 찾아낼 수 있는 좋은 지점이다. 마지막 공수가 투입될 때까지 제품을 생산해내지 못하는(즉 전통적인 접근 방식을 사용하는) 대규모 이니셔티브에서는 수많은 리스크를 관리해야 하기 때문에 결과적으로 간접 관리 비용이 발생한다. 문서를 작성하고, 논의를 진행하고, 상태를 보고하고, 결정을 승인하고, 위원회를 소집하고, 판단을 하릴없이 기다린다. 이와 같은 리스크 완화 관리 활동에는 많은 비용이 소모된다. 예산이 빠듯해지더라도 이들을 제거할 수는 없다. 예산이 줄어들면 각 비용이 제대로 사용되고 있는지 더욱 명확하게 확인해야 하기 때문이다.

하지만 린함을 중요하게 생각하는 환경에서 이런 관리 활동은 리드 타임과 비용에 고통스러운 영향을 미친다. 책임감을 지니고 투자를 감독하는 것을 그만두라고 제안하는 것이 아니다. 감독 절차 자체를 린하게 만들고, 절차 중에서 효과가 낮은 활동을 제거함으로써 리스크 규모에 맞게 감독 비용을 적절하게 사용하라는 제안을 하는 것이다. 리스크를 줄일 수 있는 방법을 찾아내면 간접 관리 비용을 줄일 수 있다.

8장, '관료주의와 문화'에서 국토안보부의 AoA 문서가 얼마나 큰 낭비인지 설명했다. AoA는 프로젝트 수행을 위해 준비해야 하는 100여 개의 문서 중 하나일 뿐이다. 13단계의 게이트 리뷰에서는 프로젝트의 실제 수요가 있는지, 계획이 수립됐는지, 특정한 요구사항이 확정됐는지, 시스템 설계가 완료됐는지를 확인했다. 모든 문서에는 많은 이해관계자의 결재가 필요했고, 모든 게이트 리뷰마다 수십 명이 참석했다.

또한 많은 업무를 계약자가 수행했기 때문에 저성과의 리스크에서 우리 스스로를 보호할 목적으로 계약 조건의 조정에 많은 시간을 들였다. 지나치게 신중한 이해관계자는 결함을 거의 발견해낼 수 없을 정도의 기상천외한 방법으로 애플리케이션을 테스트하길 원했다. 프로그램 리뷰에는 회계 감사원^{Government Accountability Office, GAO}, 감찰실^{Inspector General}, 관리 예산국 ^{Office of Management and Budget}, 국토안보부 CIO실 담당자를 포함해 다양한 컨설턴트와 재무 감사관이 참여했다.

리드 타임의 관점에서 이는 매우 큰 비용을 발생시키는 메커니즘이었다. 이 비용은 분명 리스크 매니지먼트 비용(원래 의도가 그렇다)이지만, 이밖에도 감지하기 어려운 비용이 존재한다. 프로젝트 상태, 요구사항, 계획, 정확한 릴리스 일정, 이해관계자의 준비 상태, 시스템 테스트 여부와 같은 사항을 논의하기 위한 잦은 회의가 이에 속한다. 프로젝트가 잘못 진행되는 조짐이 보이면 이런 미팅의 회수와 빈도가 증가하고, 그 결과 문제는 점점 더 심각해진다.

이런 내용을 종합해볼 때, 나는 정부 IT가 실질적으로는 1달러 정도에 그치는 엔지니어링 비용 지출 리스크를 줄이기 위해 10달러를 쓰고 있다고 확신한다.[1] 물론 이는 정부 기관에서의 얘기다. 하지만 여러분의 기업은 과연 얼마만큼의 지출을 하고 있는가? 리스크 매니지먼트를 위한 올바른 비용 지출 비율은 어느 정도인가? 리스크 매니지먼트의 리드 타임은 얼마나 돼야 하는가? 무엇보다 계약자-통제 모델에서 두려워하는, 'IT가 움직이지 않을 리스크'를 완화하려면 얼마만큼의 비용을 지출해야 하는가?

필요 이상의 엄격한 관리는 악순환을 부른다. 큰 규모의 프로젝트는 위험성이 높으므로 관리 감독 또한 무거워진다. 관리 감독이 많은 부담이 되기 때문에 모두가 이를 피하려고 한다. 프로젝트에는 더욱 많은 절차가 추가되고, 구성원은 관리 감독 프로세스를 한 차례 이상 수행하지 않으려고 한다. 결과적으로 모든 프로젝트의 규모가 커지고 리스크도 높아진다.

이 악순환을 끊는 것이 관리 감독 비용을 절감할 수 있는 최선의 방법이다. 가치를 신속하게 반환할 수 있는 작은 규모의 이니셔티브만을 수행함으로써 리스크를 줄이고, 관리 감독 또한 더 적게 하는 것이다. 내가 이 책에서 논의한 모든 리스크 완화 프랙티스(단계적으로 투자하고, 빠른 피드백 사이클을 활용해 아이디어를 테스트하며 자동화한 통제를 배포하는 것)는 동일한 목표를 달성할 때 취할 수 있는 비용 대비 효과적인 방법이다.

관리 감독 비용은 IT 예산에만 국한되지 않고 기업 전체에 퍼져 있기 때문에 잠재적인 비용 절감이 얼마나 되는지 파악하기 어렵다. 조직 전체의 예산 범위를 살펴보는 것보다 IT 배달 전체에 관련된 범위만을 고려해야 낭비를 제거할 수 있는 부분을 발견할 수 있다.

---

1 숫자는 내가 만들어낸 것이다. 하지만 이는 내 직관과 일치하는 수준이며, 앞서 언급한 정부의 다른 사람 의견에도 적정한 것으로 보인다.

IT 프로세스의 효율을 측정하는 가장 중요한 지표는 간접 관리 비용과 실질적인 창작 업무의 비율이다. 제품 생산과 운영(엔지니어링 업무)은 기업에 실질적으로 가치를 더하는 활동이다. 그 외 모든 노력은 지원 활동이므로 간접 관리 비용이라고 간주할 수 있다(그 활동을 누가 수행했는지는 관계가 없다). 모든 간접 관리 비용을 제거할 수는 없지만, 일부 IT 예산은 의도적으로 최소화해야 한다.

IT를 독립 계약자처럼 관리함으로써 발생하는 낭비 원천을 기억하라. 변경 요구를 관리하는 간접 관리 비용은 IT와 일정을 합의하고, 범위 변경을 허가하지 않기 위해 요구사항을 상세하게 문서화하고, 요구사항이 만족스럽지 않다고 판단했을 때 존재한다. IT 부서가 자신들의 가치를 정당화하거나 비용 청구 모델을 관리하기 위해 투입하는 노력은 말할 필요도 없다. 우리가 감당해야만 한다고 가정한 모든 비용은 기업이 IT와 협업하는 방법에 관한 오래된 멘탈 모델에서 비롯된다.

비용을 절약할 수 있는 가장 큰 영역은 기능 과다 제거, 즉 '완료하지 않은 업무의 양을 최대화한다'는 애자일 원칙을 따르는 것이다. IT가 일련의 요구사항을 받아 해당 요구사항을 구현하는 모델에서는 IT가 이 비용 절감 업무에 참여할 수 없다. 필요하지 않은 기능과 의도한 목적을 달성하지 못하는 기능을 구현하기 위해 엄청난 양의 낭비가 발생한다는 사실(IT 전달에 사용되는 비용의 3분의 2에 해당)을 기억하라.[2] 기능 과다를 제거하는 최고의 방법은 린 스타트업 접근 방식을 적용하는 것이다.

---

2 스탠디시의 연구는 개인적으로 의구심이 들었기 때문에 1장, '비즈니스와 IT'에서 언급했던 마이크로소프트의 연구도 함께 참조했다. 마이크로소프트가 발표한 결과에 따르면, 아이디어 중 3분의 1은 그들이 개선하고자 하는 지표에 영향을 미치지 않았고, 3분의 1은 지표를 악화시켰으며, 3분의 1만이 지표를 실질적으로 개선했다.

1. 뼈대만 가진 최소 기능 제품을 만든다.
2. 목표를 달성하는 데 공헌할 수 있는 기능의 순서를 정해, 최소 기능 제품에 점진적으로 추가한다.
3. 실행을 멈춰야 할 정도로 단위 이익이 감소할 때까지 2번 단계를 지속한다.

짐 하이스미스는 다음과 같이 조언한다.

더 적게 하라Do less. 프로젝트를 잘라내 버리거나 규모를 줄여라. 고객에게 가치를 전달하지 않는 간접 관리 비용을 제거하라. 릴리스 계획에서 기능을 빼거나 줄여라. 반복 계획에서 사용자 스토리(요구사항)를 없애거나 줄여라. 진행 중 업무를 줄여서 처리량을 개선하라. 그와 동시에 가치를 자주 전달함으로써 고객을 기쁘게 하는 데 집중하라.[1]

새로운 요건(즉, '혁신')을 만들거나 획득하기 위한 비용과 '조명을 켠 상태로 유지하는keeping the lights on, KTLO' 비용의 비율은 유명한 IT 관련 지표 중 하나다. 이 지표는 CIO나 IT 리더가 자신이 처한 상황을 묘사하는 표현에서 자주 등장한다. "우리는 올해 그만큼을 달성할 수 없다. 예산의 70%를 조명을 켠 상태로 유지하는 데 써야 하기 때문이다."[3][2]

많은 사람은 KTLO가 낭비에 가까운 것, 다시 말해 어떠한 비즈니스 가치도 추가하지 않는 비용이라고 간주한다. 나는 이 주장을 받아들이기 힘들다. KTLO는 일반적으로 기존 소프트웨어 시스템을 유지보수하는 비용, 상용 소프트웨어 및 하드웨어 사용을 위해 지불하는 라이선싱 및 유지보수 비용, 네트워크 및 통신망 사용 비용 그리고 클라우드 컴퓨팅 사용 비

---

3 피터 웨일과 진 로스에 따르면 2007년 평균 KTLO 비용은 IT 예산의 71%였다.

용 등을 포함한다. 이 비용은 기업이 업무를 수행하는 데 필요한 비용이다. 기존 시스템은 현 시점에서 기업이 거두는 이익, 기업이 운영하는 비즈니스를 위해 중요하다. 이 비용이 있기 때문에 기업을 운영할 수 있는 것이다. 이를 위한 지불은 즐거운 일이다. 이런 요소가 있기 때문에 우리가 일할 수 있다는 것을 알 수 있고(기업이 오늘도 잘 움직이니 말이다), 이는 새로운 기능을 개발하기 위한 발판으로 사용할 수 있다.

일정 수준의 운영 능력을 확보하기 위해 KTLO에 해당하는 많은 아이템을 하향 관리하려고 한다. 그러나 나의 경험상 소프트웨어의 '유지보수'는 대상 소프트웨어의 능력 변경(기능 확장, 기능 개선 또는 비즈니스의 변화를 따라잡기 위한 변경 등)을 의미한다. 이런 변경은 실제로 혁신적인 업무다. 기업은 무에서 새로운 제품을 창출하는 것이 아니라 기존 시스템을 점진적으로 개선하며 만들어내기 때문에 기업의 입장에서도 이와 같은 변경은 가성비가 매우 높다.

사실 소프트웨어의 일부분을 '유지보수'한다는 말 자체가 어불성설이다. 새로운 차를 구입하면, 차가 구입 당시와 동일하게 잘 작동하도록 하기 위해 돈을 지속적으로 써야 한다. 하지만 소프트웨어는 구입한 후 돈을 쓰지 않아도 구입 시점과 동일하게 작동한다. 문제는 우리가 소프트웨어에 구입 당시와 동일한 작동을 기대하지 않는다는 점이다. 기업이 변화함에 따라 소프트웨어도 함께 변화하길 원한다. 소프트웨어 변화 비용은 실제로 혁신 예산에 포함돼야 할 만한 가치를 가졌는데도 자주 KTLO 예산에 포함된다.

KTLO를 제외한 비용의 비율을 최대로 높여야 한다는 믿음은 KTLO 비용이 재량에 따라 유지할 수 없고, 기업이 떠안아야만 하는 비용이라는 사고에서 비롯됐다. 하지만 이는 매몰 비용의 오류sunk cost fallacy이다. 소프트웨어를 구입했다고 해서 해당 소프트웨어의 라이선싱, 유지보수 또는 비용 지원을 언제까지 계속할 필요는 없다. 소프트웨어 사용을 중단할 수 있다.

구입한 소프트웨어에 관한 비용을 계속 지출한다는 것은 그 소프트웨어가 기업에게 가치를 준다는 긍정적인 주장에 근거하는 것이다. 그렇지 않다면 다른 부문에서 볼 수 있는 경우와 같이 지출을 중단해야 한다.[4]

우리는 불필요한 기능을 만들 뿐 아니라 과도하게 해결책을 제한한다. 요구사항 문서는 '시스템은 99.3%의 가용성을 제공해야 한다' 또는 '응답 시간은 2.4초 미만이어야 한다'와 같이 기술한다. IT 부서와 서비스 수준 계약service level agreements, SLAs을 체결하기도 한다. 불이행 기준이 있어야만 계약을 해지할 수 있기 때문이다. 하지만 내부의 IT 조직과 협업을 할 때는 다른 계산식을 사용해야 한다.[5]

이론적으로 가용성 99.3%란, 시스템이 전체 시간 중에서 0.7% 이상 멈춘 경우, 기업이 얼마나 손실을 입는지, 즉 얼마나 많은 비즈니스를 놓치는지, 기업 운영이 얼마나 뒷걸음질하는지를 보여주는 비즈니스 케이스를 이용해 계산한다. 이 계산식을 확신한다 하더라도, 여기엔 중요한 요소가 빠져 있다. 바로 한계 비용marginal cost이다. 이는 현재 가용성 수준에서 목표 수준의 가용성인 99.3%를 달성하는 데 필요한 비용 대비 이익을 의미한다. 다시 말해, 현재 가용성 수준이 99.2%이고 이를 99.3%로 올리기 위해 1,000만 달러가 소요된다는 것을 알았다고 가정해보자. 0.1%를 향상시키기 위해 1,000만 달러를 지출할 가치가 있는가? 만약 1페니만 추가로 사용해서 99.99% 가용성을 달성할 수 있다면, 이 방법을 '요구'하는 것이 옳지 않은가?

---

4 철학 괴짜여, 당신은 기업이 당신들이 원하는 것, 즉 IT-현자(IT-wise)가 되기 위해 지속적으로 선택한다고 말할 것이다. 사르트르(Sartre)의 「존재와 무(Being and Nothingness)」를 보라. 그리고 사르트르가 말한 나쁜 믿음의 예와 매몰 비용 오류가 비슷하다고 생각하라.

5 이렇게 하지 말라는 의미가 아니다. 내가 존경하는 많은 사람이 ITIL 프레임워크(비즈니스와 IT 사이의 서비스 수준 계약을 중요한 것으로 간주한다) 실천가들이다. 이들이 틀리긴 했지만, 나는 여전히 존경한다.

이니셔티브를 계획할 때, 한계 비용을 미리 계산할 수는 없다. 99.2% 또는 99.4%도 아닌 99.3%의 가용성을 달성하기 위해 정확히 무엇이 필요한지를 아는 사람이 존재하는가? 지속적인 피드백과 적용을 바탕으로 해야만 한계 비용과 이익에 관한 현명한 결정을 내릴 수 있다.

클라우드 인프라스트럭처는 비용 관리 측면에서 볼 때 매우 흥미로운 대상이다. 클라우드 환경을 사용하지 않는다면, 시스템 사용량에 관한 예측을 기반으로 고정된 수량의 인프라스트럭처를 구매해야 한다. 그러나 시스템 사용량은 시간에 따라 다르다. 특히, 인터넷과 연결된 사이트의 사용량은 더욱 그렇다. 세금 계산 소프트웨어는 납세 기간에 많이 쓰이지만 이외의 기간에는 거의 사용되지 않는다.[3] 피트니스 애플리케이션은 1월에 많이 사용한다.[6][4] 헬스케어닷고브 Healthcare.gov 와 같은 낭패를 피하려면[7] 최대 사용량을 약간 정도 초과하는 트래픽을 감당할 만큼의 인프라스트럭처를 구매해야 한다. 구매한 인프라스트럭처는 대부분의 시간동안 사용되지 않는데도 예측한 최대 사용량을 초과할 리스크는 언제나 존재한다.

하지만 클라우드를 사용하면 필요한 순간에 사용한 만큼의 인프라스트럭처 비용만 지불하면 된다. 직원이 일을 마치고 저녁에 퇴근하면, 낮 시간에 작동하던 서버 중 일부의 전원을 끄고 해당 서버의 사용 비용을 지불하지 않을 수 있다. 소프트웨어가 납세 기간에만 사용된다면, 납세 기간을 제외한 1년 중 대부분의 시간에 서버의 전원을 내려둘 수 있다.

비용의 관점에서 볼 때는 최적의 조건이지만, 예산 수립 관점에서는 예

---

6 언더아머(UnderArmour)에 그들이 운영하는 모바일 애플리케이션 피트니스 커넥트(Fitness Connect)가 무엇인지 물어보라.

7 오바마 정부의 대표적인 건강 보험 이니셔티브인 헬스케어닷고브는 2013년 10월 런칭과 함께 접속자 수가 예상치의 다섯 배를 웃돌면서 서비스 제공이 지연됐다.[5]

측성이 떨어지는 듯 보이는가? 그렇지 않다. 클라우드에 지출하는 최대 비용을 제한할 수 있기 때문이다. 그런데 설정한 예산이 모두 집행된 후, 갑자기 사용량이 급증하면 어떻게 될까? 여러분이 제공하는 디지털 서비스가 예산을 수립한 것보다 시장에서 더 좋은 성과를 거둔다면 어떻게 하겠는가? 예산을 고수하기 위해 시스템을 중단시키겠는가, 아니면 예산을 늘려 고객에게 서비스를 제공하겠는가? 아마도 후자를 선택할 것이다.

클라우드를 사용하기 때문이 아니라 시장 자체에 존재하는 불확실성 때문에 예측이 불가능한 것이다. 클라우드를 사용한다면, 적어도 여러분은 그 예측 불가능성에 대응할 수 있다. 고정된 인프라스트럭처를 사용한다면, 이런 상황에 맞춰 확장할 수 있는 실질적인 방법이 없을 것이다. 클라우드 인프라스트럭처에 많은 비용을 사용한다는 것은 제품이 성공을 거두고 있다는 것을 의미할 뿐이다. 클라우드가 설비 투자 비용capital expenditure, CAPEX을 운영 투자 비용operational expenditures, OPEX으로 바꾼 방법에 관한 논의는 많았지만, 이런 관점보다는 고정 비용fixed cost을 변동 비용variable cost으로 바꿨다는 점이 더욱 흥미롭다. 클라우드 사용에 따라 비용을 지불하는 경우, 사용량이 얼마나 될지 미리 알 수 없다. 하지만 스스로 책임질 것을 결정하는 한, 이는 매우 좋은 방법이다.

이 절의 주제는 점진적인 또는 한계 지출에 관한 결정을 내리는 것이다. 애자일 프로젝트에서는 가치를 더할 수 있는 기능을 만들어야 하는 경우, 초기에 계획했던 비용을 초과할 수 있는 결정을 언제나 내릴 수 있다. 남아 있는 작업에서 얻을 수 있는 한계 가치가 너무 작은 경우에는 계획한 범위의 업무를 완료하지 않기로 결정할 수 있다. 단계적인 투자를 이용해 그리 중요하지 않은 업무에 헌신할 가치가 있는지 결정할 수 있다. 클라우드 인프라스트럭처를 사용하면 한계 가치를 얻을 수 있는 방향에 따라 언제든지 인프라스트럭처를 늘리거나 줄이는 것을 결정할 수 있다. 바로 이것이 비즈니스의 기민함이다. 흥미로운 결정은 대개 경계에서 내려진다.

예산 수립과 계획

IT 예산을 다른 비즈니스 예산과 별도로 고려하는 것은 비효율성을 초래한다. 만약 IT 예산이 제한돼 있다는 이유 때문에 100달러를 투자해 그 두 배의 마케팅 비용을 절감할 수 있는 선택을 하지 못하거나 시스템의 내부를 필요한 만큼 유연하게 만들지 못하면 비즈니스 가치는 파괴된다. IT 비용이 단지 비즈니스 유지를 위한 목적으로만 사용되지 않는다는 것에 합의한다면 지출 수준을 결정할 때 IT와 기업 내 다른 부분과의 상호 관계를 고려해야 한다.

IT 예산은 어떻게 편성해야 하는가? 예산을 실제 지출 자료, 즉 기업의 실질적인 생존 경험을 나타내는 과거 지출 수준에 기반을 두고 편성할 수 있다. 기업이 지난해 20개의 교차 기능 전달 팀에 자금을 투입했으며, 모든 팀을 업무 흐름에 투입했다고 가정해보자. 지난해의 경험에 기초해 여러분은 비슷한 수준의 역량으로 달성할 수 있는 결과를 대략 짐작할 수 있을 것이다. 여러분이 내린 최선의 예측과 올해 기업 목표를 기준으로 비교해볼 때, 작년보다 더 많은 역량이 필요한가? 여러분이 최선의 추정을 하고, 그 추정 수준에 맞는 재원을 마련하면, IT 부서는 모든 팀을 업무 흐름에 배정할 수 있다.

때론 '적은 재원으로 더 많은' 업무를 할 수도 있겠지만, 실제 데이터를 기반으로 접근해보면 '같은 양으로는 같은 양 만큼'만 할 수 있다. 그렇기 때문에 IT 부문과 나머지 비즈니스 부문은 린한 프로세스를 만들고, 공급자와 더 좋은 가격에서 협상할 수 있는 방법을 끊임없이 찾아야 한다.

수용량을 누군가가 결정한 후, 그 수용량을 달성하도록 관리하라는 요구는 합리적이지 않다. 왜냐하면 IT가 나머지 비즈니스 부문에 "우리는 여러분이 필요로 하는 모든 것을 할 수는 없다. 여러분은 우선순위를 정해야 한다"라고 끊임없이 말해야 하는 문제를 경험했기 때문이다. 나는 이 말을 수없이 많이 들었고, 전혀 옳다고 느끼지 않았다. '조직은 자신이 할 수 있는 것을 원하고, IT 부서는 기업의 모든 필요를 만족시켜줄 수 있어야 한다'는 것이야말로 IT 부서가 기업 내 경쟁 부분에 고객 서비스를 제공하는 모델이라고 생각한다.

4장, 'IT의 비즈니스 가치'에서 IT 부서는 상위 수준의 전사적 목표에서 계단식으로 내려온 목표를 달성하기 위해 노력해야 한다고 제안했다. IT 서비스에 관한 요구 또한 최초에 기업이 달성하고자 했던 것 그리고 기업이 최초에 예산을 투입하고자 했던 것과 일맥상통해야 한다. 과도한 요구가 발생한다는 것은 관리자들이 기업의 목적을 달성하기 위해 필요하지 않은 다른 뭔가를 요구하고 있다는 것을 의미한다. 기업이 IT에 충분한 예산을 배정하지 않아 IT가 기업의 목표 달성을 지원하지 못한다면, 리더십과 예산 수립 프로세스는 실패한다.

IT 프로젝트에 관한 자금 지원 문제도 지적하고 싶다. 전통적인 프로젝트 매니지먼트에서는 의도한 바는 아니었지만 이니셔티브를 계획한 비용 범위 내에서 머물도록 유도했다. 프로젝트는 변경할 수 없는 요구사항을 기반으로 시작했고, 모든 요구사항이 완료될 때까지 비용을 계속 사용했기 때문이다. 실제로 예산을 주요하게 관리한다면, 오히려 예산을 고정하고 요구사항을 변경해야 했다. 어떤 요구사항은 다른 요구사항에 비해 가치가 낮을 수 있고, 어떤 요구사항은 아무런 가치도 없다는 것을 알고 있으므로 이 방법은 매우 강력한 효과를 발휘한다. 마치 예산을 조직에서의 가장 중요한 요소로 여기는 것과 같다. 하고자 했던 모든 것을 할 수 있을 만큼의 충분한 자금을 갖고 있지 않다면, 당연히 더 적게 사용해야 한다. 그러나 IT 프로젝트는 이와는 전혀 다른 방식으로 취급돼왔다. 왜냐하면 요구사항이 모두 필수라고 가정했기 때문이다.

보스턴 컨설팅 그룹이 지적한 바와 같이, 악순환은 연간 계획 수립 프로세스에서도 발생할 수 있다.[6] 기업 환경은 불확실하기 때문에 종종 계획을 좀 더 세심하게 수립해야 한다. 과거 계획의 실패를 경험했다면 더욱 그렇다. 그 결과, 기업은 계획 수립 프로세스를 일찍 시작한다. 하지만 예측을 일찍 시작할수록 예측 대상이 되는 기간이 늘어나기 때문에 불확실성이 증가한다. 따라서 계획은 더 부정확해지고 다음 한 해를 계획하는 데 더욱 많은 시간이 소요된다. 이런 불확실성에 디지털 세상이 변동성까지 부채질하는 순간, 계획 비용은 증가하고 수립한 계획은 더욱 쓸모 없어진다.

보스턴 컨설팅 그룹은 다음과 같이 제안한다. "계획 수립은 전체적으로 과거와 같이 정확하게 예측하기보다 상향식 비즈니스 통찰을 이용해 전략적으로 검증된 하향식 목표 설정을 하는 데 집중해야 한다."[7] 보스턴 컨설팅 그룹은 기업에 계획을 덜 세밀하게 함으로써 유연함을 확보하고, 하향식 목표를 설정함으로써 민첩함과 적응력을 유지하라고 제안한다.

연간 예산 수립 프로세스 역시 기민함을 1년 단위로 제한한다. 비아르테 보그네스Bjarte Bogsnes는 예산을 뛰어넘는 실행Implementing Beyond Budgeting에서 자신이 스칸디나비아의 대기업인 에퀴노르Equinor와 같은 곳에서 만들어낸 대안적 예산 계획 수립 프랙티스를 설명한다. 비아르테는 예산 수립 프로세스가 예산을 투입하는 데에만 집중하고, 투입한 결과에는 신경 쓰지 않는다는 문제점을 지적한다.[8] 다시 말하면, 예산 수립 프로세스에서는 한계 비용 지출을 이용해 얻을 수 있는 이익(막대한 금액이 될 수도 있는)을 고려하지 않은 채, 단지 부서별 지출 제한을 결정하기만 한다는 것이다. 비아르테는 다음과 같이 말했다.

> "우리가 원하는 것은 달성할 수 있는 최저 비용 지출 수준이 아니라 가치 창출을 최대화할 수 있는 최적 비용 지출 수준이다."[9]

예산 수립은 관리자가 반드시 사용해야 하는 지출을 막을 뿐 아니라 지출을 함으로써 얻을 수 있는 가치에 관계없이 할당된 예산을 모두 소진할 때까지 지출하도록 만드는 것이 문제다. 예산 금액을 한덩어리로 보기 때문에 관리자는 사용하지 않은 예산을 '반납'해야 한다는 생각은 거의 하지 않게 된다. 사용하지 않은 예산은 다음 해 예산에서 삭감될 수 있기 때문이다.

예산 탈피Beyond Budgeting 운동은 예산 수립 프로세스를 좀 더 기민하게 만들 수 있는 다양한 방법을 제안한다. 이 아이디어는 전 세계적으로 다양한 산업군에 속해 있는 크고 작은 기업에서 실행됐으며, 미래 계획, 연중 상시 계획, 예산과 지출에 관한 극단적인 투명성과 같은 방법을 포함한다. 기업에게 불확실성과 변화를 다룰 수 있는 기민함을 제공하는 동시에 동기를 자극하는 목표를 설정하고, 더 나은 예측을 함과 동시에 제한된 자원을 효과적으로 할당할 수 있는 역량을 부여하는 것을 목표로 한다.[10]

나는 앞서 IT에서의 추정과 약속(또는 예측과 실행 계획) 사이의 끈질긴 혼동을 언급했다. 예산은 예측을 목표로 바꾸는 방법 중 하나다. 불확실한 환경에서는 다음과 같은 질문을 던져야 한다. "향후 18개월에 관련된 예측이 얼마나 믿을 만한가?" 에릭 리스는 스타트업에서의 예측을 다음과 같이 지적했다.

> "나는 몇 명의 발명가가 실제로 예측을 믿었다는 것을 발견했다. 심지어 이들은 예측을 책임 추궁을 위한 도구로 사용하고자 하기도 했다(알프레드 슬로안 Alfred Sloan처럼). 만약 한 스타트업이 비즈니스 계획에서 언급한 숫자를 달성하지 못한다면, 투자자는 이를 두고 잘못된 실행의 증거라고 생각할 것이다. 나는 기업가로서 그들의 반응을 전혀 이해할 수 없었다. 그들은 정말 그 숫자가 완전히 조작된 숫자임을 몰랐던 것일까?"[11]

숫자가 완전히 조작됐다는 것은 과장일 수도 있지만, 에릭은 "좋은 투자자는 스타트업이 예측한 목표 수치, 즉 대단히 불확실한 조건에 따라 만들어진 숫자를 달성하는 것이 아니라 시장의 상황에 얼마나 잘 적응하는지를 본다"라고 주장한다. 스타트업이 테스트를 수행하고 그 결과 학습한 내용을 잘 적용한다는 것은 기업이 잘 관리되고 있다는 의미이고, 고객 가치와 준비된 시장이 있다는 것을 증명한다면 이는 매우 좋은 투자가 된다.

우리는 예산을 수립함으로써 예측에 근거한 비용 지출을 통제하고자 한다. 하지만 디지털 세계에서 발생하는 지출은 이와 같은 방식으로 통제하기 어렵다. 오히려 실제로 진화하는 환경에 맞춰 지출을 결정해야만 한다. 투명성을 지속적으로 확보하고 적용하면서 여전히 통제할 수 있다. 직원에게 혁신과 적응을 장려하는 동시에 계획을 수립하고 그 계획을 철저하게 수행하도록 할 수는 없다. 클레이톤 크리스텐슨은 『The Innovator's Dilemma』에서 이런 행위 때문에 기업이 혁신의 기회를 놓친다고 주장했다.

> "시장에 진입하기도 전에 시장 규모와 재무 이익을 정량화할 것을 요구하는 투자 프로세스를 가진 기업은 파괴적인 기술과 만나는 순간, 손발이 얼어붙거나 심각한 실수를 저지른다. 그들은 아무것도 존재하지 않는 시점과 실질적으로 이익이나 비용 중 어느 것도 알지 못하는 시점의 재무 예측에 근거해 판단을 내린다. 파괴적인 기술과는 전혀 다른 컨텍스트에서 지속적인 기술을 관리할 목적으로 개발된 계획과 마케팅 기법을 사용하는 것은 단지 날개를 퍼덕이는 연습에 지나지 않는다."[12]

설비 투자와 운영 투자

과거에는 한 IT 시스템을 하나의 제품(즉 만들어내거나 구입한 후 전체를 릴리스하는 것)으로 간주했다. 이런 사고는 자본 자산 관점의 멘탈 모델에 부합한다. 그러나 오늘날에는 점진적으로 시스템을 만들고, 개발이 완료되는 순간 하루 수백 번이라도 개별 기능을 릴리스할 수 있다. 시스템 개발이 언제 '완료'되는지 정의하기 매우 어렵다. IT 시스템들은 그 수명을 다할 때까지 지속적으로 진화한다. 우리가 지속적으로 미래 업무를 위한 백로그를 유지하면서 그 업무를 수행하기 때문이다. IT 시스템은 기업이 시스템을 계속 변경하고, 부분적으로 교체하고, 비즈니스의 요구에 따라 기능을 변경하고, 엔트로피에 맞서 싸울 수 있도록 시스템 내부를 변경하는 한, 이론적으로 영원히 살아남을 수 있다.

우리가 자본화하는 자산이 무엇인지는 시간이 지날수록 불명확해진다. 자산의 경계를 구분하기 어렵다. 시간이 지날수록 재사용할 수 있고 다른 시스템의 일부분이 되기도 하는, 마이크로서비스라 불리는 작은 컴포넌트를 조합해 IT 시스템들을 만들어내기 때문이다. IT 시스템의 기반이 되는 인프라스트럭처 또한 식별하기 어렵다. 인프라스트럭처는 일시적이고, 클라우드 내에만 존재한다. 클라우드 제공자로부터 인프라스트럭처를 요청한 만큼 획득할 수 있고, 필요에 따라 자유롭게 변경하고, 추가하고, 줄이거나 버릴 수 있다. 게다가 인스라스트럭처 또한 클라우드 서비스가 요청에 기반을 두고 제공하는 서비스(예를 들면, 인공지능artificial intelligence, 분석analysis 심지어 콜 센터call center 기능과 같은)를 사용해 구성할 수 있다.

이 모든 변화는 이들이 개선된 대상이라는 사실에서 비롯된다. 형태가 정해지지 않은 채 끊임없이 변하는 시스템은 진화를 거듭하면서 비즈니스를 지원한다. 인프라스트럭처와 서비스를 요청 기반 방식으로 소비할 수 있기 때문에 비용과 리스크가 줄어든다. 시스템을 마이크로서비스로 나눠 비용을 줄이고, 신뢰성을 늘리고, 시장에 빠르게 진입한다. 시스템을 점진적으로 전달함으로써 대규모 프로젝트에 수반되는 리스크를 줄이고, 기업이 IT 업무의 가치를 더 빠르게 거둘 수 있도록 한다.

하지만 회계 관점에서 보면 그림이 좀 더 복잡해진다. 내부 사용 또는 외부 판매를 위해 시스템을 자본화하는 구식 모델에는 이와 같은 새로운 개발 방식이 잘 들어맞지 않는다. 우리는 항상 새로운 시스템의 실현 가능성을 확립하기 위해 비용을 지출했고, 실현 가능성을 구축하거나 구매하기 위해 비용을 자본화했으며, 이 자산을 감가상각시키면서 유지보수 비용을 지출해왔기 때문이다. 이런 사고 방식이 어떻게 오늘날의 IT 프랙티스와 맞겠는가?

나는 회계사가 아니기 때문에 아무런 재무적 가이드도 제공할 수 없다. 단지 이런 발전이 IT 비용을 처리하는 회계 방식에 어떤 영향을 미칠지 궁금할 뿐이다. 몇 가지 질문을 이용하면 가능성을 짐작해볼 수 있다.

- 우리가 유지보수라 부르는 것이 실제로 비즈니스의 변화에 발맞춰 기능을 추가하거나 시스템을 변경하는 것이라면, 이는 자산에 가치를 더하는 것이 아닌가? 그렇다면 이런 비용은 자본화해야 하지 않을까?
- 자본화한 기능이 개발되는 즉시 사용되기 시작한다면, 해당 '자산'의 나머지 부분이 모두 전달되기를 기다릴 것이 아니라 그 순간부터 감가상각을 시작해야 하지 않을까?
- 시스템이 지속적으로 업데이트되고, 진화하고, 변화하고, 개선된다면, 그래서 그 수명이 실질적으로 무한해진다면 몇 년 동안 감가상각을 하는 것이 적절할까?
- 시스템이 제공하는 기능을 포함해 일부를 클라우드에 '요청한 만큼'만 지불한다면, 해당 기능을 내부에서 만든다고 해도 자산의 일부로 볼 수 없지 않을까?
- 시스템 생애주기에 걸쳐, 지속적으로 실험을 시도하고 때로는 뒤로 물러선다면, '실현 가능성의 확립'과 '개발'은 어떻게 구분해야 할까?

성공 측정

IT 부서를 비용과 일정 준수, 비용 절감, 이익 대비 IT 예산 비율, 고객 만족, KTLO 비용 지출 비율 및 이 책에서 내가 거부했던 모든 지표로 평가하지 않는다면 IT 부서를 대체 어떻게 평가할 수 있겠는가?

IT의 성공은 주로 기업의 성공 자체로 측정된다. IT는 비즈니스 이니셔티브와 운영을 지원할 목적으로 보유하는 것이므로 기업 운영을 잘 지원하는 한, IT는 성공적인 역할을 수행한 것이다. 비즈니스 목표가 (내가 제안한 것처럼) 비즈니스와 IT 담당자 모두를 포함하고 있는 교차 기능 팀에게 하향 전달된다면, 실제로 이 팀이 성공하는 것이 매우 중요하다. 이를 IT 컴포넌트로 나누기는 매우 어렵다. 또한 IT는 이 시스템과 프로세스를 기민하게 유지함으로써 기업이 미래에 기민함을 달성하도록 하는 책임이 있기 때문에 장기적인 관점에서 기업의 성공에는 IT의 성과가 반영된다.

IT 프로세스의 개선과 관련해 집중해야 할 중요한 지표는 개념 단계에서 전달에 이르는 리드 타임이다. 대부분의 리드 타임은 IT 외부 또는 IT와 다른 비즈니스 부문이 만나는 경계에서 발생한다는 사실을 기억하라. 결국 비즈니스 전체의 관점에서 보면 리드 타임은 내부 요소이며, IT는 비즈니스에 필수적인 부분이므로 이 지표가 당연히 중요하지 않겠는가?

리드 타임은 매우 중요한 지표다. 리드 타임의 감소는 다음을 의미한다.

- 프로세스 낭비 제거(비용 절감과 직원의 사기진작으로 이어진다)
- 신규 제품의 시장 진입 시간 및 내부 사용자에게 영향을 미치는 투자 가치 창출 시간 단축
- 기업의 신속한 아이디어 시도 및 피드백 수집을 통한 혁신 증대
- 즉각적인 가치 전달
- 진행 중 업무(투자 리스크 양) 감소를 이용한 리스크 절감

- 시스템 안전 유지(IT 팀이 발생하는 위협에 좀 더 빨리 대응하고, 소프트웨어 패치를 신속하게 수행하며, 사고에도 신속하게 대응 가능)

리드 타임은 기업이 식별된 요구사항을 얼마나 빠르게 처리하는지를 알려주는 지표이고, 지표 측면에서 보더라도 정시 전달on-time delivery을 대체할 수 있는, 좀 더 개선된 지표다. 소프트웨어뿐 아니라 신규 직원에게 업무용 노트북을 지급하거나 분실한 비밀번호를 재설정하거나 회의실의 음성 화상 장비가 작동하지 않을 때 수리 인원을 투입하는 것과 같은 일반적인 IT 기능 전달에도 적용할 수 있다.

리드 타임은 속도이고, 속도는 불확실한 환경에 없어서는 안 될 핵심 요소다.

DORA가 고안한 IT 성능 구조는 IT 성과를 평가하는 훌륭한 방법이다. 특히, DORA는 IT 성능 구조를 사용해 비즈니스 성공을 예측했다. 이 구조는 쉽게 측정할 수 있고, 매우 실용적이며, 디지털 환경에서의 성공과 관련된 지표를 포함한다. DORA가 제안한 소프트웨어 전달 및 운용software delivery and operation, SDO 구조는 다음을 포함한다.

- **배포 빈도**Frequency of deployments – 처리량 및 전체 리드 타임과 비슷하다.
- **코드 개발 완료 후 배포까지의 리드 타임**Lead time from finishing code to deploying it – 역시 처리량과 전체 리드 타임과 관련돼 있다. 이는 전체 리드 타임의 일부분으로, 비교적 안정적이며 즉각적인 개선을 수용해야 하는 부분이다.
- **변경 실패율**Change Failure Rate – 새로운 기능이 배포됐을 때, 얼마나 자주 실패하는가? 전달 프로세스의 품질과 안정성을 의미하는 지표다.

- **평균 수리 시간**Mean time to repair, MTTR – 운영 중인 시스템에 문제가 발생했을 때, 해당 문제를 조치하는 데 얼마의 시간이 소요되는가? 보안 사고에 대응하거나 보안 패치를 구현하는 데 얼마만큼의 시간이 소요되는지를 결정하기도 한다.

가용성Availability, 즉 IT 시스템이 사용 가능한 상태로 운영되는 시간의 비율 또한 DORA가 최근의 연구에서 발표한 중요 지표 중 하나다. 사용자나 직원이 아마존과 구글 등에서 제공하는 '언제나 사용할 수 있는' 서비스에 익숙해지면서 가용성 표준은 매우 높아졌다.

다른 유용한 지표가 있지만, 이 지표는 이해하기 어렵거나 해당 지표를 측정하기 위해 더 많은 비용이 필요할 수 있다. 릴리스한 결함Escaped defects은 프로덕션으로 유출돼 사용자에게 실질적인 영향을 미친 버그다. 코드 수명의 전반에 걸쳐 자동화한 테스트를 이용해 검사하므로 이 과정에서 감지되지 않은 결함만 문제가 된다. 이 결함은 많은 비용을 소모하는 재작업으로 이어진다.

프로세스의 기민함은 좀 더 추상적인 성과 지표다. 기업이 보블헤드 인형의 생산을 중단하고 내일부터 발톱깎이를 생산하기로 결정한다면, IT는 얼마나 신속하게 조정될 수 있는가? IT가 프로젝트 A를 진행하고 있는 도중, 갑자기 프로젝트 B의 우선순위가 높아졌을 때 얼마나 빠르게 초점을 변경할 수 있으며 이 과정에서 얼마나 많은 낭비가 발생하는가?

기술 부채의 양에 관한 지표도 존재한다. IT 자산 속에 미래의 업무를 늦출 쓰레기가 얼마나 많은가?

이 지표는 지속적인 개선을 위한 기초가 된다. 이들 지표는 특정 개인이나 그룹의 성과를 측정할 의도로 사용되지 않는다. 우선 모든 지표는 정확한 값을 갖지 않는다. 또한 이 지표를 성과 측정을 위해 사용할 경우, 경쟁을 부추길 수 있다. 예를 들어, 일일 배포 수는 수많은 소규모의 변경 사항을 배포함으로써 늘릴 수 있다(어쨌든 이는 바람직한 행동이지만!). 이 지표는 너무 많은 상호 작용과 결정에 영향을 미치는 요소를 갖고 있기 때문에 비난하거나 보상하는 데 사용할 수 없다.

그렇다면 IT 조직 생산성, 즉 IT 조직에 속한 소프트웨어 개발자의 생산성을 어떻게 측정할 수 있겠는가? 과거의 폭포수 방식의 계약자-통제 모델에서는 정시 성과on-time performance를 생산성의 척도로 봤다. 나는 여러분이 이제 더 이상 그렇게 생각하지 않으리라 믿는다. 만약 그렇다면 이는 기술자가 원래의 계획을 얼마나 고수했는지 그리고 원래 추정치에 얼마나 많은 여백이 있었는지를 보여주는 척도에 지나지 않을 것이다. 하지만 애자일과 데브옵스 접근 방식은 그마저도 생산성을 측정하는 방식에서 없애 버린 것 같다. 짐 하이스미스는 목표를 다음과 같이 설명한다.

> "일반으로 생산성 측정은 지식 업무의 관점이기 때문에 거의 쓸모 없다."[13]
> 좋은 소프트웨어와 인프라스트럭쳐를 설계하고, 비즈니스 문제를 해결하고,
> IT 전략을 만드는 것은 모두 지식 업무다."

그렇다고 해서 생산성이 형편없거나 너무 느려도 된다는 말은 아니다. 하이스미스의 코멘트는 차치하더라도 여러분이라면 기업 내 지식 근로자의 성과를 어떻게 측정할 것인가? 직원의 성과는 어떻게 측정할 것인가? 일반적으로 미리 계획된 일정에 맞춰 전달했는지 측정하지는 않을 것이다. 관리자는 직원들과 가깝게 지내면서 그들의 생산성, 커뮤니케이션 품질 등을 관찰함으로써 직원들의 성과를 평가한다. IT 관리자 역시 직원을 이와 같은 방식으로 평가해야 한다.

궁극적으로 IT 조직 성과는 기업의 비즈니스 결과에 반영된다. 바로 이런 점을 이용해 IT 직원들에게 동기를 부여하고 혁신을 장려해야 한다. 그렇

지 않다면 리드 타임 개선, 릴리스한 결함, 가용성을 포함해 내가 앞서 언급한 모든 지표는 의미가 없다. 이 지표가 좋은 경향을 보인다고 하더라도 기업은 더 이상 성공하지 못할 것이다. IT에 동기부여를 하는 것은 IT 내부 지표가 아니라 비즈니스 결과여야 한다. 이 개념을 디지털 기업의 정의로 받아들여도 좋다.

쉬어 가기

클라우드와 미래

"그렇다면 얼마나 오랫동안 게임을 망가뜨리지 않고 이 규칙을 고수해야 하는가? 게임이 아름답게 진행되는 한 그래야 한다."

– 에픽테토스, 담화론

"시기가 맞는다면, 숭고한 생각은 번갯불이 비칠 때처럼 생생하게 전체 주제를 조명한다."

– 롱기누스, 숭고함에 관해Longinus, On the Sublime

컴퓨터를 하루 종일 바쁘게 움직이도록 하기는 쉽지 않다. 컴퓨터는 1초에 10억 회씩[1] 새로운 작업을 찾는다. 얼마나 많은 고양이 비디오를 보는지와는 관계 없이 컴퓨터는 다음에 어떤 고양이 비디오를 볼 것인지에 관한 명령을 받기 전까지는 대부분의 시간을 대기한다. 컴퓨터를 쉴 새 없이 움직이고 싶어하는 초조함이 기술 혁신의 원동력이 돼왔다.

---

1 컴퓨터 중앙처리장치(CPU)의 속도를 측정하는 GHz는 1초에 약 10억회 단위 작업을 실행함을 의미한다. – 옮긴이

미래 기업 IT에 어떤 일이 일어날지 설명하는 내용을 쓴다면 불확실성이 디지털 영역을 지배한다는 내 주장을 스스로 약하게 만드는 것이리라. 그 대신 나는 우리가 미래를 생각하는 방식에 영향을 미칠 수 있는 현재의 중요한 트렌드 중 몇 가지를 소개하고자 한다.

이미 그 영향을 상당히 느끼고 있을 클라우드에서 얘기를 시작한다. 클라우드는 논리적으로 서버리스 컴퓨팅serverless computing으로 확장된다. 인공지능, 특히 그중에서도 머신러닝은 일반적인 비즈니스에 사용할 수 있을 만큼 실용적인 수준으로 발전했고, 컴퓨팅에 관한 근본적인 생각을 바꿨다. 이 세 가지는 기업이 IT를 사용하는 방법과 IT가 기업에 무엇을 공헌할 수 있는지에 관한 깊은 의미를 갖게 됐다.

오늘날 세계에는 쉬지 않고 일하는 무수한 컴퓨터 처리 능력이 존재하며, 클라우드 제공자가 그 능력을 계속 더하고 있다. 내가 얘기할 트렌드는 그 컴퓨팅 프로세서가 지루해하지 않도록 유지하는 방법이다.

클라우드는 여러분이 생각하는 것보다 훨씬 많은 영향을 미치고 있다. 적어도 IT 부서는 클라우드가 기업 시스템을 운영하기 위해 사용해오던 하드웨어 종말을 초래할 것이라는 걱정을 하고 있다. 이런 변화는 소비자 기기가 매일 사용하는, 즉 우리가 매일 손대는 데스크톱과 노트북 컴퓨터를 대체하는 것과 함께 일어나고 있다. 달리 말하면, 컴퓨팅 파워는 사무실이나 기업의 데이터센터에서 점점 자취를 감추고, 주머니 속과 클라우드에 자리잡았다.

클라우드는 컴퓨팅 파워를 서비스의 개념으로 바꾸는 마법을 선사한다. 가정의 전기와 같이 스위치를 올리면 서비스가 시작되고, 스위치를 내리면 종료된다. 전력 회사에 전기를 사용한 만큼만 사용료를 지불한다. 직접 석탄을 태울 필요도 수력 발전 댐을 세울 필요도 없다. 다른 누군가가 이미 그 일을 하고 있으므로 어떤 경우에도 여기에 직접 신경 쓰지 않아도 된다.

과거 기업은 컴퓨팅 파워를 획득하기 위해, 마치 직접 전기를 생산하는 것과 같은 일을 했다. 컴퓨팅 장비를 구입하고, 데이터센터에 설치하고, 제조사 설명서에 따라 장비를 설정했다. 전기와 인터넷을 연결하고, 과민하게 쉼없이 일하는 컴퓨터를 시원하게 유지하기 위한 충분한 냉방을 제공했다. 해커가 데이터센터에 침입하지 못하도록 물리적인 보안책을 강구했으며, 컴퓨터를 관리하고, 소프트웨어를 업데이트하고, 문제를 진단하는 노동력을 투입했다.

클라우드를 사용하면 이 모든 일을 할 필요가 없다. 컴퓨팅 파워가 필요하다면 클라우드 제공자의 웹 사이트에 접속하거나 자동화한 스크립트를 실행해 요청 즉시 자원을 사용할 수 있다. 컴퓨팅 작업이 완료되면 컴퓨팅 파워를 반환하고 요금 지불을 중단할 수 있다. 데이터 저장 공간이 필요하면 즉시 원하는 만큼의 공간을 얻을 수 있고, 사용을 마친 후 더 이상 필요하지 않다면 즉시 버릴 수 있다. 실제로 클라우드 컴퓨팅의 선구자인 AWS는 2018년 말 기준으로 기업이 활용할 수 있는 165가지 이상의 서비스를 제공했다. 컴퓨팅 파워, 스토리지, 네트워킹, 보안, 데이터베이스, 분석, 머신러닝은 물론 자동화한 콜 센터 서비스까지 포함된다. 스위치를 올리면 서비스가 작동하고, 스위치를 내리면 반환된다.

클라우드 확산에 따른 결과의 하나로 과거에는 하드웨어와 소프트웨어를 모두 포함했던 정보 기술information technology의 범위는 소프트웨어로 바뀌었다. IT 조직은 하드웨어 사이를 드나드는 대신, 자동화한 스크립트를 작성(즉, 프로그래밍)함으로써 클라우드에 인프라스트럭처를 구성할 수 있다. 나는 이 책에서 디지털 기업의 핵심은 기민함이라고 언급했다. 이제 하드웨

어에서 소프트웨어로 전환함으로써 얼마나 더 기민해질 수 있는지 상상해보라. 하드웨어는 새로운 하드웨어로 대체할 수밖에 없지만, 소프트웨어는 키보드로 몇 개의 키워드만 입력해 순식간에 바꿀 수 있다.

또한 기업은 사용할 컴퓨팅 파워의 크기를 빠르게 조정할 수 있게 됐다. 여러분의 웹 사이트가 갑자기 큰 사용자 트래픽을 감당해야 한다면, 그 트래픽을 충분히 감당할 수 있을 때까지 인프라스트럭처의 양을 늘릴 수 있다. 여러분의 직원이 낮에만 일한다면, 야간에는 인프라스트럭처를 줄여 비용을 절약할 수 있다. 여러분이 계절에 민감한 비즈니스를 한다면 해당 계절을 제외한 기간에는 인프라스트럭처를 줄일 수도 있다. 인투이트 Intuit는 납세 기간을 제외하고 인프라스트럭처를 중단해 터보택스 앤써 익스체인지TurboTax AnswerXchange 인프라스트럭처 운영 비용 6분의 5를 절감했다.[1]

다시 한번 말하지만, 클라우드는 전력 회사와 매우 비슷하다. AWS와 같은 거대한 클라우드 제공자는 규모 경제를 이용해 절약한 비용을 고객에게 환원한다. AWS 및 여러 클라우드 제공자가 클라우드에 쉴 틈 없이 일하는 수많은 컴퓨팅 자원을 놓아두면, 기업은 그 자원을 활용해 좀 더 민첩해질 수 있다.

———

클라우드가 효과적인 이유를 설명하기 위해 역사를 간단히 살펴보자. 클라우드는 인터넷에 항상 연결돼 있는 컴퓨터가 서버server라는 점에 착안해 시작됐다. 서버 컴퓨터는 다른 컴퓨터가 자신에게 뭔가를 요청할 때까지 기다린 후, 요청을 수행하고 다시 기다린다. 예를 들어 여러분의 웹 브라우저가 웹 페이지를 표시하는 경우, 노트북 컴퓨터는 인터넷을 이용해 서버와 통신한다. 서버는 웹 페이지를 만드는 비트를 전송한다. 다른 서버는 기업의 인력 자원 시스템이나 데이터베이스, 이메일을 다룬다.

이런 서버 중 하나가 작동하는 동안에도 컴퓨터의 한 부분만 바쁠 뿐, 나머지 부분은 저장 공간만을 살핀다. 1990년대, 기술자는 이 유휴 컴퓨터 자원을 모두 활용할 수 있는 해결책을 만들어냈다. 하이퍼바이저hypervisor라는 소프트웨어 기술을 이용해 물리적 서버가 한 대뿐인데도 수많은 서버가 존재하는 것처럼 사용할 수 있다. 각 서버는 가상 머신Virtual Machine, VM 또는 인스턴스instance로 불린다. 각 VM은 할당받은 작업을 분주하게 수행하며, 전체적으로 볼 때 물리적으로는 한 대뿐인 서버를 대부분의 시간 동안 작동하도록 할 수 있다.

일단 서버 하드웨어가 데이터센터에 설치되고 난 후에는 완전히 방치됐기 때문에 이와 같은 혁신이 가능했다. 서버 관리를 책임지는 시스템 관리자들조차 하드웨어를 직접 볼 일은 거의 없었다. 관리자들 역시 다른 방, 아마도 심지어는 물리적으로 다른 지역에서 일반 사용자와 마찬가지로 네트워크를 이용해 서버와 통신했다. 하나의 물리적인 서버를 많은 VM으로 바꾼 것은 정말 혁신적인 발상이었다.

여러분이 컴퓨터에게 수행시키고자 하는 실제 업무, 즉 컴퓨터에서 실행하고자 하는 소프트웨어를 워크로드workload라고 부른다. 여러 서버에서 실행되는 여러 VM이 있고, 수행해야 할 많은 워크로드가 있다면, 이 워크로드를 VM에 분산해 수행하도록 하면 되는 것이다.

아마존Amazon.com은 인프라스트럭처를 이런 방식으로 구성했다. 2006년 아마존은 여분의 VM을 다른 기업에 제공해 업무를 수행하도록 하는 아이디어를 냈다. 아마존은 엘라스틱 컴퓨트 클라우드Elastic Compute Cloud 또는 EC2라는 이름의 서비스를 출시했다. 누구나 아마존이 제공하는 자동화한 도구를 사용해 아마존이 운영하는 서버에 VM을 설치하고, 워크로드를 VM에 할당하고, 실행할 수 있었다. 아마존 설비 내에 서버가 위치하고 있다고 말할 수도 없었다. 왜냐하면 그 서버를 사용하는 사람은 모두 다른 어딘가에 있었기 때문이다. 여러분이 제공하는 웹 페이지는 마치 여러분의 웹 서버가 여러분이 운영하는 기업 본사나 데이터센터에 있는 것처럼 고객에게 보여졌다.

———————

클라우드는 그렇게 시작됐다. 클라우드 제공자는 VM을 필두로 데이터 저장 공간을 유료로 제공하기 시작했다. 또한 재해가 발생했을 경우 워크로드를 복구할 수 있도록 자신의 인프라스트럭처를 여러 장소에 복제하기 시작했다. 클라우드 제공자는 인프라스트럭처는 물론 소프트웨어도 제공했으며, 이 또한 사용량에 따라 비용을 책정했다.

클라우드 인프라스트럭처는 전 세계적으로 분산돼 있다. 아마존이 보유한 인프라스트럭처만 해도 2018년 말 기준으로 전 세계 20여 곳에 이른다. 각 인프라스트럭처는 최소 3개의 데이터센터로 구성돼 재해 탄력성을 제공한다. AWS는 자신이 제공하는 인프라스트럭처가 안정적이고 안전하다는 것을 보장하기 위한 노력을 기울이며, 기업은 이 노력의 혜택을 받는다. 국토안보부와 같은 연방 정부 기관은 물론 JP Morgan Chase and Capital One과 같은 은행 및 재무 서비스 기업, 넷플릭스 및 익스피디아 Expedia와 같은 높은 트래픽을 제공하는 소비자 기업도 아마존의 고객이다.[2]

클라우드 진화의 다음 단계는 서버리스 컴퓨팅serverless computing이라 불린다. 클라우드 제공자가 물리적인 인프라스트럭처의 개념을 가상 세계로 추상화했기 때문에 다음 단계는 인프라스트럭처라는 개념 자체를 없애는 것이다. 이미 사용하고 있지만, 미래에 좀 더 일반적으로 사용될 서버리스 컴퓨팅 덕분에 IT 종사자는 더 이상 클라우드에 인프라스트럭처를 명시적으로 준비하지 않아도 된다. 그 대신 이들은 단지 코드를 제공하고, 어떤 상황에 해당 코드가 실행될지, 즉 언제 컴퓨터 파워를 적용할 것인지만 선택하면 된다. 클라우드가 나머지 모든 일을 대신한다. 서버리스 컴퓨팅은 유틸리티 컴퓨팅에 우리가 한걸음 더 다가가게 한다.

많은 기업이 이미 서버리스 컴퓨팅을 사용하고 있지만, 나는 서버리스 컴퓨팅이 가져다줄 혁신이 이제 막 시작됐을 뿐이라고 생각한다. 서버리스 컴퓨팅이 개발됨에 따라 IT 예산은 고정 자산으로써의 하드웨어를 구입하기 위한 투자에서 기업이 실제로 사용하는 운영 자원으로써의 컴퓨팅으로 점점 바뀔 것이다.

클라우드는 디지털 혁신을 주도하는 요소 중 하나다. 클라우드는 산업군에 진입하기 위한 장벽을 낮췄다. 시장에 새롭게 진입하는 기업은 비즈니스를 운영하기 위해 더 이상 하드웨어나 데이터센터에 투자할 필요가 없기 때문이다. 필요한 인프라스트럭처를 언제든지 사용할 수 있고, 사용비용 역시(사용량에 기반을 둔다) 낮으며, 이들의 비즈니스는 성장할 기회를 갖고 있다.

클라우드는 기업이 디지털 트랜스포메이션에서 성공하고자 할 때 필요한 기민함을 얻는 데 도움을 준다. 비용적인 우위, 요구 기반의 신속한 규모 조정을 이용해 리드 타임을 줄이고 전 세계적으로 규모를 확장하는 동안에도 혁신적인 아이디어를 시도해볼 수 있게 함으로써 기민함을 높인다.

혁신Innovation 클라우드를 데브옵스와 함께 사용함으로써 기업은 혁신을 달성하고 성장 기회를 찾는 데 도움을 얻을 수 있다. 적은 리스크와 최소한의 비용으로 아이디어를 시도할 수 있기 때문이다. 혁신적인 아이디어가 효과를 거두지 못하면, 사용하던 인프라스트럭처와 서비스에 관한 비용 지불을 중단하기만 하면 된다.

속도Velociy 클라우드는 하드웨어를 획득하고 설정하는 데 필요한 시간을 줄임으로써 리드 타임을 단축한다. 기업은 클라우드에 포함된 머신러닝, 식별 관리, 분석과 같은 강력한 기능을 즉시 사용할 수 있다.

전 세계적 접근 Global reach AWS는 20개의 지역 데이터센터 클러스터와 160개의 글로벌 접점 지역에 인프라스트럭처를 보유하고 있으며, 이를 이용

해 기업에 글로벌 시장 서비스를 손쉽게 제공한다. 모든 지역에서 **빠른 속**
도를 유지하고 다양한 국가의 데이터 주권 요구사항(데이터가 특정 국가의 국
경 내에 보관돼야 한다는 규칙)을 만족시킨다.

전력을 쉽게 이용할 수 있었기 때문에 폭발한 혁신과 창의성이 오늘날 우
리가 사용하는 모든 가전 제품을 탄생시켰다. 컴퓨팅 파워를 쉽게 이용하
면 무엇이 가능할지는 아직 모른다. 하지만 이미 기업이 이 장점을 활용해
수년 전만 해도 불가능해 보였던 것을 해내고 있다는 점이 중요하다.

예를 들어, 맥도날드McDonald's는 전 세계 결제 시스템point of sale, POS을 AWS
에서 운영하고 있다. 20만 개의 현금 계산기와 30만 개의 다른 POS 장비
가 하루 6,400만 명의 고객에게 서비스를 제공한다.[3] 맥도날드가 모바일
홈 배달 애플리케이션을 개발하기로 결정했을 때, 애플리케이션을 개발하
고 고객에게 릴리스하기까지 4개월밖에 걸리지 않았다.[4] 제네럴 일렉트
로닉 오일 & 가스General Electronic Oil & Gas는 애플리케이션 개발 기간을 77%
단축할 수 있었다.[5] BMW는 7 시리즈에 탑재되는 자사의 car-as-a-
sensorCARASSO 애플리케이션을 6개월만에 개발했다.[6] 이것이 디지털 시대
의 속도다.

- 클렘슨 대학Clemson University은 짧은 시간 동안 110만 개의 동시 프로
  세서를 돌리는 것과 관련한 자연 언어 처리를 연구했다.[7] 클라우
  드를 도입하기 전에는 도저히 불가능했던 연구였다. 왜냐하면 100
  만 대의 컴퓨터를 구입해 설치하고, 사용하고, 환불받기 위해 반환
  한다는 것이 불가능했기 때문이다.

- 국제 아동 실종 및 학대 센터International Centre for Missing and Exploited Children, ICMEC[2]는 수사관이 사용할 단서를 만들기 위해 실종 신고된 아이의 사진을 소셜 미디어에서 대조할 수 있었다.[8]
- The Financial Industry Regulatory Authority[FINRA3]는 하루에 발생하는 370억 건의 회계 트랜잭션에서 수집한 페타바이트(1페타바이트petabye는 1,204테라바이트terabyte이므로 1,000조바이트를 넘는다)의 정보를 분석가에게 제공함으로써 주식 시장에서의 사기 패턴을 찾아낼 수 있게 됐다.[9]

위 예시는 단순히 매우 큰 규모의 작업을 수행하는 것을 넘어, 과거에는 아예 수행조차 불가능했던 것이다.

―――

1950년대 이후, 인공지능은 컴퓨터에게 인간의 지능과 같은 능력을 주는 과학 분야였다. 과학자는 여러 가지 분야(체스 두기, 사진 인식 하기, 자연 언어 이해하기, 로봇 조종하기와 같은)에서 문제를 해결하기 위해 노력했고, 이 과정에서 매우 다양한 소프트웨어 엔지니어링 기술을 사용했다. 그중 머신러닝은 실질적으로 비즈니스에서 사용할 수 있게 됐는데, 부분적으로는 그 분야 자체가 발전했기 때문이고, 부분적으로는 이를 실행하는 데 필요했던 새롭고, 빠르고, 쉬지 않고 일하는 하드웨어에 기반을 둔 컴퓨팅이 실용화됐기 때문이다.

머신러닝 역시 클라우드 기술이 아니었다면 너무나 복잡해 해결할 수 없었던 완전히 새로운 종류의 문제에 관한 해답을 제시한다. 예를 들어, 손으로 쓴 숫자를 인식하는 작업을 생각해보자. 사람마다 필체가 다르기 때

---

2 https://www.icmec.org/ - 옮긴이

3 http://www.finra.org/ - 옮긴이

문에 이미지를 스캔해 이로부터 숫자를 인식하는 컴퓨터 프로그램을 만드는 것은 실질적으로 불가능하다. 그러나 머신러닝을 사용한다면, 컴퓨터에 수많은 필기 숫자 사진을 보여주며, 해당 사진에 쓰여진 숫자가 무엇인지 입력할 수 있다. 이 과정을 지도 학습supervised training이라고 부른다. 컴퓨터는 지도 학습 데이터를 사용해 다음 이미지를 분석하는 데 적용할 모델을 생성한다. 사람이 숫자를 배우는 과정과 동일하다. 수많은 예시를 보고 그것을 일반화하는 것이다.

머신러닝은 복잡한 주제이고 박사 학위 취득 과정에서 끊임없이 연구된다. 하지만 AWS는 머신러닝을 '민주화'하는 목표를 달성하기 위해 일반적인 작업에 활용할 수 있는, 학습이 완료된 모델을 제공한다. 머신러닝에 익숙하지 않은 사람이라도 이 모델을 손쉽게 사용할 수 있다. 사전 학습된 모델을 활용하면 사진이나 비디오에서 이미지를 인식하거나 다양한 언어를 사람처럼 말하도록 조합하거나 말을 텍스트로 받아적을 수 있다.

C-SPAN[4]은 머신러닝을 활용해 동영상 속의 정치인을 식별하고, 해당 장면에 쉽게 접근할 수 있도록 인덱스를 생성한다.[10] 스탠포드대학교Stanford University는 머신러닝을 사용해 홍채 이미지를 읽어들여 당뇨병성 실명증상diabetic blindness이 발생하기 전에 미리 진단한다.[11] 온라인 판매자 조합인 Fraud.net[5]은 머신러닝을 사용해 잠재적인 사기 사례를 찾아내며,[12] Hudl[6]은 스포츠 경기를 예측 분석한다.[13]

---

4 https://www.c-span.org/ - 옮긴이

5 https://fraud.net/ - 옮긴이

6 https://www.hudl.com/ - 옮긴이

클라우드, 서버리스 컴퓨팅 그리고 머신러닝은 완전히 새로운 분류의 애플리케이션, 비즈니스, IT 프로세스를 가능하게 만든다. 비즈니스에 많은 영향을 미치는 기술적 진보이자, 기술자가 기업의 미래를 설계하는 역할을 할 때, 여러분이 어떻게 비즈니스 이익을 실현할 수 있을지(깨달을 수 있을지) 보여주는 좋은 예다. 이때 중요한 점은 기술과 비즈니스를 조합해야 한다는 것이며, 기술자와 '비즈니스' 담당자를 함께 혁신에 동참시키지 못하는 한, 이를 달성하기는 어려울 것이다.

3부

처방

10

실행 계획

"장인이 시계를 수리할 때는 시계 바퀴를 멈출 수 있다. 하지만 국가의 살아 있는 시계는 움직이는 상태에서 고쳐야 한다. 돌아가는 바퀴는 움직이는 동안 교체돼야 한다."

— 프리드리히 쉴러, 인간에 관한 심미적 교육Friedrich Schiller, On the Aesthetic Education of Man

"의도적으로 시간을 가져라. 그러나 행동할 때가 되면 생각을 멈추고 뛰어들어라."

— 나폴레옹 보나파르트Napoleon Bonaparte

9장, '계획과 보고'까지는 디지털 트랜스포메이션이라는 컨텍스트에서 내가 기업 내 IT의 역할과 관련해 최고의 방법이라고 생각하는 것을 얘기했다. 10장에서는 디지털 트랜스포메이션 자체를 다룰 것이다. 이제 우리 손에는 새로운 기술과 IT 멘탈 모델-데브옵스, 린 스타트업 그리고 애자일-이 있다. 이들을 어떻게 활용하면, 새로운 기술로부터 더 나은 가치를 얻어 낼 수 있을까?

10장의 도입부에서는 개념이 아니라 명령에 가까운 처방을 제안했다는 것을 눈치챘을 것이다. 하루라도 빠르게 트랜스포메이션을 시작해야 하는 데도 많은 기업이 이를 끌고 나갈 만한 힘을 확보하는 중에 어려움을 겪는 것을 봤다. 이제는 이니셔티브를 붙잡을 시간이다. 나폴레옹의 부대는 침착했고…. 아니, 잠깐. 잊어버려라. 나폴레옹은 아무것도 얻지 못했으니 말이다.

애자일 접근 방식은 린하고, 점진적으로 이뤄진다는 것을 기억하라. 애자일 접근 방식은 과도한 계획을 신속하게 피하면서 지속적으로 학습하고 적용한다. 성공의 조각을 빈번하게 전달하고, 자극하고, 관찰하고, 실험을 이용해 방향을 바꾸거나 기존의 방향을 견지한다. 디지털 트랜스포메이션에서 성공하는 최선의 방법은 긴급함을 감지하고, 지금 즉시 시작하는 것이다. 작은 증분의 단위로 업무를 수행함으로써 리스크를 줄이고, 비전을 향해 계속 움직여라. 장애물을 만나면 행동을 이용해 학습하고, 그 장애물을 없애는 데 집중하라.

여기서 즉시 행동하라는 것은 계획을 즉시 수립하라는 의미가 아니라 즉시 움직이라는 의미다. '즉시'란, 2주 정도의 시간 내에 결과를 얻어낸다는 의미다. 결과의 크기가 클 필요는 없지만, 실질적인 결과여야만 한다. 결과가 아닌 것의 예로는 '회의'를 들 수 있다. 어쨌든 많은 회의를 위해 사용할 수 있는 시간은 없다. 다른 예시로는 (이전 직원의 자기 평가에서 직접 인용한 것이다) '이해관계자와 협업하기', '계획 초안 수립하기', '옵션 논의하기' 등이 있다.

크게 생각하고 작게 실행하라. 매우 명확한 비전을 갖고, 방향을 설정하고, 이를 주제 삼아 대화하고, 기업을 원하는 방향으로 움직일 수 있는 작은 요소를 찾아라. 계획을 이용해 리스크를 완화하는 대신, 결과를 만들어내는 작은 단계를 밟음으로써 리스크를 완화하고, 필요한 경우에는 조정하라. 자극하고, 관찰하고, 반복하라!

누군가가 새로운 것을 두려워한다고 해서, 새로운 것이 위험하다는 것을 의미하지는 않는다. 우리가 새로운 대상에 숨어 있는 리스크를 인식할 수 있는 이유는 6장, '리스크와 기회'에서 언급한 현재 편향 덕분이다. 그러나 오늘날에는 오래된 방식(폭포수 모델, 즉 현장에서 멀리 떨어진 외딴 곳에서 명령을 하거나 혁신을 가로막는 장애물을 세우는 것 등)을 고수하는 것이 훨씬 더 위험하다. 디지털 업무 방식은 산업군에 관계 없이 수많은 기업에서 표준으로 자리잡았다. 이 방식은 효과가 있다. 최첨단 기술 기업뿐 아니라 크고, 오래 됐고, 때로는 갑갑한(이전에는 갑갑했던) 대기업(소비자 기업, 재무 서비스, 제조, 헬스케어, 미디어, 정부, 비영리 및 어떤 산업군이든 컴퓨터를 사용하는 기업)도 이 방법을 사용한다.

초기 트랜스포메이션 단계에서 고려해야 할 목표는 네 가지다. 이 네 가지 목표를 달성하기 위해 작은 규모로 움직이되, 쉴 틈 없이 나아가라. 네 가지 목표는 다음과 같다.

- IT 이니셔티브와 비즈니스 성과를 묶어라.
- 리드 타임을 줄여라.
- 전달과 결과를 강조하라.
- 요구사항을 가설로 취급하라.

IT 이니셔티브와 비즈니스 성과를 묶어라

하나의 IT 이니셔티브는 고정된 요구사항에 따라 조직하는 것이 아니라 의도한 결과에 따라 조직해야 한다. 요구사항은 그 요구가 유용한 동안에만 사용해야 하며, 이니셔티브를 실행하는 팀이 목표를 달성할 수 있는 더 좋은 방법을 찾아낸다면, 원래의 요구사항은 즉시 무시해야 한다. 여기서 '더 좋은' 방법은 동일한 성과를 좀 더 성공적으로 또는 좀 더 쉽게(간단하게) 달성할 수 있다는 것을 의미한다. 완료한 일을 최소화하면서 목표를 달성하라. '린, 단순함, 빠른, 가성비 높은'과 같은 단어를 생각하라.

이를 행동으로 옮기기 위해, 작은 팀이 하나의 목적을 온전히 담당하도록 할 수 있다. 팀은 필요한 모든 기능을 자급자족할 수 있어야 한다. 팀은 목적을 달성하는 데 필요한 모든 스킬과 필요한 도구, 권한을 가져야 한다. 팀의 상위 계층에 있는 모든 경영진은 팀의 활동을 방해하는 장애물을 제거하는 데 집중해야 한다.

이 목표를 첫 번째로 꼽은 이유는 모든 조직이 즉시 실행할 수 있다고 믿기 때문이다. 조직 전체를 목표지향적인 팀으로 다시 만들려는 시도를 하지 말라. 1개 또는 2개 정도의 팀을 만들고, 그들이 성공하도록 하는 데 온 힘을 쏟아라. 모든 기업은 완료해야 할 뭔가를 갖고 있다. 그곳에서 시작하라.

하나의 목적은 하나의 비즈니스 결과다. 'n개의 소프트웨어를 개발한다'와 같은 것이 목적은 아니다. 목적은 "왜 우리는 n개의 소프트웨어가 필요하다고 생각하는가?"와 같은 질문에 관한 대답일 수 있다. 결과는 정량적일 수도 있고, 그렇지 않을 수도 있지만, 확실하게 정의돼 있어야 하며 달성 여부를 확인할 수 있는 명확한 방법이 존재해야 한다. 비즈니스 케이스 전체를 준비할 필요는 없다. 그러나 최상위의 전략적 목표와 연결돼 있는 목표여야 한다. 이니셔티브의 진척을 자주 확인하고 투자를 지속할 가치가 있는지 판단하면서 이니셔티브를 통제할 수 있다. 여러분의 캘린더를 깨끗하게 유지하라.

목표가 있는 팀은 그 목표를 달성하는 방법을 정확하게 알아서는 안 된다. 팀이 방법을 정확하게 알고 있다면 팀에게 '쉬어가기: 겸손함과 자만'을 읽도록 하라. 팀은 가설을 수립해 실험하고, 실제로 작동하는 아이디어를 구현하는 여행길에 함께 오른 것이다. 모든 팀 구성원은 결과를 함께 책임져야 한다. 팀에는 IT 부문과 비즈니스 부문의 직원 또는 마케팅이나 회계 부문의 직원도 포함될 수 있다. 어느 부문인지에 관계없이 팀은 좋은 기여와 공헌에 가치를 두어야 한다. 기술자가 훌륭한 비즈니스 아이디어를 내고, 비기술자가 훌륭한 기술적 아이디어를 낼 수도 있다.

7장, '거버넌스와 투자 관리'에서 소개한 임팩트 매핑은 팀이 사용할 수 있는 최고의 도구다. 임팩트 매핑은 목표에서 시작해 그 목표를 달성할 수 있는 가설을 세우는 데 효과적이다. IT가 데브옵스 자동화와 클라우드 인프라스트럭처 등 협업을 위한 도구를 제공할 수 있다면, 팀은 훨씬 쉽게 일할 수 있을 것이다.

여러분은 IT가 갑자기 생긴 요구사항을 처리하는 것이 아니라 기업의 목표를 달성하기 위해 일하기를 원한다. 첫 단계는 하나의 목적과 하나의 팀으로 시작하는 것으로 충분하다. 다음을 기억하라.

1. 시험적으로 약간의 목적을 선택하라.
2. 각 목적을 실행할 수 있는 모든 것을 가진 하나의 교차 기능 비즈니스/ IT 팀에게 일임하라.
3. 임팩트 매핑을 사용해 팀과 브레인스토밍하라.
4. 장애물을 제거하라.
5. 진행 상태를 자주 리뷰하고 필요한 경우 조정하라.
6. 성공을 축하하라.

리드 타임을 줄여라

단 하나의 지표, 리드 타임에 집중하라. 리드 타임을 측정하는 복잡함에 얽매이지 말라. 프로세스의 일부(예를 들면 새로운 IT 기능처럼 변경이나 혁신을 적용하는 것)를 뽑아낸 후, 지도를 만들고 지도의 매 단계마다 질문을 시작하라.

리드 타임은 조직이 목표를 인지한 순간부터 그 목표를 달성할 때까지 걸린 시간을 의미한다. 초반에는 특정한 작업이나 항목을 구상하는 시점부터 해당 기능을 사용자에게 전달하는 시점까지의 리드 타임과 같이 전체 프로세스의 서브 셋을 기준으로 계산을 시작하는 것이 좋다. 만약, 고객이 사무실에서 퇴근한 후, 집에 있는 웹 카메라를 이용해 보블헤드 인형을 확인할 수 있는 웹 페이지를 제공하기로 결정했다고 가정해보자. 보블캠bobblecam 페이지를 사용하게 될 때까지 얼마나 오랜 시간이 필요한가?

보블캠 페이지에 관련된 요구사항에서 출시까지 프로세스의 모든 단계를 식별하고, 각 단계의 존재에 관련된 의문을 품고, 가능한 한 각 단계를 제거하거나 그렇지 않다면 짧게 줄여야 한다. 기술은 프로세스 단계에 전혀 관여하지 않는다.

어쩌면 해당 요구사항이 더 큰 프로젝트에 포함돼야 할 수도 있다. 보블캠 자금 확보를 위한 거버넌스 프로세스를 수행하는 데 2개월이 걸리는가? 그 이유는 무엇인가? 일정 조율이 어려운 사람이 회의에 반드시 참석해야 하는가? 그들 대신 다른 그룹의 사람과 회의를 진행할 수 있는가? 투자 금액이 충분히 적다면, 거버넌스 프로세스를 건너뛸 수 있는가? 보블캠에 투자할 금액을 충분히 줄일 수 있는가? 또는 투자를 단계적으로 만들어 첫 번째 단계의 투자 금액을 충분히 작게 만들 수 있는가? 보블캠 프로젝트를 수행할 팀을 구성하는 데 시간이 걸린다면, 새로운 프로젝트를 맡을 준비가 돼 있는 다른 팀을 활용할 수도 있을 것이다.

프로세스 중 IT가 관여하는 부분이 있다면 데브옵스와 클라우드 프랙티스를 적용해 기술적인 리드 타임을 줄일 수 있을 것이다. 기술자가 갖춰야 할 새로운 스킬이 필요할 수 있지만, 기술자는 주로 실행해보면서 학습한다. 프로젝트를 클라우드로 진행하는 데 필요한 새로운 도구를 갖고 놀

수 있는 샌드 박스는 매우 간단히 구성할 수 있다. 과거의 프랙티스에 익숙한 엔지니어가 가장 학습하기 어려워하는 것은 (여러분도 곧 알게 되겠지만) 튼튼한 자동화 테스트를 작성하는 방법이다.

보블캠 시스템이 일반적으로 보안 리뷰를 거쳐야 한다면, 제품이 만들어지는 과정에 보안 통제를 적용해 이 단계를 제거할 수 있다. 효과적인 가드레일을 만드는 데는 특별히 주의를 기울여야 한다. 구축하는 데 조금 시간이 들지만, 일단 구축된 후에는 작업 속도가 높아질 뿐 아니라 품질, 보안 그리고 신뢰도도 향상될 것이다.

리드 타임을 빠르게 개선하기 위해, 물리적인 인프라스트럭처 대신 클라우드를 활용하라. 프로젝트 규모를 가차없이 줄이고 적은 양의 요구사항만이 구현되도록 하라. 기술 담당자의 주의가 산만해지지 않도록 하고, 당면한 작업에만 집중할 수 있도록 하라. 권한을 위임하고 승인sign-off을 없애라. '중요한 사람'이 책상에 앉아 서류를 처리할 때까지 기다리기 위해 얼마나 많은 리드 타임이 소요됐는지 놀라게 될 것이다. 또한 반복해야 하는 과정은 모두 자동화할 수 있는 방법을 찾아라.

위에서 언급한 내용만으로도 대부분의 기업은 리드 타임의 극적인 향상을 얻을 수 있다는 것을 알게 될 것이다. 다음을 기억하라.

- 긴급함과 신속한 전달을 강조하라.
- 여러분의 목표는 사람이 더 빠르게 또는 더 열심히 일하도록 하는 것이 아니라 업무 흐름을 개선하는 것이다. 이 점을 분명히 하라.
- 클라우드의 이점을 활용하라.
- IT에 기술의 전달 속도를 높이도록 요청하라. 아마도 데브옵스 프랙티스를 구현하고, 재사용할 수 있는 컴포넌트를 만들고, 새로운 업무를 안전하게 수행할 수 있는 '착륙 지대landing zone'를 설계하는 작업 등이 포함될 것이다.

- 가치를 더하지 않거나 오캄의 칠면조 칼을 사용해 린하게 만들 수 있는 관료주의를 찾아라. 여기에는 주로 승인 여부에 필요한 적절한 기준을 모르는 사람이 요구한 승인 프로세스, 불필요한 정보를 기입해야 하는 템플릿, 자동화 가능한 통제 등이 포함된다.
- 린하게 된다는 것은 절대적인 시간을 줄이는 것을 의미한다. 예를 들어, 아무런 노력도 필요 없는 대기 시간은 제거해야 한다.
- 작업 전환은 낭비와 결함의 원천이다. 모두 집중할 수 있도록 업무를 조직하라. 작업의 크기를 작게 유지해 빠르게 종료되도록 하면 이를 좀 더 쉽게 할 수 있다.

전달과 결과를 강조하라

기준을 높여라. 디지털 세계에서 진척을 측정하는 단 한 가지 방법은 비즈니스 가치를 더하는 작업을 완료하는 것뿐이다. 47% 정도 완료됐다거나 '일정대로 진행되는 중'인 것은 없다. 소프트웨어 세계에서는 '항상 배송하라Always be shipping'는 표현을 사용한다. 제품은 더 이상 '배송 완료' 상태가 될 필요가 없다. 이제는 컴팩트 디스크compact disc나 플로피 디스크floppy disk를 배송 수단으로 사용하지 않지만, 개념은 아직 유지되고 있다. 조직 내 다른 모든 구성원의 목표 역시 업무를 완료하는 것이어야 한다.

한 가지 작업을 빠르게 끝낼 수 없다는 것은 작업의 규모가 너무 크다는 방증이다. 작은 단위로 자르고 완료해 사용자에게 전달하고 피드백을 수집하라. 피드백을 반영해 계속 진행하라. 빈번하게 적용하면서 무엇을 개선할 수 있는지 확인하라.

디지털 세계로 트랜스포메이션 중인 기업은 종종 다음과 같이 말한다. "우리는 이 프로젝트를 빠르게 수행할 계획을 갖고 있습니다. 6개월 후에 전달할 프로토타입이 이미 설계됐고, 1년 후 버전 1.0 제품이 출시될 것입니다." 나는 이들에게 화이트보드로 돌아가 고객이나 내부 사용자에게 2주 안에 전달할 수 있는 것이 무엇인지 생각해보라고 한 후, 그곳에서부터 다시 시작하라고 제안한다.

돌아오는 대답은 뻔하다. "불가능합니다." 물론 아주 없지는 않겠지만, 불가능한 경우는 거의 없다. 몇 안 되는 불가능한 케이스에서는 다음과 같이 질문한다. "가능하게 하려면 무엇을 바꿔야 합니까?"

- 기술적인 제약이 문제가 되는 경우, 대부분 데브옵스를 잘 구현하면 그 장벽이 사라진다. 자동화한 테스팅과 통제가 도움이 될 것이다.
- 비즈니스에 존재하는 수많은 체크포인트가 제품의 빠른 배포를 막는다면, 배포 크기를 작게 함으로써 그 체크포인트들을 대부분 제거할 수 있다.
- 시장에서 대규모의 단일 제품을 기대하고 부분적인 배달을 받아들이지 않는다면, 창의력을 발휘해보라. '고객이 이미 사용 중인 기존 제품에 새로운 아이디어를 붙여 사용하도록 해보고, 고객의 생각을 확인해볼 방법은 없는가?'

소규모로 전달할 수 있도록 하는 방법은 있다. 기업 규모와 생애주기의 단계에 관계 없이 다양한 산업군의 많은 기업이 이미 소규모의 전달을 하고 있다.

네 가지 초기 목표 중 하나로 이 목표(빠르게 결과를 얻어내는 것)를 선택한 이유는 이 목표가 기업의 모든 구성원(IT, 비즈니스 부문에 관계 없이)들로 하여금 기업의 목표를 달성하기 위해 함께 일하도록 만들기 때문이다. 디지털 세계에서 성공하려면 익숙하거나 편안한 상태에 있는 사람보다 빠르게 이동해야 한다.

이 목표를 달성하기 위해 사람을 하나로 모으는 좋은 방법은 이들의 업무 진행에서 도출한 리드 타임 지표를 노출하는 것이다. 리드 타임을 측정하는 대시보드를 만들고, 사람이 열정적으로 그 결과를 보도록 도울 수 있다. 제품을 출시하지 않는 이상 지표는 움직이지 않을 것이다. 다음을 기억하라.

- 업무를 매우 작은 단위로 조직하고, 최소 판매 가능 제품을 만들기 위한 업무를 하고, 경험을 이용해 학습하고, 아이디어를 테스트하라.
- 즉시 나타나는 결과를 모니터링하라.
- 신속한 배송을 방해하는 조직의 장애물을 제거하라.
- 기존 시스템을 수정하면 '작게 일하는' 것을 쉽게 시작할 수 있다.
- '배송'은 사용자가 그 제품을 사용하기 시작했다는 것을 의미한다. 프로토타입이나 데모는 배송이 아니다(그것이 가치 있는 단계일 수는 있지만 말이다).
- 신속한 배송에 따른 혼란스러움을 두려워하지 말라. 빠르게 자주 배송하면 각 배송의 규모를 줄일 수 있다. 리스크를 낮추는 것이 핵심이다.

요구사항을 가설로 취급하라

이 제안은 변화를 시작할 때 가장 어려운 부분이지만, 이를 잘 해낸다면 남은 트랜스포메이션 과정이 자연스럽게 진행될 것이다. 이는 불확실성에 대처하는 궁극적인 단계로 '쉬어가기: 겸손함과 자만' 절에서 설명한 겸손의 전형이기도 하다. 기업은 스스로의 아이디어가 IT에 요구하는 사항이라고 생각하는 행위를 중단해야 한다. 그 대신, 요구사항은 비즈니스 목표를 달성하기 위한 가설로 취급해야 한다. 가설이 정확하다고 생각하기는 매우 쉽다. 하지만 가설은 테스트를 거치고, 다듬어지거나 버려져야 한다. 테스트는 가능한 한 낮은 비용으로 수행해야 한다.

첫 번째 단계는 가설이 무엇인지 식별(주로 감춰져 있다)하는 것이다. 연습이 필요한 영역이다. '시스템은 데이터베이스 x로부터 데이터를 표시해야 한다'라는 요구사항은 '사용자가 데이터베이스 x의 데이터를 갖고 있다면, 그들은 신용을 늘리기 위해 더 나은 결정을 내릴 수 있을 것이다'라는 가설일 수 있다. 이를 기반으로 '더 나은 결정을 내리는 것'이 기업이 추구하는 목적이 된다.

가설이 명확하다면 다음으로는 결과를 측정할 방법을 결정하라. 결정의 품질이 개선됐다는 것은 어떻게 알 수 있는가? 이에 관한 답을 찾았다면, 측정할 방법을 만들어낼 수 있다.

그다음으로 '이 기능을 구현함으로써 해당 목표를 달성하는 데 도움이 된다는 것을 확인할 수 있는 가장 작은 규모의 실험은 무엇인가?'라는 질문에 답하라. 실험은 사소한 것일 수 있다. 심사관이 보는 화면에 데이터베이스 x의 데이터의 링크를 제공하면 어떻게 될까? 해당 링크가 얼마나 클릭되는지 확인할 수 있고, 클릭을 했을 때 화면에 '곧 제공됩니다coming soon'와 같은 메시지를 표시할 수 있다. 그런 다음, 우리가 가장 중요하다고 생각했던 정보를 표시하고, 그 지표들이 달라지는지 확인할 수 있다. 기능을 완전히 구현하기 전에 이 모든 실험을 수행해야 한다.

실험을 거듭할 때마다 해당 기능에 투자하는 리스크는 줄어든다. 하지만 각각의 실험은 우리에게 놀라움을 준다. 우리의 생각과 정반대로 데이터 항목 n이 데이터 항목 p보다 더 중요할 수도 있다. 결과적으로 실험 결과는 우리가 데이터를 표시하는 방법을 바꾸도록 할 것이다. 데이터 항목 q를 서드파티에서 얻는다면, 해당 데이터를 얻을 때마다 비용을 지불해야한다. 어떤 경우에 서드파티에 데이터를 요청해야 하고, 어떤 경우에 요청하지 않는 것이 나을지 학습하게 될 것이다.

사용자는 언제나 우리를 놀라게 한다. 운영 환경도 그러하다. 실험실에서는 가치 있게 보였던 것이 실제 운용 상황에서는 사용조차 할 수 없게 되기도 한다. 또는 우리가 매우 가치 있다고 생각했던 기능의 가치가 그다지 높지 않을 수도 있다. 이 경우에는 해당 기능에 더 이상 투자하지 않기로 결정할 수도 있다. 그렇기 때문에 IT 기능을 만드는 팀은 고객이나 내부 사용자들과 긴밀하게 협업하면서 팀이 무엇을 시도할지, 어떻게 테스트할지, 어떤 결과가 가장 최선인지 결정해야 한다.

요구사항을 IT에 전달할 명령이라고 여기는 사고 방식은 많은 비용을 초래했다. 불필요하거나 완전하지 않은 기능을 구축하고, 훨씬 더 좋은 기회를 놓치거나 불필요한 리스크를 감수해야 했다. 가설을 테스트함으로써 구현한 것과 필요한 것을 일치시키면서 이와 동시에 학습과 혁신의 기회를 열 수 있다. 다음을 기억하라.

- '쉬어가기: 겸손과 자만'을 읽어보라!
- 어떻게 테스트할 수 있을지 질문함으로써 가정에 의문을 던져라.
- 아이디어를 테스트하지 않는 리스크를 감소하는 것보다 테스트를 하는 데 노력을 기울이는 것이 낫다.
- A/B 테스팅(일부 사용자에게는 A 버전, 다른 사용자에게는 B 버전을 보여 준 후, 결과를 비교하는 방법)은 매우 효과적이며 쉽게 준비할 수 있다.
- 테스트 대상은 해당 제품을 사용하는 사용자들과 동일한 사람(예를 들면, 관리자나 제품 팀의 구성원이 아닌)이어야 한다.

앞에서 설명한 네 가지 원칙은 궁극적인 비전의 큰 부분인 동시에 좋은 출발점이다. 이 원칙들을 따라 시작할 때 위험성은 거의 없다. 정도의 문제다. 네 가지 원칙을 동시에 수행하고, 연습을 하면서 점점 더 잘할 수 있는 기술을 받아들이면서 즉각적인 결과를 얻을 수 있도록 밀어붙이지 못할 이유는 없다.

리드 타임을 줄이기 위해 당장 할 수 있는 작은 일은 무엇인가? 지금 당장 하라! 요구사항이 아닌 목표를 중심으로 관리할 수 있는 작은 이니셔티브는 무엇인가? 당장 시행하라! 여러분이 가진 중요한 가설은 무엇이며, 그 가설을 어떻게 테스트할 수 있는가? 지금 테스트하라! 애자일 트랜스포메이션은 애자일하게 수행돼야 한다.

———

위 네 가지 방향을 설정하고 기업의 움직임에 변화가 생긴다면, 내가 설명한 다른 트랜스포메이션을 시작할 시간이다. 다음 트랜스포메이션을 참조하라.

프로젝트를 작게 만들거나 없애라

IT에 접근하는 기존 방식의 특징은 대규모 프로젝트였다. 요구사항을 수집하고 조합해 단일한 이니셔티브를 만들었다. 범위 변경을 방지하기 위해 수많은 요구사항을 초기 범위에 포함시켰다. 각 프로젝트의 규모가 커짐에 따라 사무 처리 간접 관리 비용, 매니지먼트 간접 관리 비용이 리스크 완화가 추가됐다. 프로젝트가 끝날 때까지 결과는 전달되지 않았다.

린 이론에서 큰 배치 크기(예제의 경우에서는 요구사항)는 긴 리드 타임과 큰 변동성을 야기한다. 프로젝트 요구사항은 자연스럽게 '창고에 쌓여'있게 되고, 구현되길 기다리는 도중에 '쓸모 없어질' 위험성에 놓인다. 그 대신, 다른 이니셔티브에 점진적으로 더해지는 작은 단위로 작업함으로써 리스크를 줄이고, 조직적인 기민함을 강화하고, 가치 전달의 속도를 높여라. 그런 다음, 각 이니셔티브를 작은 단위로 쪼개고, 각 단위를 빠르게 전달하라. 또는 프로젝트의 개념을 완전히 버리고 점진적으로 증가하는 요건을 꾸준한 흐름으로 구현하라.

기민함에 가치를 두라

불확실하고 복잡하며 빠르게 변화하는 환경, 즉 디지털 세계에서는 기민함이 높은 비즈니스 가치를 가진다. 기민함은 가장 강력한 리스크 희석제이며, 예상치 못했던 이벤트를 위험으로 다룰지, 기회로 다룰지를 결정한다. 기민함은 기업에게 혁신을 가능하게 하고, 시장을 주도하고, 경쟁사의 행동에 대응할 수 있는 자유를 준다. IT는 기민함을 얻기 위한 기업의 가장 중요한 원천 중 하나다. 소프트웨어는 물리적인 자산보다 변경하기 쉽다. 하드웨어를 클라우드로 대체하면 기민함과 속도를 얻을 수 있다.

기민함에는 가치가 있기 때문에 의사결정을 할 때는 항상 이를 고려해야 한다. 미래의 유연성을 확보하기 위해 콜 옵션을 구매하라. 여러분이 서명하는 모든 계약이 유연한 것인지 확인하라. 새로운 기능을 구현할 때는 기민함을 마음속에 두라. 설계는 물론 코드가 깨끗한지 확인하는 데 전념하라. 기술 부채를 갚는 데 투자해 기민함을 높여라. 간단하다. 기민함에 투자하라. 기민함에는 그만한 가치가 있다.

클라우드는 기민함을 확보할 수 있는 강력한 원천이다. 자체 데이터센터를 운영하면 다른 곳에 사용할 수 있는 자원이 사라진다. 클라우드를 사용하면 거의 즉시 인프라스트럭처를 공급하고, 변경하고, 늘리고, 줄일 수 있다. 클라우드는 빠른 기술적 전달 프로세스를 구축하기 위한 근간이다.

지속적인 혁신을 위해 노력하라

디지털 세계는 지속적이며 막힘이 없는 혁신의 흐름에 관한 것이다. 혁신전담 팀이 만들어내거나 혁신위원회에서 승인한 거대한 혁신이 아니라 끊임없는 아이디어 생성과 테스팅 프로세스의 일환으로 그리고 모든 사람의 일상, 즉 오늘 업무의 한 부분인 혁신을 생각하라.

아이디어에서 가능성이 보이면, 그 아이디어를 두 배로 키워라. 직원이 작은 아이디어를 실험하도록 장려하라. 아이디어가 작은 성공과 큰 베팅을 할 수 있는 포트폴리오를 만들어줄 것이다.

보안을 중시하는 문화를 구축하라

보안은 구성원 모두의 일이다. 영업과 마케팅은 고객에게 정보를 안전하게 지킬 것을 약속하며, 기업의 제품이 운영을 계속할 수 있을지에 관한 책임을 진다. CFO는 기업 소유주와 다른 이해관계자에게 보안 리스크를 관리할 것이라고 약속한다. 모든 직원은 보안을 강제로 해야 하는 것 또는 IT 부서만이 챙기는 뭔가가 아니라 업무의 필수적인 부분으로 간주해야 한다.

여러 요구사항 중 유럽의 일반 개인정보 보호법General Data Protection Regulation, GDPR(유럽 시민과 관련된 데이터에 접근하는 기업은 반드시 이 규정을 준수해야 한다)은 기업에게 '설계를 통한 개인 정보 보호'를 요구한다. 즉, 기업은 개인 정보를 안전하게 지키기 위한 계획을 세우고, 기업이 하는 모든 업무에서 개인 정보 보호 규정을 적용해야 한다. 이는 훌륭한 아이디어이고, 유럽 시민을 대상으로 비즈니스를 하는 기업에게만 국한되지 않는다.

대부분 보안은 저렴하거나 무료로 얻을 수 있지만, 때로는 비용이 필요하기도 하다. 이런 투자를 하기 위해 준비하라. 새로운 기능을 개발하려는 투자와 달리 이들은 공식적으로 정당화하기 힘들다는 것을 이해하라. 보안은 선택 사항이 아니라 여러분이 하는 일의 근간이다.

데이터를 활용 가능하게 만들어라

데이터는 자산으로서의 가치를 종종 평가절하당한다. 데이터를 관리하던 기존의 방법은 애자일과는 거리가 멀었다. 데이터베이스의 데이터가 어떻게 사용될지를 사전에 고려해 데이터를 입력했다. 그 결과, 데이터를 일시적인 분석이나 새롭고 혁신적인 방법으로 사용할 수 없었고, 적합한 도구를 사용해 필요한 시간에 원하는 사람이 사용할 수도 없었다. 데이터는 기업 내에 존재하는 또다른 종류의 사일로였으며, 데이터는 새로운 기업을 인수했을 때도 통합되지 않았다.

클라우드를 사용한 현대적 기술을 활용하면 기업의 테이터베이스는 물론 해당 기업이 새로 인수한 자회사의 데이터베이스에서 얻어낸 데이터를 보관하는 데이터 레이크를 만들 수 있다. 시각화 소프트웨어와 임시적 질의 기능을 포함한 여러 도구를 활용해 데이터 레이크에 저장된 데이터(심지어 다양한 형태와 증명서들을 포함해 뒤죽박죽일지라도)를 분석하고 보고할 수 있다. 머신러닝 기술 또한 클라우드 위에서 광범위하게 사용할 수 있으며 이를 활용해 새로운 방법으로 데이터를 분석할 수 있다.

통제를 자동화하라

디지털 세계에서 여러분은 가능한 한 많은 통제를 자동화할 것이다. 일관적인 보증 체계를 구축함으로써 문지기를 대체하는 것이 목표다. 주기적인 리뷰 또는 IT 시스템이 사용자에게 배포되기 직전에 리뷰를 진행하는 대신, 자동화한 통제를 이용해 지속적으로 규제 만족 여부를 확인하는 것이다. 이런 방법을 사용하면 문제를 빠르게 발견하고 조치할 수 있으며, 리뷰와 배달 프로세스의 마지막 단계를 제거함으로써 리드 타임도 줄일 수 있다. 자동화한 가드레일이 잘 작동한다는 것을 확신하면, 팀은 더욱 신속하게 움직일 수 있다.

자동화한 통제를 이용해 보안 정책을 강화하고 PCI, HIPAA 및 다른 규제 프레임워크 준수 여부를 관리하라. 자동화한 통제가 실패 없이 적용되는 것뿐 아니라 감사 추적을 활용해 규제들이 잘 적용되고 있다는 것을 보여라. 자동화를 활용해 재무적인 통제도 강화하라. 예를 들면 클라우드를 사용해 다음과 같은 것을 할 수 있다.

- 지출 한계를 제한하거나 지출이 상한선에 가까워졌을 때 재무 감독관에게 경보를 보낸다.
- 모든 인프라스트럭처를 회계 비용으로 분류한다.
- 사용하지 않는 인프라스트럭처의 전원을 내린다.
- 직원이 보안 정책 위반을 시도하는 경우 다른 직원에게 알린다.

자급자족할 수 있는 기회를 찾아라

부족한 IT 지원을 좀 더 잘 활용하는 방법 중 한 가지는 직원이 IT의 도움이 없이도 스스로 원하는 것을 얻을 수 있는 자급자족 모델을 만드는 것이다. 예를 들어, 많은 기업은 자동화한 비밀번호 초기화 스크린을 제공한다. 왜냐하면 비밀번호 분실을 처리하기 위해 헬프데스크에서는 그 어떤 작업에 걸리는 시간보다 많은 시간을 소모하기 때문이다.

이 원칙은 널리 적용할 수 있고 매우 강력하므로 비밀번호 초기화는 물론, 다른 영역에도 적용할 수 있다. 또 다른 예로는 소프트웨어 개발자는 시스템 관리자가 자신이 사용할 인프라스트럭처 설정을 마칠 때까지 자주 기다려야만 한다는 것을 들 수 있다. 하지만 오늘날에는 인프라스트럭처 운영자operator가 개발자들을 도와 플랫폼을 설치한다. 자급자족 모델은 데이터 분석 분야에서도 강력한 힘을 발휘한다. 몇몇 기업은 데이터 과학자에게 직접 분석에 필요한 도구를 설치하고 데이터를 획득할 수 있도록 했다. 자급자족 모델은 매우 강력하며, 여러분의 동료가 좀 더 혁신적이고 기민하게 일하도록 돕는다.

COTS 제품과 아웃소싱 의존도를 줄여라

COTS 소프트웨어는 커스텀 소프트웨어를 개발하는 리스크 없이 합리적인 가격에 동급 최고의 기능을 제공하는 것처럼 보일 수 있다. 특히 회계 시스템, 일반적인 ERP 시스템 또는 분석 시스템이나 사무실 편의 소프트웨어와 같이 빈번히 사용하는 도구인 경우에는 실제로 그러하다. 이런 업무는 비즈니스 전반에 걸쳐 공통으로 존재한다. 이 영역의 기능은 기업 전술이나 운영 전략이 바뀌더라도 거의 변하지 않으며, 이들 기능을 잘 지원하는 제품이 이미 존재한다. 이와 같은 영역의 애플리케이션이라면 반드시 COTS 제품을 사용하라.

하지만 다른 분야에서는 COTS 소프트웨어를 구입하는 것이 소프트웨어를 직접 구현하는 것보다 낫다는 전통적인 관념에 좀 더 냉정해져야 한다. COTS 소프트웨어는 설정, 커스터마이제이션, 다른 기업 시스템과 통합하기 위한 노력이 필요하다. 변화를 해야 하는 순간에 유연성을 떨어뜨린다. 여러분은 특정 판매자(계약서, 제품 로드맵 등)에게 종속된다. 좋은 IT 프랙티스에서는 사용자의 필요에 맞춰 사용자와의 협업을 이용해 소프트웨어를 설계하라고 하지만, COTS 제품은 사용자에게 자신의 설계에 적응하라고 강요한다.

전통적인 지혜는 한켠에 내려 두고, 가능하다면 IT 시스템은 반드시 기업 내부에서 만들어야 한다. 오픈소스 프레임워크와 클라우드에서 제공하는 빌딩 블록 서비스를 활용해 직접 구현하는 양을 줄이고 신속하게 움직여라. 그러나 기업의 필요에 맞게 적절하게 변경하라. 불확실하고 빠르게 변화하는 시대, 기민함이 필요한 시대에 기성 제품을 구매하는 것은 올바른 해결책이 아니다. 특정한 IT 기능(예를 들면, 테스팅이나 배포 등)을 아웃소싱하는 것 또한 효과적이지 않다. 특히, 여러분의 조직에 장기적인 기민함을 만들고자 하는 경우에는 더욱 그러하다.

회계 이슈를 다뤄라

회계 전문가와 디지털 세계로 전환하는 비용의 자본화와 지출 이슈를 논의하라. 여러분이 던질 질문은 모두 상황에 따라 다르고, 매우 복잡하다.

IT 기준을 높여라

IT가 제품 산출물만이 아닌 비즈니스 성과에 관한 오너십을 갖도록 권한을 부여하라. IT는 요구사항 문서에 따라 전달만 하는 것이 아니라 자신의 포트폴리오가 만들어낸 결과에 관한 책임을 져야 한다. IT는 비즈니스 전략에 공헌하고 기업의 가이드가 돼 디지털 세계로 향하는 길을 안내해야 한다.

T자형 인재를 고용하라

비즈니스에서는 제너럴리스트의 스킬을 과소 평가하는 경향이 있다. 이는 기업을 기능 중심 전문가 집단으로 만든 결과였다. 그러나 디지털 이니셔티브를 지원하는 교차 기능 팀을 구성할 필요성이 높아질수록 전문성을 가진 제너럴리스트, 즉 T자형 인재가 매우 중요해진다. 이들이 팀의 능력을 배가하기 때문이다. 제너럴리스트는 다방면에 능하면서도 특정한 분야에서는 전문적이다. 그리고 IT와 기업이 다른 부분과의 경계를 없앨수록 이런 경계를 뛰어넘을 수 있는 스킬을 가진 사람을 고용해야 한다.

디지털 트랜스포메이션에서 실패하는 지름길은 계획을 수립해 리스크를 없애면서 디지털 트랜스포메이션이 나른해지도록 하는 것이다. 트랜스포메이션에 관한 망설임과 느린 접근 방식은 여러분이 조직을 빠르고 지속적으로 업무를 수행하는 혁신적인 방법으로 전환하도록 유도하는 과정에

엇갈린 메시지를 전달한다. 존 코터^{John Kotter}는 '긴박감^{A Sense of Urgency}'에서 다음과 같이 말했다.

> 사람이 변화를 시도할 때 저지르는 가장 큰 하나의 오류가 무엇입니까?" 잠깐의 생각 끝에 나는 다음과 같이 대답하기로 결정했다. "새로운 방향으로 도전적인 도약을 할 수 있는 발판을 마련해야 할 때, 충분히 많은 사람 사이에 필요한 만큼의 높은 긴박감을 만들어내지 못한 것입니다."[1]

직원들은 급진적인 변화에 초조함을 느낄 것이다. 여러분은 한결같은 도움, 명확한 비전, 트랜스포메이션의 긴급함에 관련된 헌신으로 그들이 초조함을 극복하는 데 도움을 줄 수 있다.

11

리더십 팀

"우리 각자가 갖고 있는 인류에 관한 이미지는 파편화되고, 산산조각 나고, 흩어졌다. 그렇기 때문에 인류의 완전성을 다시 정립하려면 개인이 다른 개인에게로 가야 한다."

– 프리드리히 쉴러, 인간에 관한 심미적 교육Friedrich Schiller, On the Aesthetic Education of Man

"우리는 보편적인 불가분의 상호주의 흐름 속에서 살고 있다."

– 마르틴 부버, 나와 너

나는 이 책 전체에 걸쳐 IT는 마치 계약자처럼 팔짱을 끼고 있지 말고, 기업의 중심으로 좀 더 깊이 들어가야 한다고 얘기했다. 또한 기능적 역할 분할은 다른 분야에서도 동일하게 일어난다는 점에 주목했다. 디지털 세계로 가기 위한 트랜스포메이션은 기업 내 모든 기능 영역이 함께 일할 것인지를 재고할 기회를 제공해준다. 아니 어쩌면 재고해야 한다고 요구한다.

11장은 기업의 리더십 팀에 관한 것이며, 다음 질문으로 얘기를 시작하고자 한다. "기업 리더십은 팀인가?" 나는 교차 기능 데브옵스 팀이 어떻게 현대 IT의 핵심 요소가 됐는지 설명했다. 기업의 다른 운영 파트 또한 팀으로 일한다. 토요타 생산 시스템Toyota Production System, TPS에 영향을 받은 조직은 더욱 그러하다. 하지만 기업의 리더십 팀, 다시 말해 CXO와 다른 시니어 리더가 실제로 교차 기능 팀을 구성하는가?

물론 리더십은 교차 기능을 한다. CFO는 재무 전문가이고, CMO는 마케팅 전문가이며, CIO는 기술 전문가다. 하지만 리더십이 책임을 공유하는 팀의 동료로 일하는가? 아니면 단지 각자의 사일로에서 일하고, 자신의 도메인에만 책임을 지는 기능 리더의 모임일 뿐인가? 내 경험으로는 후자 쪽에 가깝다. 리더십이 모이는 이유는 협상을 하고, 각자의 기업에 일을 하기 위한 도움을 구하거나, 장애가 있는 경우 서로에게 손가락질을 하거나, 비난을 퍼부으려는 것뿐이다.

물론 과장일 수도 있다. 하지만 나는 우리가 테이블 위에 여전히 많은 기회를 남겨뒀다고 생각한다. 리더십 팀을 운영에 집중하는 팀, 마치 데브옵스와 같은 팀이라고 생각해보면 어떻겠는가?

한 팀은 분리된 개별적 기능이 아니라 하나의 목적에 관한 책임을 공유한다. 여기서 말하는 책임은 공유된 성과에 관한 것이므로 팀 구성원은 소속된 팀의 기능적 영역 범위 내에서만 무엇이 가장 최선인지 생각해서는 안 된다. 예를 들어, 소프트웨어 개발자는 운영을 고려해 설계해야 한다. 기능을 만들어내는 것은 물론이고, 만들어낸 기능을 운영하기 쉽게 하면서 성능 또한 개선해야 한다. 과거에는 운영과 성능은 운영 팀의 문제일 뿐, 개발 팀의 문제가 아니었다. 하지만 데브옵스에서는 개발자도 모두와 마찬가지로 코드를 성공적으로 운영하도록 하는 데 책임이 있다.

데브옵스 팀에서는 전문적인 경쟁력을 가진 제너럴리스트, 즉, T자형 구성원이 이상적이다. 이런 구성원을 팀에 잘 섞어 배치하면, 필요한 모든 전문가를 포함한 팀을 갖는 것뿐 아니라 팀의 모든 구성원이 다른 구성원의 영역에 공헌할 수 있게 된다. 구성원은 서로 돕고, 다른 사람을 지지하고, 다른 사람의 고민을 이해한다. 모든 이슈에 한 명 이상의 구성원이 기여하기 때문에 다양성은 더욱 커진다.

얼굴을 마주하고 대화하는 팀은 실험 과정에서 아이디어를 나누고 협업한다. 구성원은 함께 일함으로써 서로 효과를 향상시키고, 자신이 강점을 가진 부분에서 다른 사람을 가르치고, 어려움이 있거나 업무량이 자신의 역량을 넘어서면 자유롭게 도움을 요청한다. "이 아이디어가 공동의 목표를 달성하기 위한 최선의 방법인가?"라는 질문을 바탕으로 팀 구성원은 항상 서로에게 도전을 던진다. 팀 구성원의 실패는 팀의 실패와 같으므로 서로 비난과 손가락질을 하기는 더욱 어려워진다.

기민함을 달성하려면 팀이 실제로 운영되는 환경과 새로운 기능의 안정성에 관한 책임을 모두 지는 것이 바람직하다. 그래야만 팀이 빠르게 움직이고 변화에 민첩하게 대응할 수 있다. 팀은 구성원이 가진 다양한 스킬과 시각적 다양성의 이점을 활용한다. 함께 브레인스토밍으로 아이디어를 만들고, 아이디어에 전폭적인 헌신을 하기 전에 작은 규모로 아이디어를 테스트함으로써 혁신을 이룰 수 있다.

―――

오늘날 리더십 팀은 어떻게 각 기능을 독립적인 유닛으로 잘 운영할 것인지가 아니라 어떻게 각 기능을 상호 작용하도록 해서 이익을 얻을지를 고민해야 한다. 하나의 디지털 서비스는 기업 내에서 COO의 통제 범위 아래 실행하는 다른 활동을 대체할 수 있다. 이와 동시에 이 기능은 CMO가 수립한 목표를 달성할 수 있도록 고객과의 깊은 관계를 형성할 수도 있다. 새로운 서비스는 CIO의 팀이 제공하는, 고객의 상호 작용을 지속적으로 모니터링 기능을 제공하는 도구에 기반을 둘 수도 있다. 한편 CFO는 해당 서비스를 지속적으로 개선하기 위해 자본 제공을 감독하고, 규제 준수 통제를 모니터링할 수 있다. 또한 CEO와 이사회는 그 서비스가 만들어낼 기업 성장의 기회를 찾아낼 수도 있다. 다시 말해, 각 C 레벨 멤버는 다른 C 레벨 멤버가 기업의 공동 목표를 달성하도록 권한을 부여한다.

데브옵스 팀의 개념을 리더십 팀(경영진)에 적용하면, 이제까지와는 전혀 다른 방향으로 기업을 이끌게 될 것이다. 또한 빠르고 유연하게 행동할 방법을 찾고 있는 디지털 기업에게는 이것이 좀 더 적합한 길일 것이다. 리더십 팀은 기업의 상위 레벨 목표-주주의 가치를 높이거나 테러 사건을 예방하거나 말라리아를 제거하거나-를 달성한다는 공동 목표를 갖게 될 것이다.

리더십 팀은 전략 수립 프로세스를 이용해 이런 상위 레벨 목표를 조직 전체에서 계단식으로 퍼져 나갈 수 있도록 일련의 교차 기능 목표로 바꾼다. 예를 들면, 교차 기능 목표는 마케팅, IT, 운영을 모두 포함한다. 업무 위임의 형태 역시 달라진다. 리더십 팀은 빠르게 실험을 수행함으로써 조직 사이의 사일로를 뛰어넘어 피드백을 이끌어내며, 리스크를 줄이기 위한 방법을 찾기 위해 노력한다. 전체 팀$^{whole\ team}$이 함께 성과에 관한 책임을 지므로 리더십 팀은 계획을 조정하고, 변경하고, 개선하며 리소스 할당에 관련된 의사결정을 함께 내린다.

이상적인 리더십 팀은 T자형 인물로 구성하며, 그 다양성의 이점을 활용한다. 이는 생각해볼 만한 주제다. CMO가 IT 전문성을 갖고 있다면, 팀이 그의 전문성을 십분 활용하는가? 아니면 IT와 CMO 사이의 영역 다툼을 하는가? CIO가 회계 분야의 전문성을 갖고 있다면, CFO가 그 이점을 활용하는가, 아니면 위협을 느끼는가?

이상적인 리더십 팀이라면 각 결정과 관계된 경험이 가장 많은 구성원에게 결정을 맡길 것이라고 생각한다. 결정을 맡은 구성원은 기꺼이 모든 구성원으로부터 정보를 받고, 다른 구성원이 가진 제너럴리스트의 스킬에 가치를 둘 것이다.[1] (나를 포함한) 많은 독자가 이를 불편하게 느낄 것이라 생각한다. 만약 그렇다면, 우리가 현재 리더십 팀을 진짜 팀이라고 여기지 않는다는 신호다.

내가 USCIS에 합류했을 때, USCIS의 IT 그룹이 '그림자' 또는 '악당'이라 불리는 문제를 갖고 있다는 것을 발견했다. 기관이 지리적으로 분산됐기 때문에 문제는 한층 악화됐다. 각 기관 사무소는 자신의 'IT 담당 인력'(실질적인 전문가일 필요는 없었다)을 보유하고 있었고, 지역 비즈니스 프로세스를 처리하기 위한 지역 애플리케이션을 만들었다. 애플리케이션의 패치 작업은 통제 불능이었다. 애플리케이션은 '산업 표준'에 근접하기는 커녕 안전하지도 않고, 신뢰할 수도 없었다. 현장 사무소에서는 IT의 민감한 부분을 건드리고 있었고, 나는 신임 CIO로서 이런 상황을 해결해야만 했다.

내 생각의 흐름은 이러했다. 지역 사무소는 중앙의 IT 부서가 자신의 필요를 지원하지 못하거나 중앙의 IT 부서와 협업하는 프로세스가 거추장스럽거나 많은 시간이 걸리기 때문에 지역 사무소에서 독자적으로 애플리케이션을 만들었을 것이다. 만약 IT 부문 이외의 누군가가 기꺼이 그 일을 잘 해줄 수 있다면, 지역 사무소는 원하는 목적을 훨씬 잘 달성할 수 있을 것이다. 이 일의 담당자가 IT 부서에 속한 사람인지 아닌지에 신경 쓸 필요가 있을까? 정말 중요한 것은 일이 잘되도록 하는 것이다.

---

1 여러분이 소프트웨어 개발에 친숙하다면, 이를 풀 리퀘스트(pull request)와 비슷하게 간주할 수 있다. 모든 구성원이 코드에 기여할 수 있지만, 해당 기능의 소유자는 단 한 명이며, 기능 소유자는 모든 기여(contribution)에 관한 동료 리뷰를 해야 한다.

지역 사무소에게 우리가 제공하는 표준 도구를 사용한다는 조건하에 독자적인 애플리케이션을 개발하도록 허가했다. 이 빌딩 블록(높은 표준에 맞춰 구축된 재사용 가능한 컴포넌트들)은 지역 사무소의 작업 속도를 향상시켰고, 보안과 규제 준수 여부를 보장하는 자동화한 테스트를 포함하고 있었다.

또한 신속 대응 IT 팀을 조직한 후, 지역 사무소에 파견해 문제를 빠르게 해결할 수 있도록 지원했다(애플리케이션을 구현하는 과정에서도 속도를 높이도록 했다). 지역 사무소는 오랫동안 중앙 기관의 승인을 기다릴 필요 없이 지역 사무소의 거버넌스 프로세스를 따라 업무를 진행했다.

그 후 이런 접근 방식을 두배로 확대 했다. 해커톤hackathon을 개최한 후, IT 소속인지 아닌지에 관계 없이 기관의 모든 사람을 초대했다. 기술 스킬을 전혀 갖고 있지 않은 직원도 디자이너, 테스터, 특정 주제 전문가와 같은 포지션으로 참가할 수 있었다. 평균적으로 이틀 동안 열리는 해커톤에서 비즈니스 니즈를 신속하게 만족시킬 수 있는 8개의 작은 신규 애플리케이션을 만들어냈다. 각 아이템은 중앙 기관에서 규정한 보안성 및 신뢰성 요구사항을 만족시켰다. 각 애플리케이션은 IT 전문가에게 표준 준수 여부에 관련된 리뷰를 받을 수 있었다.

비즈니스 결과를 얻는 목표를 함께 공유했으며, 적용해야 하는 모든 통제를 지키면서 기관의 필요를 만족시킬 수 있는 결과를 만들어낼 수 있는 한, 창작자가 어떤 부문에서 왔는지 신경 쓰지 않았다. 이 과정에서 IT는 전문 지식을 활용해 결과의 기준을 높이 유지했다.

리더십 팀이 이와 같은 원칙을 공유한다고 상상해보자.[2] CXO는 영역 싸움을 할 필요가 없다. 그 대신 공동의 목표와 비전에 초점을 맞춰야 한다. 상호 존중 그리고 기업의 목표에 확고하게 집중함으로써 (속담에 나오듯

---

2 '상상'이라는 단어를 쓴 이유는 나 역시 실제로 시도해보지 않았기 때문이다. 내가 경험했던 리더십 팀은 모두 어느 정도 이런 특징을 갖고 있었다. 이것이 바로 내가 '이것이 가능하다'고 믿는 이유다.

이) 발가락을 밟는 일이 없도록 보장해야 한다. 리더십 팀의 액티비티를 조정하면 전략과 경쟁 우위를 만들 수 있다.

디지털 세계가 이런 조정에 어떤 영향을 미치는지 살펴보자.

최고재무책임자

나폴레옹은 그가 가진 재무적 자원을 현명하게 적용해 경쟁적인 이점을 달성했다. 그는 군사를 잘 보살폈다. 점령지에서 얻은 전리품 중에서 '기여품'을 별도로 마련해, 오로지 군대를 위해서만 사용했다. 나폴레옹은 이미 프랑스 감독관French Directorate이 사용하라고 명령한 쓸모 없는 지폐[3] 대신 군인에게 금화를 지급함으로써 군인들의 충성을 얻었다. 또한 그는 '전쟁이 전쟁을 먹여 살려야 한다'는 원칙을 고수했는데, 특히 현금 흐름으로부터 자신의 활동 자금을 조달했다.[1]

디지털 세계에서의 재무 또한 경쟁적인 이점을 주도한다. CFO는 전략적 역할을 담당한다. 빠르게 변화하는 디지털 환경에서 리스크와 기회 또는 리스크와 전략은 종이 한 장 차이다. CFO는 재원 및 자본이 전략적 의도 수행을 위해 필요한 활동에 투입되도록 해야 한다. 많은 경우, 이는 리스크를 줄이기 위한 작은 실험을 책임 있게 실행한다는 것을 의미한다. 혁신은 기업으로 하여금 이제까지와 같은 방식의 공식적 비즈니스 케이스(그렇지만 일상적인 프로세스를 활용해 쉽게 테스트할 수 있는)로 증명할 수 없는 아이디어에 투자할 것을 요청한다. 투자는 예측된 현금 흐름이 아니라 옵션과 같이 관리된다.

---

3 아시냐(assignats). 프랑스 혁명 때 정부가 발행한 화폐

자원을 지속적으로 올바른 기회에 투입하거나 성공적인 아이디어를 배가시키는 준비 작업은 그리 간단하지 않다. 하지만 재무 그룹이 이를 해낼 수 있다면, 기업의 경쟁적인 우위는 물론, 그 경쟁력이 사라질 때까지 임대 비용을 받을 수 있는 능력을 만들어낼 수 있을 것이다. 그러한 일이 일어나는 동안 이미 CFO는 다른 기회를 찾아 이동한다.

81%의 CFO는 그들이 기업 전체에 걸쳐 새로운 가치의 영역을 식별하고 표적화시킬 책임이 있다고 생각한다.[2] CFO는 성장을 위한 새로운 원천을 발견하고, 양성해야 한다. 기술 서비스 및 보안국Executive Office of Technology Services & Security[4]의 CFO인 자넷 웨이드Jeannette Wade는 다음과 같이 말했다. "CFO의 역할은 재무 정보를 지키는 것에서 재무 정보를 이용해 비즈니스 변화를 주도하는 것으로 바뀌었다."[3]

CFO의 역할은 이제 더 이상 과거를 바라보는(과거 데이터를 분석하고 제시하는) 것이 아니라 미래에 집중하는(기회를 찾아내고, 찾아낸 기회에 투자하며, 선행 지표leading indicator와 핵심 성과 지표key performance indicators, KPI를 모니터링하는) 것이다. CFO는 새로운 역할을 수행하기 위해 궁극적으로 기업의 성과와 지속 가능성의 관리자로서, 기업 내의 사일로를 넘어 투명성을 확보하고, 기업 운영 성과 지표를 가시화하고 분석해 제시해야 한다. 이 모든 것을 달성하기 위해 리더십 그룹은 교차 기능적이며 서로를 지원하는 팀이 돼야 한다.

CFO는 비용을 절감하는 방법뿐 아니라 비용을 현명하게 지출하는 방법에도 집중해야 한다. 디지털 세계에서 비용 통제는 린한 운영과 비슷하다. 즉, 낭비를 제거함으로써 비용을 줄이고, 리드 타임을 줄이는 것을 의미한다. 여기서 린함은 생산적인 활동을 제거해 비용을 줄임으로써 얻는 것이 아니라 비생산적인 활동을 줄이거나 낭비를 제거함으로써 얻는다.

---

4 https://www.mass.gov/orgs/executive-office-of-technology-services-and-security – 옮긴이

린한 CFO는 증명되지 않은 가설에 관련된 투자(즉, 기능 과다), 과도한 관료주의, 지나치게 한정된 문제, 대기 시간을 포함한 프로세스 등을 다룬다(기능 과다는 최소 기능 제품을 릴리스한 후, 점진적으로 기능을 추가하고, 단계적으로 투자하면서 무엇이 작동하고, 무엇이 작동하지 않는지 분석함으로써 관리할 수 있다는 것을 기억하라).

CFO는 리스크를 관리한다. 인지 편향과 리스크에 관한 잘못된 인식(특별히 새로운 대상에 부적절한 공포를 야기하는 현상 편향) 사이에서 기업을 조정하는 것이기 때문에 이는 매우 중요하다. 디지털 세계의 CFO는 다른 종류의 핵심적인 리스크, 즉 기업이 변화에 빠르고 효과적으로 대응하지 못하는 리스크에 집중한다. CFO는 기업이 세 가지 자산(IT 자산, 조직 자산 그리고 데이터 자산) 부문에서 기민함을 달성하도록 해야 한다. 투자는 기민함을 유지할 수 있게 하는 방향으로 유입돼야 한다.

CFO는 리더십 팀의 다른 구성원에게 데이터와 실행 가능한 비즈니스 인텔리전스를 제공할 책임을 지닌다. 재무적인 데이터는 물론, 성과 데이터와 운영 지표들도 이에 포함된다. 보스턴 컨설팅 그룹의 한 보고서에서는 CFO의 역할 변화를 다음과 같이 설명한다.

> "CFO는 숫자를 올바르게 만들기 위한 목적뿐 아니라 주주 가치의 최고 관리인이자 비즈니스를 위한 최고의 전략적 조언자 역할을 한다. 이런 관점에서, CFO는 기업의 '최고 성과 책임자'다."[4]

마지막으로 CFO는 CEO와 함께 기업에 존재하는 스토리를 핵심 시장에 전달할 책임을 지닌다. 이를 위해 기업의 디지털 활동(주로 미래 지향적이고 기민함과 유연함을 촉진하도록 설계된)을 기업의 목적과 효과를 명확히 하는 방식으로 소통해야 한다. CFO는 투자자와의 관계를 관리함으로써 기업이 기민함을 유지하는 데 필요한 유연함을 만들어내야 한다. 그 예로 제프 베조스Jeff Bezos가 아마존 주주들에게 보내는 연례 서신을 들 수 있다.

CFO는 CIO 그리고 다른 기능 부문의 리더들과 협업함으로써 이와 같은 필수적인 역할을 이행해야 한다. 재무 안팎에서 이뤄지는 기능 통합에 비즈니스의 가치가 존재한다. 그랜트 쏜톤Grant Thornton 보고서의 내용을 참조하라.

재무 기능 안팎의 우선순위 사이에서 CFO가 경험하고 있는 긴장감은 기술을 활용해 프로세스를 단순하게 만들어야 할 필요성을 증가시킨다. 그리고 차례대로 회계, 리스크, 재무와 운영의 통합을 촉진한다.[5]

최고마케팅책임자

디지털 세계는 일반적으로 고객과의 깊은 관계를 요구한다. 디지털 방식의 상호 작용에 이미 큰 성공을 거둔 기업이 만들어 놓은 기대치는 매우 높다. 이는 CMO에게 도전이며 기회다. 예를 들어, CMO는 고객과의 빈번한 디지털 접촉을 이용해 아이디어를 테스트하고, 피드백을 수집할 수 있으며 문제를 찾아내 빠르게 문제를 조치하고, 시장 데이터를 확보할 수 있다. 기업이 새로운 제품을 설계하고, CMO가 고객과 더 깊게 상호 작용을 하고 있다면, 놀랄 준비를 하라. CMO는 고객의 목소리를 통한 놀라운 소식을 리더십 팀에 제공할 것이다.

CMO는 고객의 구매 패턴의 변화 그리고 그 변화가 기업 전략에 어떤 의미를 갖는지 감지한다. 디지털 세계는 빠르게 진화하므로 CMO가 그 변화를 알아챈다면 기업은 빠르고 적절하게 대응할 수 있다. CMO는 시장의 혼란함과 복잡함을 분석해 전체 리더십 팀에게 실행 가능한 인사이트를 제공한다.

CMO는 글로벌 시장의 복잡함과 싸우며, 특정 지역의 상호 작용을 조정하고, 다양한 가격 포인트를 관리한다. 새로운 배급 채널, 소통과 광고를 위한 새로운 공간을 관리한다. CMO는 이와 같은 채널을 활용해 기업의 공식적인 프로파일을 형성하고, 글로벌 브랜드를 구축하고, 효과적으로 소통시킨다.

CMO는 위의 모든 영역에서 전체 리더십 팀과 도움을 주고받는다. 맥킨지는 "마케터는 가치를 개발하고, 출시하고, 만들어낸 가치를 소비자에게 전달하기 위해 과거에 자신이 그랬던 것보다 다른 부문의 동료들과 훨씬 강력하게 협업해야 한다"라고 말했다.[6] 예를 들면 CIO는 복잡함을 해소할 수 있는 도구뿐 아니라 고객과의 상호 작용 증진에 필요한 데이터와 디지털 역량을 제공하는 원천이다.

최고경영책임자

CEO는 비즈니스를 성장시키는 동시에 현재의 핵심 비즈니스를 지속시켜야 한다. 이제까지는 이와 같은 업무가 균형과 트레이드 오프로 간주됐지만, 나는 성장과 안정은 함께 달성할 수 있다고 제안한다. 성장과 혁신을 일상의 일부분으로 생각하라. 기업은 프로세스를 린하게 만들고, 혁신의 장애물을 제거함으로써 자신이 발견한 성장의 기회를 잡을 수 있다. 최소한의 비용과 리스크로 두 가지 모두를 함께 달성할 수 있다. 이 책에서 소개한 기술을 활용하라.

CEO는 이번 분기 또는 올해의 비즈니스를 성장시키는 것뿐 아니라 지속 가능한 성장을 만들어내야 한다. 기업이 성장을 의도하지 않는 경우라 하더라도 기업이 미래의 파도와 혼란의 증가 속에서 살아남을 수 있게 해야 한다. 비영리 기관이나 정부 기관의 경우, 리더는 그 기관의 목표를 달성할 수 있도록 노력한다. 미래가 불확실하다는 것을 받아들인다면, 지속적인 성장을 위해 할 수 있는 일은 기업을 린하고 적응력 있게 만드는 것, 즉 기민하게 만드는 것뿐이다. 조직은 현재에 적용해야 함은 물론, 지속적으로 적응함으로써 미래에도 살아남고 번영해야 한다.

단기적인 시각으로 보면 기민함을 구축하는 것은 그다지 매력적이지 않다. CEO와 CFO는 자본 시장에 그 가치를 알려야 한다. 기업이 갖출 수 있는 기민함의 대부분은 IT 기능으로부터 시작되므로 디지털 CEO는 IT를 기업의 중심으로 옮겨야 하며, 미래를 조직하기 위해 기술적 전문성이 주는 이점을 활용해야 한다. IT 부문과 기업 내 다른 부분의 경계를 없앰으로써 기업을 린하게 만들 수 있으며, 성장과 혁신을 동시에 추구하면서도 비용을 줄일 수 있는 기회를 발견할 수 있다.

이사회 및 감사위원회

기업이 생존할 수 있는가? 기업이 미래를 준비했는가? 기업이 투명하며 감사를 할 수 있는가? 기업이 안전하며 리스크의 저항력을 갖고 있는가? 지속적으로 혁신하고 성장할 수 있는가? 시장의 변화에 대응하는 기민함을 구축하려면 투자, 즉 미래에 얻을 수 있으리라 생각하는 이익이 필요하다. 종종 이 이익은 '확정된' 현금 흐름보다는 옵션의 형태를 띠게 되므로 이사회의 지원이 필수다. 또한 이사회는 기업이 미래에 대비하도록 리더십 팀을 종용해야 한다.

많은 경우, 이런 업무를 수행하기 위한 추가 투자는 필요 없다. 오히려 이는 올바른 결정을 내리고, 과거보다 미래의 유연성을 더 중요하게 생각해야 하는 문제다. 예를 들어, IT 인프라스트럭처를 자유롭게 확장하거나 축소할 수 있는 클라우드에서 운용함으로써, 기업은 좀 더 저항력이 높고 안전한 기반 위에 미래를 구축할 수 있다. 물론 단기적으로도 좋은 성과를 를 거둘 것이다.

디지털 세계에서 취할 수 있는 최고의 프랙티스는 자동화한 가드레일을 활용함으로써, 기업이 좀 더 신속하게 움직이면서 기회를 잡으면서도 여전히 안전하고, 규제를 준수하고, 투명하며 필요한 정도의 중앙화된 통제하에 있도록 하는 것이다. 규제 준수 부문이 잠시 무너졌더라도 신속하게 조정해 즉시 재확립할 수 있기 때문에 더 빠른 속도와 더 많은 통제를 확보할 수 있다. 감사위원회는 기업이 효과적인 자동화한 통제를 갖췄는지, 수집된 데이터를 활용해 모든 통제가 지속적으로 적절히 강화된 수준을 제공하는지 검증해야 한다.

정보 보안과 개인 정보 보안 통제는 매우 중요해졌다. 보안과 개인 정보는 더 이상 기업 시스템과 프로세스의 '부가사항'이 아니다. 시작 시점부터 모든 시스템과 프로세스는 정보 보안과 개인 정보 보안 통제를 고려해 설계해야 한다. 새로운 모든 위협에 대응하기보다 그 시스템과 프로세스 자체를 강건하게 만들어야 한다. 그래서 언제라도 발생할 수 있는 알려진 위협과 알려지지 않은 위협에 관련된 저항력을 갖게 해야 한다. 감사위원회는 기업 전체에 보안 문화가 확립됐는지, 기업 시스템을 지속적으로 운영하면서도 고객과 직원 개개인의 데이터 보호가 모든 구성원의 업무로 인식되고 있는지 확인해야 한다.

디지털 기업의 이사회는 리더십 팀과 광범위한 상호 작용을 해야 한다. 예를 들어, CIO는 (자동화한) 통제를 구현하고, 혁신을 가능하게 하고, 보안을 보장함에 있어 매우 중요한 역할을 한다. 이사회 또한 노력에 긴급성을 부여함으로써 기업이 디지털 세계로 전환하는 데 필수적인 역할을 한다.

최고정보책임자

CIO는 시니어 리더십 팀에 IT 전문성을 제공한다. 일반적으로 기업은 CIO의 이점을 충분히 활용하지 못하고 있다. 나 또한 CIO라는 직책을 갖고 있으며, CIO는 더 높은 표준을 준수해야 하고, 기업에 훨씬 더 많은 기여를 할 책임을 가져야 한다고 생각한다. 다른 CIO도 내 생각에 동의하리라 믿는다.

높은 표준은 프로젝트를 제때 배달하고, IT 예산을 지속적으로 줄이거나 기업의 나머지 부문에 친절한 고객 서비스를 제공하는 것과는 전혀 관계가 없다. 이보다는 지속적으로 가치 있는 IT 역량을 제공(작은 단위로 점진적으로)하고 가진 전문성을 IT와 디지털 세계에 기여함으로써 다른 CXO를 지원하고, 영향을 미쳐야 한다.

CIO는 다른 CXO와 마찬가지로 비즈니스 성과와 전략을 주도해야 한다. 또한 기업을 디지털 시대로 이끌 수 있는 기술적 리더십을 가져야 한다. CIO는 비즈니스 이익과 비용, 경쟁력 있는 전략에 관한 책임을 져야 하며, 기업의 IT 자산이 기민하고, 비용 효율적이고, 린하며, 안전하고, 탄력 있게 유지될 수 있도록 돌봐야 한다.

어떤 CIO가 필요한가? 나는 전통적인 지혜가 잘못 받아들여졌다고 생각한다. 'IT를 비즈니스처럼 운영하라'는 모토는 기업으로 하여금, 심지어 제너럴리스트인 리더들조차 IT를 이끌 수 있으며, 기술적 스킬은 갖고 있으면 좋은 정도의 것으로 인식되도록 했다. 하지만 여러분의 CIO가 전략 테이블에 앉은 기술 전문가가 돼야 한다면, 기술적 스킬은 둘도 없이 중요해진다. 모든 CXO는 T자형 인재, 즉 한 분야에 극단적으로 깊은 지식을 가진 제너럴리스트여야 한다. CIO에게 있어서는 이 분야가 정보 기술이다.

———

기업이 과거에 가졌던 멘탈 모델을 유지한다면, CIO는 그 어떤 역할도 할 수 없다. IT가 비즈니스와 분리되고, 비즈니스 부문에 좋은 서비스를 제공하고, 비즈니스가 원하는 IT 기능에 관한 요구사항 문서를 그저 받아들이기만 해야 한다면, IT 부문의 수장인 CIO는 보로디오의 나폴레옹이 그랬듯이 전투에서는 승리할지 몰라도 기업은 전쟁에서는 완벽하게 패배할 것이다. 디지털 시대, IT 시대에서 기업이 승리하려면 IT는 비즈니스의 원동력이 돼야 하고, 비즈니스 전략을 만들어내야 하고, 혁신의 선구자가 돼야 하며 IT가 비즈니스 그 자체여야 한다.[5] IT가 비즈니스가 되면 전체 리더십 팀이 기업의 미래에 관한 대비와 지속 가능성 확보에 관한 책임을 질 수 있기 때문에 다른 CXO에게 강력한 힘을 더하게 될 것이다.

5   이 표현을 만든 『Be the Business』(Bibliomotion, 2016)의 저자 마사 헬러(Martha Heller)에게 감사를 표한다.

마치며

"무슨 말이 더 필요한가? 쉽게 예상할 수 있을 것이다."

　　　　　　　　　　　　　　　　　　　　　— 에픽테토스, 담화론

"있는 것이 보이는 것의 피날레가 되게 하라.
오로지 황제는 아이스크림 황제뿐이다."

　　　— 월리스 스티븐스, "아이스크림 황제"Wallace Stevens, "The Emperor of Ice-Cream"

기업 내 기술에 관한 디지털 세계의 사고 방식은 우리가 그동안 갖고 있던 전통적 사고 방식과는 다르다. 새로운 세계에 적합한 사고 방식을 갖기 위해서는 IT와 비즈니스, 통제와 속도, 기민함과 사전 계획, 복잡함과 리더십, 레거시와 혁신, 나폴레옹과 쿠투조프로 대변되는 다양한 이중성을 극복해야 한다. 시바의 한 발로 악마의 머리를 강하게 짓밟고 있는 파괴와 재창조의 춤 이미지는 우리에게 확신과 겸손함을 갖고 전진하라고 독려한다. 나폴레옹의 자만에도 불구하고, 오로지 황제는 아이스크림 황제뿐이다.[1] 모든 것이 지나간 후에는 미소 짓는 보블헤드 인형이 여러분을 기다리고 있을 것이다. 디지털 트랜스포메이션을 위한 여러분의 여정에 행운이 가득하길 바란다.

---

1 월리스 스틴븐스의 시인 아이스크림 황제(The Emperor of Ice-cream)의 일부를 인용한 것이다. 다음 링크를 참 조하면 인용과 관련된 컨텍스트를 좀 더 쉽게 이해할 수 있다. http://www.hani.co.kr/arti/opinion/column/760807. html - 옮긴이

참고 문헌

들어가며

1. Alexander Roos, James Tucker, Fabrice Roghe, Marc Rodt, and Sebastian Stange, CFO Excellence Series: The Art of Planning (Boston, MA: Boston Consulting Group, 2017) http://image-src.bcg.com/Images/BCG-Art-of-Planning-Apr-2017_tcm30-153928.pdf.

2. Kasey Panetta, Gartner CEO Survey, Gartner.com, April 27, 2017, https://www.gartner.com/smarterwithgartner/2017-ceo-survey-infographic/.

3. Gartner, "Gartner Survey Reveals that CEO Priorities are Shifting to Embrace Digital Business," Gartner.com, May 1, 2018, https://www.gartner.com/newsroom/id/3873663.

4. Nicole Forsgren, PhD, Jez Humble, and Gene Kim, Accelerate: The Science of Lean Software and DevOps: Building and Scaling High Performing Technology Organizations (Portland, OR: IT Revolution Press, 2018), Kindle locations 348~351.

5. Ankur Agrawal, Brian Dinneen, and Ishaan Seth, "Are Today's CFOs Ready for Tomorrow's Demands on Finance?" McKinsey. com, December 2016, https://www.mckinsey.com/business-functions/strategy-and-corporate-finance/our-insights/are-todays-cfos-ready-for-tomorrows-demands-on-finance.

6. Julien Ghesquieres, Jeff Kotzen, Tim Nolan, Marc Rodt, Alexander Roos, and James Tucker, "The Art of Performance Management" (Boston, MA: Boston Consulting Group, 2017), https://www.bcg.com/en-us/publications/2017/finance-function-excellence-corporate-development-art-performance-management.aspx.

7. Ghesquieres et al., "The Art of Performance Management."

8. Kimberly A. Whitler, Neil A. Morgan, D. Eric Boyd, and Daniel McGinn, "The Trouble with CMOs," Harvard Business Review, July 1, 2017, https://hbr.org/product/the-trouble-with-cmos/R1704B-HCB-ENG.

9. David Court, "The Evolving Role of the CMO," McKinsey Quarterly, August 2007, https://www.mckinsey.com/business-functions/marketing-and-sales/our-insights/the-evolving-role-of-the-cmo.

10. Ideas in this paragraph are paraphrased from: EY Reporting, "10 Priorities for Boards and Audit Committees in 2018," EY, February 7, 2018, https://www.ey.com/gl/en/services/assurance/ey-reporting-10-priorities-for-boards-and-audit-committees-in-2018.

11. Pedja Arandjelovic, Libby Bulin, and Naufal Khan, "Why CIOs Should be Business-Strategy Partners," McKinsey.com, February 2015, http://www.mckinsey.com/business-functions/digital-

mckinsey/our-insights/why-cios-should-be-business-strategy-partners.

12. Arandjelovic, Bulin, and Khan, "Why CIOs Should be Business-Strategy Partners."

13. KPMG as cited in Workday Staff Writers on Finance, "6 Priorities CEOs Care Most About," Workday.com, April 12, 2016, https://blogs.workday.com/6-priorities-ceos-care-most-about/.

14. Geoffrey A. Moore, Zone to Win: Organizing to Compete in an Age of Disruption(New York: Diversion Books, 2015), Kindle locations 113~134.

15. C. K. Prahalad and Gary Hamel, "The Core Competence of the Corporation," Harvard Business Review, May-June 1990: 79~91, https://web.archive.org/web/20140714112311/http:/km.camt.cmu.ac.th/mskm/952743/Extra%20materials/corecompetence.pdf.

16. Joseph A. Schumpeter, Capitalism, Socialism, and Democracy(New York: Harper Perennial, 1942).

17. Stephen Denning, The Age of Agile: How Smart Companies are Transforming the Way Work Gets Done(New York: American Management Association, 2018), Kindle locations 175~176.

18. George Westerman, Didier Bonnet, and Andrew McAfee, Leading Digital: Turning Technology into Business Transformation(Boston, MA: Harvard Business Review Press, 2014), 157.

19. Brendan McGowan, "Communication Between IT and Non-IT Workers in a State of Crisis," CIO Magazine, May 18, 2015, Results from the CEC's 2015 Power of Effective IT Communication Benchmark Survey." https://www.cio.com/article/2923452/it-

organization/communication-between-it-and-non-it-workers-in-a-state-of-crisis.html.

20. Steve Tack, "15 Ways to Bridge the Gap Between IT and Business," APM Digest, November 19, 2012, https://www.apmdigest.com/apm-bridge-gap-between-it-and-business.

21. "Bimodal," Gartner.com, accessed on November 26, 2018, https://www.gartner.com/it-glossary/bimodal/. Jez Humble talks about the problems with Gartner's bi-modal approach in https://continuousdelivery.com/2016/04/the-flaw-at-the-heart-of-bimodal-it/.

22. D. L. Nelson, "The Economics of Bobbleheads," Athletics Nation, June 13, 2013, https://www.athleticsnation.com/2013/6/13/4420506/the-economics-of-bobble heads.

1장 비즈니스와 IT

1. Stephen Denning, The Age of Agile, Kindle locations 917~918.

2. Laura Noonan, "JP Morgan's Requirement for New Staff: Coding Lessons," Financial Times, October 7, 2018.

3. Jeff Patton, User Story Mapping: Discover the Whole Story, Build the Right Product(Sebastopol, CA: O'Reilly, 2014), 26.

4. Jez Humble, Joanne Molesky, and Barry O'Reilly, Lean Enterprise: How High Performance Organizations Innovate at Scale(Sebastopol, CA: O'Reilly, 2015), 179.

5. Jim Highsmith, Adaptive Leadership: Accelerating Enterprise Agility (Boston, MA: Addison-Wesley, 2014, Kindle locations 1042~1043.

6. Samuel Greengard, "Tackling the High Cost of Unused Software," CIO Insight, November 18, 2014, https://www.cioinsight.com/blogs/tackling-the-high-cost-of-unused-software.html#sthash.XjTc9Ukr.dpuf.

7. Agile Alliance, "Manifesto for Agile Software Development," AgileManifesto.org, 2001, http://agilemanifesto.org/.

8. Westerman, Leading Digital, 233.

9. Pascal van Cauwenberghe, "How Do You Estimate the Business Value of User Stories? You Don't." Thinking for a Change blog, December 30, 2009, http://blog.nayima.be/2009/12.

10. Richard Hunter and George Westerman, The Real Business of IT: How CIOs Create and Communicate Value(Boston, MA: Harvard Business Review Press, 2009), Kindle locations, 154~156.

11. Moore, Zone to Win, Kindle locations, 765~770.

2장 복잡성과 불확실성

1. Leo Tolstoy, War and Peace, trans. Richard Pevear and Larissa Volokhonsky(New York: Vintage Classics, 2007), 799~800.

2. Tolstoy, War and Peace, 800.

3. Carl von Clausewitz, On War(Create Space Publishing Platform, 2012), 101

4. Atul Gawande, The Checklist Manifesto: How to Get Things Right (New York: Metropolitan Books, 2009), 23.

5. Gawande, The Checklist Manifesto, 24.

6. Gawande, The Checklist Manifesto, 24.

7. John Henry Clippinger III, ed., The Biology of Business: Decoding the Natural Laws of Enterprise(San Francisco, CA: Jossey-Bass, 1999), 10.

8. Clippinger, The Biology of Business, 5.

9. Peter Weill and Jeanne W. Ross, IT Savvy: What Top Executives Must Know to Go from Pain to Gain(Boston, MA: Harvard Business Review Press, 2009), Kindle locations 1822~1825.

10. Clippinger, The Biology of Business, 2~3.

11. Clippinger, The Biology of Business, 133.

12. A. M. Gray, Warfighting(New York: Crown, 1995), 82~83.

13. Tolstoy, War and Peace, 772~773.

14. John Lewis Gaddis, On Grand Strategy(New York: Penguin Press, 2018), 212~213.

15. Paul Drnevitch and David Croson, "Information Technology and Business-Level Strategy: Toward an Integrated Theoretical Perspective," MIS Quarterly 37, no. 2(June 2013): 498.

16. Christopher Avery, "Responsible Change," Cutter Consortium Agile Project Management Executive Report 6, no. 10(2005): 22~23.

3장 기민함과 린함

1. Gray, Warfighting, 11.

2. Gray, Warfighting, 79.

3. Mary Poppendieck and Tom Poppendieck, Lean Software Development: An Agile Toolkit(Boston, MA: Addison-Wesley, 2003), 4.

4. Forsgren, Humble, and Kim, Accelerate, Kindle locations 604~605.

5. Forsgren, Humble, and Kim, Accelerate, Kindle locations 1500~1503.

6. Forsgren, Humble, and Kim, Accelerate, Kindle locations 2734~2735

7. The first known reference seems to be from David Guest, "The Hunt is on for the Renaissance Man of Computing," The Independent, September 17, 1991. The idea was popularized by Tim Brown of IDEO.

8. Forsgren, Humble, and Kim, Accelerate, Kindle locations 2738~2740.

9. Forsgren, Humble, and Kim, Accelerate, Kindle locations 434~436.

10. Forsgren, Humble, and Kim, Accelerate, Kindle location 925.

11. Forsgren, Humble, and Kim, Accelerate, Kindle locations 1079~1080.

12. Eric Ries, The Lean Startup: How Today's Entrepreneurs Use Continuous Innovation to Create Radically Successful Businesses (New York: Crown, 2011), 61.

13. Eric Ries, The Startup Way: How Modern Companies Use Entrepreneurial Management to Transform Culture and Drive Long-Term Growth(New York: Currency, 2017), 86.

14. Ries, The Startup Way, 89~94.

쉬어가기: 그래프

1. Adapted from Fred Brooks Jr., The Mythical Man-Month(Boston, MA: Addison-Wesley, 1995), figure 2.4, 19.

2. Adapted from Forsgren, Humble, and Kim, Accelerate, figure 5.1, 65.

3. Adapted from Maurice Dawson, Darrell Norman Burrell, Emad Rahim, Stephen Brewster, "Integrating Software Assurance into the Software Development Life Cycle(SDLC)," Journal of Information Systems Technology & Planning 3, no. 6: January 2010, Figure 3, p. 51, https://www.researchgate.net/figure/255965523_fig1 _ Figure-3-IBM-System-Science-Institute-Relative-Cost-of-Fixing-Defects.

4. Adapted from Elizabeth Hendrickson, Agile Quality and Risk Management, SlideShare.net, August 6, 2013, slides 9 and 11, https://www.slideshare.net/ehendrickson /to-aqarm-sm?next_slideshow=1. 5. Adapted from Sonatype, 2018 State of the Software Supply Chain(Fulton, MD: Sonatype, 2018), 7.

6. Adapted from Donald G. Reinertsen, The Principles of Product Development Flow: Second Generation Lean Product Development (Redondo Beach, CA: Celeritas Publishing, 2009).

4장 IT의 비즈니스 가치

1. The Standish Group Report: Chaos(Boston, MA: The Standish Group, 1995), https://www.projectsmart.co.uk/white-papers/chaos-report. pdf.

2. Bob Sullivan, "Agile, Waterfall, Brooks' Law, and 94% Failure Rates—There's Lots to Learn from HealthCare.gov Troubles," BobSullivan.net, October 22, 2013, https://bobsullivan.net/

cybercrime/technology-run-amok/agile-waterfall-brooks-law-and-94-failure-rates-theres-lots-to-learn-from-healthcare-gov-troubles/.

3. IBM, Making Change Work(Somers, NY: IBM Corp, 2008), 9, http://www-935.ibm.com/services/us/gbs/bus/pdf/gbe03100-usen-03-making-change-work.pdf.

4. KPMG New Zealand Project Management Survey 2010(New Zealand: KPMG, 2010), http://www.beconfident.co.nz/files/events/Project-Management-Survey-report%20copy.pdf; italics added.

5. Michael Bloch, Sven Blumberg, Jurgen Laartz, "Delivering Large-Scale IT Projects On Time, On Budget, and On Value," McKinsey.com, October 2012, https://www.mckinsey.com/business-functions/digital-mckinsey/our-insights/delivering-large-scale-it-projects-on-time-on-budget-and-on-value.

6. Bloch, Blumberg, Laartz, "Delivering Large IT Projects."

7. "Why up to 75% of Software Projects Will Fail," Geneca.com, January 25, 2017, https://www.geneca.com/why-up-to-75-of-software-projects-will-fail/.

8. Bloch, Blumberg, Laartz, "Delivering Large-Scale IT Projects On Time."

9. Tom DeMarco, Why Does Software Cost So Much?: And Other Puzzles of the Information Age(New York: Dorset House Publishing Company, 1995), 3.

10. DeMarco, Why Does Software Cost So Much?, 4.

11. Peter Weill and Jeanne W. Ross, IT Governance: How Top Performers Manage IT Decision Rights for Superior Results(Boston,

MA: Harvard Business Review Press, 2004), 16.

12. Dan Strumpf, "U.S. Public Companies Rise Again," Wall Street Journal, February 5, 2014, http://www.wsj.com/articles/SB1000142 4052702304851104579363272107177430.

13. Mary Ellen Biery, "4 Things You Don't Know About Private Companies," Forbes, May 26, 2013, http://www.forbes.com/sites/ sageworks/2013/05/26/4-things-you-dont-know-about-private-companies/.

14. Bill Javetski, Cait Murphy, and Mark Staples, eds., Perspectives on Founder-and Family-Owned Businesses (New York: McKinsey and Co., 2014), 4.

15. Belen Villalonga, "Growing, Financing, and Managing Family and Closely Held Firms," Harvard Business School Course Number 1402 description, accessed October 18, 2018, http://www.hbs.edu/ coursecatalog/1402.html.

16. National Venture Capital Association Yearbook 2015 (Washington, DC: Thomson Reuters, 2015).

17. Brice S. McKeever and Sarah L. Pettijohn, The Nonprofit Sector in Brief 2014 (Washington, DC: Urban Institute Center on Nonprofits and Philanthropy, 2014), http://www.urban.org/sites/default/ publication/33711/413277-The-Nonprofit-Sector-in-Brief--.PDF.

18. Drnevitch and Croson, "Information Technology and Business-Level Strategy," 496.

19. Moore, Zone to Win, Kindle location 156.

20. Clayton Christensen, The Innovator's Dilemma: When New Technologies Cause Great Firms to Fail (Boston, MA: Harvard Business

Review Press, 2015) Kindle locations 2025~2029.

21. Drnevitch and Croson, "Information Technology and Business-Level Strategy," 484.

22. Drnevitch and Croson, "Information Technology and Business-Level Strategy," 486.

23. Drnevitch and Croson, "Information Technology and Business-Level Strategy," 497.

쉬어가기: 겸손과 자만

1. Mental Floss UK, "17 Famous Authors and Their Rejections," Mental Floss, May 16, 2017, http://mentalfloss.com/article/91169/16-famous-authors-and-theirrejections.

2. Joshua Moraes, "20 Famous People Who Faced Rejection Before They Made it Big," SchoopWhoop.com, June 23, 2015, https://www.scoopwhoop.com/inothernews/famous-people-rejected/#.3l2ysbcfu.

3. Highsmith, Adaptive Leadership, Kindle locations 2000~2001.

4. Ries, The Startup Way, 115.

5. Coined by Robert K. Greenleaf, Servant Leadership: A Journey into the Nature of Legitimate Power and Greatness(Mahwah, NJ: Paulist Press, 1977).

6. Tolstoy, War and Peace, 785~786.

7. Clippinger, The Biology of Business, 22.

8. Tolstoy, War and Peace, 781.

5장 대차대조표 밖의 자산

1. Moore, Zone to Win, Kindle locations 301~304.

2. Michael Feathers, Working Effectively with Legacy Code(Upper Saddle River, NJ: Prentice Hall PTR, 2005), xvi.

3. Eric S. Raymond, The Cathedral and the Bazaar: Musings on Linux and Open Source by an Accidental Revolutionary(Sebastopol, CA: O'Reilly, 2001), 117.

4. Raymond, The Cathedral and the Bazaar, 119.

5. Raymond, The Cathedral and the Bazaar, 120.

6. Forsgren, Humble, and Kim, Accelerate, Kindle locations 1029~1031.

6장 리스크와 기회

1. Ulrich Pidun, Marc Rodt, Alexander Roos, Sebastian Stange, and James Tucker, CFO Excellence Series: The Art of Risk Management (Boston, MA: Boston Consulting Group, 2017), https://www.bcg.com/en-us/publications/2017/finance-function-excellence-corporate-development-art-risk-management.aspx.

2. Pidun et al., The Art of Risk Management.

3. Pidun et al., The Art of Risk Management.

4. Pidun et al., The Art of Risk Management.

5. William Samuelson and Richard Zeckhauser, "Status Quo Bias in Decision Making," Journal of Risk and Uncertainty 1, no. 1(1988): 7~59.

6. Rob Henderson, "How Powerful Is Status Quo Bias?" Psychology Today blog, September 29, 2016, https://www.psychologytoday.

com/blog/after-service/201609/how-powerful-is-status-quo-bias.

7. Daniel Kahneman, Jack L. Knetsch, and Richard H. Thaler, "Anomalies: The Endowment Effect, Loss Aversion, and Status Quo Bias," The Journal of Economic Perspectives 5, no. 1(1991): 193~206.

8. Gray, Warfighting, 8.

9. Highsmith, Adaptive Leadership, Kindle locations 1638~1639.

10. Xerxes quoted in Gaddis, On Grand Strategy, 3.

11. Highsmith, Adaptive Leadership, Kindle locations 1782~1784.

12. Leonard Mlodinow, The Drunkard's Walk: How Randomness Rules Our Lives(New York: Vintage, 2009), 53~56.

13. Mlodinow, The Drunkard's Walk, xx.

7장 거버넌스와 투자 관리

1. Ross and Weill, IT Governance, 12.

2. Hunter and Westerman, The Real Business of IT, Kindle locations 1216~1217.

3. Hunter and Westerman, The Real Business of IT, Kindle locations 941~943.

4. Cauwenberghe, "How Do You Estimate the Business Value of User Stories?"

5. Gojko Adzic, Impact Mapping: Making a Big Impact with Software Products and Projects(Woking, UK: Provoking Thoughts, 2012), Kindle locations 162~164.

6. Adzic, Impact Mapping, Kindle locations 207~209.

7. Adzic, Impact Mapping, Kindle locations 270~273.

쉬어가기: 혁신

1. Joseph A. Schumpeter, Capitalism, Socialism, and Democracy(New York: Harper Perennial, 1962).

2. Edgar Schein, The Corporate Culture Survival Guide(San Francisco, CA: Jossey-Bass, 2009), 105.

3. Hannah Arendt, The Human Condition(Chicago, IL: University of Chicago Press, 1958), 9.

4. Jan Gonda, "The Hindu Trinity," Anthropos 63/64, no $\frac{1}{2}$(1968): 212~226. https://www.jstor.org/stable/40457085?seq=1#page_scan_tab_contents.

5. James G. Lochtefeld, The Illustrated Encyclopedia of Hinduism: A-M The Rosen Publishing Group. p. 147, entry for Chidambaram. ISBN 978-0-8239-3179-8. Cited in Wikipedia(Nataraja).

6. James G. Lochtefeld(2002). The Illustrated Encyclopedia of Hinduism: N-Z(New York: The Rosen Publishing Group, 2002), 464~466.

7. Jeremy Roberts, Japanese Mythology A to Z(New York: Chelsea House, 2010), 28.

8. Igor Stravinsky, Poetics of Music in the Form of Six Lessons (Cambridge, MA: Harvard University Press, 1942), 65.

9. Drnevitch and Croson, "Information Technology and Business-Level Strategy," 498.

10. Ries, The Startup Way, 37~38.

11. Sarah L. Kaufman, Jayne Orenstein, Sarah Hashemi, Elizabeth Hart, and Shelly Tan, "Art in an Instant: The Secrets of Improvisation," The Washington Post, June

7. 2018, https://www.washingtonpost.com/graphics/2018/lifestyle/science-behind-improv-performance/?noredirect=on&utm_term=.6f05d5e77fa1.

12. Kaufman, et al., "Art in an Instant."

13. Deborah Ancona and Henrik Bresman, X-Teams: How to Build Teams that Lead, Innovate, and Succeed(Boston, MA: Harvard Business Review Press, 2007), Kindle location 267.

14. Ancona and Bresman, X-Teams, Kindle location 667.

15. Ancona and Bresman, X-Teams, Kindle locations 673~794.

8장 관료주의와 문화

1. Max Weber, Economy and Society: An Outline of Interpretive Sociology, ed. by Guenther Roth and Claus Witch(Berkeley, CA: University of California Press, 1978), 223.

2. Daniel Katz and Robert L. Kahn, The Social Psychology of Organizations(New York: Wiley, 1966), 222.

3. Daniel Wren and Arthur Bedeian, The Evolution of Management Thought, 6th ed.(Hoboken, NJ: John Wiley and Sons, 2009), 233.

4. Weber, Economy and Society, 975.

5. Weber, Economy and Society, 975.

6. Hirotaka Takeuchi and Ikujiro Nonaka, "The New New Product Development Game," Harvard Business Review, January 1986,

https://hbr.org/1986/01/the-new-new-product-development-game.

7. Paul S. Adler, The "Learning Bureaucracy": New United Motor Manufacturing, Inc.(LosAngeles, CA: University of Southern California, School of Business Administration, 1992), 64. https://www.marshall.usc.edu/sites/default/files/padler/intellcont/NUMMI%28ROB%29-1.pdf.

8. Analysis of Alternatives, DHS Acquisition Instruction/Guidebook #102-01-001: Appendix G, Interim Version 1.9, November 7, 2008. https://dau.gdit.com/aqn201a/pdfs/Appendix_G_Analysis_of_Alternatives_(AoA)_Interim_v1_9_dtd_11-07-08.pdf; A 56-page explanation of how to use it may be found at https://www.anser.org/docs/reports/AOA%20Methodologies%20Considerations%20for%20DHS%20Acq%20Analysis.pdf.

9. Schein, The Corporate Culture Survival Guide, 27.

10. Avery, "Responsible Change," 22~23.

11. John Shook, "How to Change a Culture: Lessons from NUMMI," MIT Sloan Management Review 51, no. 2(2010): 63.

쉬어가기: 보안

1. "These Cybercrime Statistics Will Make You Think Twice About Your Password: Where's the CSI Cyber Team When You Need Them?," CBS, March 3, 2015, https://www.cbs.com/shows/csi-cyber/news/1003888/these-cybercrime-statistics-will-make-you-think-twice-about-your-password-where-s-the-csi-cyber-

team-when-you-need-them-/.

2. Rugged Software, Rugged Handbook, https://www.ruggedsoftware. org/wp-content/uploads/2013/11 /Rugged-Handbook-v7.pdf, 6.

9장 계획과 보고

1. Highsmith, Adaptive Leadership, Kindle locations 1558~1560.

2. Peter Weill and Jeanne W. Ross, IT Savvy, Kindle locations 860~893.

3. "AWS Case Study: Intuit," AWS website, accessed February 12, 2019, https://aws.amazon.com/solutions/case-studies/intuit-cloud-migration/.

4. "Under Armour Case Study," AWS website, accessed February 12, 2019, https://aws.amazon.com/solutions/case-studies/under-armour/.

5. Tim Mullaney, "Obama Adviser: Demand Overwhelmed HealthCare.gov," USA Today, October 5, 2013, https://www. usatoday.com/story/news/nation/2013/10/05/health-care-website-repairs/2927597/.

6. Alexander Roos, James Tucker, Fabrice Roghe, Marc Rodt, and Sebastian Strange, "The Art of Planning," BCG blog, April 30, 2017, https://www.bcg.com/en-us/publications/2017/strategic-art-planning.aspx.

7. Roos et al., "The Art of Planning."

8. Bjarte Bogsnes, Implementing Beyond Budgeting: Unlocking the Performance Potential(Hoboken, NJ: Wiley & Sons, 2009), Kindle

locations 542~543.

9. Bogsnes, Implementing Beyond Budgeting, Kindle locations 547~548.

10. Bogsnes, Implementing Beyond Budgeting, Kindle locations 195~196.

11. Ries, The Startup Way, 26~27.

12. Christensen, The Innovator's Dilemma, Kindle locations 382~386.

13. Highsmith, Adaptive Leadership, Kindle location 877.

쉬어가기: 클라우드와 미래

1. "AWS Case Study: Intuit," AWS website.

2. See the following case studies: "Mark Schwartz, DHS, CIS CIO Shares How Agencies are Modernizing and Accelerating the Pace of IT," YouTube video, 9:40, posted by Amazon Web Services, July 20, 2015, https://www.youtube.com/watch?v=Whbed 3dAxiU; Kim S. Nash, "J.P. Morgan Set to Run First Apps in Public Cloud," Wall Street Journal, March 30, 2017, https://blogs.wsj.com/cio/2017/03/30/j-p-morgan-set-to-run-first-apps-in-public-cloud/; "Capital One Case Study," AWS website, accessed February 12, 2019, https://aws.amazon.com/solutions/case-studies/capital-one/; "Netflix Case Study," AWS website, accessed February 12, 2019, https://aws.amazon.com/solutions/case-studies/netflix/; "Expedia Increases Agility and Resiliency by Going All In on AWS," AWS website, accessed February 12, 2019, https://aws.amazon.com/solutions/case-studies/expedia/.

3. "About McDonald's," AWS website, accessed February 12, 2019, https://aws.amazon.com/solutions/case-studies/mcdonalds/.

4. "AWS Case Study: McDonald's Home Delivery," AWS website, accessed February 12, 2019, https://aws.amazon.com/solutions/case-studies/mcdonalds-home-delivery/.

5. Jeff Barr, "GE Oil & Gas—Digital Transformation in the Cloud," AWS News Blog, May 2, 2016, https://aws.amazon.com/blogs/aws/ge-oil-gas-digital-transformation-in-the-cloud/; "GE Oil & Gas Saves Millions with AWS," PolarSeven, accessed February 12, 2019, https://polarseven.com/ge-oil-gas-saves-millions-with-aws/.

6. "AWS Case Study: BMW," AWS website, accessed February 12, 2019, https://aws.amazon.com/solutions/case-studies/bmw/.

7. Jeff Bar, "Natural Language Processing at Clemson University—1.1 Million vCPUs & EC2 Spot Instances," AWS News Blog, September 28, 2017, https://aws.amazon.com/blogs/aws/natural-language-processing-at-clemson-university-1-1-million-vcpus-ec2-spot-instances/.

8. "International Centre for Missing & Exploited Children Case Study," AWS website, accessed February 12, 2019, https://aws.amazon.com/solutions/case-studies/icmec/.

9. "FINRA Case Study," AWS website, accessed February 12, 2019, https://aws.amazon.com/solutions/case-studies/finra/.

10. "C-SPAN Case Study," AWS website, accessed February 12, 2019, https://aws.amazon.com/solutions/case-studies/cspan/.

11. "An Eye on Science: How Stanford Students Turned Classwork into Their Life's Work," AWS Government, Education, &

Nonprofits Blog, October 4, 2016, https://aws.amazon.com/blogs/publicsector/an-eye-on-science-how-stanford-students-turned-classwork-into-their-lifes-work/.

12. "Fraud.net Case Study," AWS website, accessed February 12, 2019, https://aws.amazon.com/solutions/case-studies/fraud-dot-net/.

13. Derek Hernandez, "Hudl raises $30MM to Bring Cutting-Edge Sports Analytics to Teams around the World," Hudl blog, July 6, 2017, https://www.hudl.com/blog/hudl-raises-30mm-to-bring-cutting-edge-sports-analytics-to-teams-around-the-world.

10장 실행 계획

1. John P. Kotter, A Sense of Urgency(Cambridge, MA: Harvard Business Review Press, 2008), Kindle Edition.

11장 리더십 팀

1. Pierre Branda, "Did the War Pay for the War? An Assessment of Napoleon's Attempts to Make His Campaigns Self-Financing," Napoleonica La Revue 3, no. 2(2008): 2~15. https://www.cairn.info/revue-napoleonica-la-revue-2008-3-page-2.htm.

2. "CFOs Play a Major Role in Digital Investment Decisions Across the Enterprise, According to Latest Accenture Research," Accenture news release, September 12, 2018, https://newsroom.accenture.com/news/cfos-play-a-major-role-in-digital-investment-decisions-across-the-enterprise-according-to-latest-accenture-research.htm.

3. Amanda Houston, "Expert Interview: Jeanette Wade, CFO, Executive Office of Technology Services & Security," Innovation Enterprise Channels, accessed on November 26, 2018, https://channels.theinnovationenterprise.com/articles/expert-interview-jeanette-wade-cfo-executive-office-of-technology-services-security.

4. Ghesquieres, et al. "The Art of Performance Management."

5. "Today's CFO Strategic Role: Changing the Game Plan for Tomorrow," GrantThornton.com, March 27, 2017, https://www.grantthornton.com/library/survey-reports/CFO-survey/2017/changing-game-plan-for-tomorrow.aspx.

6. David Court, "The Evolving Role of the CMO," McKinsey Quarterly, August 2007, https://www.mckinsey.com/business-functions/marketing-and-sales/our-insights/the-evolving-role-of-the-cmo.

찾아보기

IT, 전쟁과 평화

나폴레옹이 알려 주는 디지털 시대의 리더십

발 행 | 2020년 1월 2일

지은이 | 마크 슈워츠
옮긴이 | 김 연 수
감 수 | 박 현 철

펴낸이 | 권 성 준
편집장 | 황 영 주
편 집 | 이 지 은
디자인 | 박 주 란

에이콘출판주식회사
서울특별시 양천구 국회대로 287 (목동)
전화 02-2653-7600, 팩스 02-2653-0433
www.acornpub.co.kr / editor@acornpub.co.kr

한국어판 ⓒ 에이콘출판주식회사, 2020, Printed in Korea.
ISBN 979-11-6175-357-7
http://www.acornpub.co.kr/book/war-peace-it

이 도서의 국립중앙도서관 출판시도서목록(CIP)은 서지정보유통지원시스템 홈페이지(http://seoji.nl.go.kr)와
국가자료공동목록시스템(http://www.nl.go.kr/kolisnet)에서 이용하실 수 있습니다.(CIP제어번호: CIP2019052311)

책값은 뒤표지에 있습니다.